21世纪会计学系列教材

总主编 江希和 熊筱燕

CHUJIKUAIJIXUEJIAOCHENGYUANLI

初级会计学教程与案例

（第二版）

江希和 主 编

立信会计出版社
LIXIN ACCOUNTING PUBLISHING HOUSE

图书在版编目(CIP)数据

初级会计学教程与案例 / 江希和主编. —2版. —上海：立信会计出版社，2019.4
ISBN 978-7-5429-6095-5

Ⅰ.①初… Ⅱ.①江… Ⅲ.①会计学－教材 Ⅳ.①F230

中国版本图书馆 CIP 数据核字(2019)第 058508 号

责任编辑　王斯龙

初级会计学教程与案例(第二版)

Chuji Kuaijixue Jiaocheng Yu Anli

出版发行	立信会计出版社		
地　　址	上海市中山西路 2230 号	邮政编码	200235
电　　话	(021)64411389	传　　真	(021)64411325
网　　址	www.lixinaph.com	电子邮箱	lxaph@sh163.net
网上书店	www.shlx.net	电　　话	(021)64411071
经　　销	各地新华书店		
印　　刷	上海肖华印务有限公司		
开　　本	710 毫米×960 毫米	1/16	
印　　张	19		
字　　数	360 千字		
版　　次	2019 年 4 月第 2 版		
印　　次	2019 年 4 月第 1 次		
印　　数	1—3100		
书　　号	ISBN 978-7-5429-6095-5/F		
定　　价	43.00 元		

如有印订差错，请与本社联系调换

第二版前言

本书自2010年出版以来，虽然在重新印刷时进行了微调和修订，但随着我国经济改革的不断深化，经济全球化的不断发展以及企业经济业务的不断创新，不仅一些经济法律法规在修订和颁布，会计准则、会计制度以及税法也在不断修订完善和出新。如会计准则，相继修订了企业会计准则的基本准则、财务报表列报准则、职工薪酬准则、合并财务报表准则、长期股权投资准则、金融工具确认和计量准则、金融资产转移准则、套期会计准则、金融工具列报准则、政府补助以及收入准则等；新出台了公允价值计量准则，合营安排准则，在其他主体中权益的披露准则，持有待售的非流动资产、处置组和终止经营准则，小企业会计准则，政府会计准则以及一系列企业会计准则解释。又如，修订了会计法和税法，出台了新的会计专业技术人员继续教育规定等。针对这些制度法规的修订和出台以及新环境下对创新人才培养的要求，有必要对本书进行全面修订。

本次再版，既对书中内容根据最新企业会计准则、会计制度以及税法等进行了修订和更新，又根据教学需要对部分章节进行了调整，同时又保留了内容编排上的逻辑性和特色。同本书第一版一样，本版每章仍以生动有趣的案例作为引言，导出各该章教学的主要内容；每章正文中设计有"问题与思考"，以利于培养学生分析问题和解决问题能力。

本版由南京师范大学会计与财务管理系江希和教授组织修订，并负责全书提纲的拟定以及全书定稿前的修改、补充和总纂。全书共十章，其中第一章总论由江希和修订，第二章会计要素与会计等式由江希和、向有才共同修订，第三章账户和复式记账由向有才修订，第四章会计分录与过账由王水娟修订，第五章平衡试算与账项调整由江希和修订，第六章会计核算基本方法的应用由廖浪涛修订,第七章财务报表编制由沈涟波修订,第八章财务报表分析由张亚青修订,第九章会计信息系统基础由张小军修订,第十章内部会计控制制度由孙萍修订。

本书是南京师范大学"十二五""十三五"立项建设重点教材,得到了学校教务处等部门的大力支持。本书在编写过程中还得到了立信会计出版社王斯龙编辑等的支持和帮助,同时也参考或引用了王庆成、邓丁旺(中国台湾)、杨雄胜、吴水澎、朱小平等教授的一些成果,在此一并表示感谢。

本书适用于财经类专业的本科教学,也适合作为在职人员培训及经济管理领域工作人员的参考用书。

由于作者水平所限,书中难免有不当和错误之处,欢迎广大读者和同行批评指正,以便对本书作进一步的修改和补充。

江希和

2019 年 4 月

经济全球化,要求"商业语言"的会计必须国际化。为了适应会计国际化的要求,我国的会计改革特别是会计制度改革,近几年来以前所未有的气势展开。会计制度改革必定对会计教学改革提出要求,同时,在我国高等教育大众化以及高校毕业生就业困难的情况下,如何培养适合社会需要的创新人才,也对会计教学改革提出了挑战。会计教学改革,教材建设是基础,因此,如何建设一套既体现会计改革成果,又适合创新人才培养要求的教材成为当今会计教育界的一个重要课题。作为长期工作在会计教育战线上的耕耘者,我们愿意为此作出努力。本书的主要特点是:

(1) 根据会计工作基本程序和教学的基本规律,由简入繁,由浅入深。本书针对初学者对会计学基本理论与核算方法的总体把握比较困难的实际,对内容的安排由浅入深,循序渐进,完成由感性认识到理性认识的过程。体现在结构上,本书内容分为五个部分。第一部分是基础,主要介绍包括会计概念、会计目标与职能、会计内容、会计程序与方法、会计基本假定与原则、会计基础、会计职业道德等会计学基本理论。该部分既是全书的基础,也是整个会计学科学习的基础。第二部分是会计核算基本原理,主要阐述会计核算的最基本方法,包括会计要素及其平衡原理、会计科目、会计账户、复式记账等,从而为会计核算提供基础。第三部分是会计循环的会计处理方法,包括分录与过账、试算与账项调整以及会计报表编制与分析等。第四部分是核算方法的应用,主要是以制造企业为例,说明会计核算主要方法在生产经营各个阶段的应用。第五部分是会计核算的延伸,包括会计手段现代化和会计控制等。

(2) 在保证循序渐进的基础上,力求在理论性上有所拓展,为培养具有较为扎实理论基础的财经工作者提供平台。作为会计专业入门课程的教材,本书力求为学生提供一个比较宽广的会计学基本理论和基础知识,并通过专业相关后续课程的深化,形成较为完整的会计学知识体系。

(3) 为适应培养具有创新性人才的要求,本书设计有包括引言在内的大量案例或问题与思考。由于这些案例或带有案例性质的问题与思考既来源于实践又不拘泥于实践,是在实践基础上根据教学特点的一种整合,因而有利于激发学生的学习兴趣,培养学生发现问题、分析问题、解决问题和自我学习的能力,同时,也为教师实施案例教学提供了良好素材。

本书由南京师范大学会计与财务发展研究中心主任、会计学博士江希和教授担任主编,会计与财务发展研究中心副主任杨中军担任副主编。本书共分十章,其中第一章由江希和编写,第二章由向有才、杨中军共同编写,第三章由向有才编写,第四章由王水娟编写,第五章由康玉珠编写,第六章由沈涟波编写,第七章由张亚青编写,第八章由廖浪涛编写,第九章由张小军编写,第十章由孙萍编写。

本书是南京师范大学"21 世纪会计学系列教材"中的基础教材,也是南京师范大学"十一五"规划重点建设教材,得到了学校"学科办"等部门的大力支持。另外,在编写过程中还得到了立信会计出版社徐小霞等编辑的支持和帮助,同时也参考或引用了邓丁旺、郭道扬、杨雄胜、吴水澎、朱小平等教授的一些成果,在此一并表示感谢。

本书适用于财经类专业的本科教学,也适合作为在职人员培训及经济管理领域工作人员的参考用书。

由于作者水平所限,书中难免有不当和错误之处,欢迎广大读者和同行批评指正,以便对本书作进一步修改和补充。

江希和
2010 年 7 月

第一章 总论 ·································· 001
学习目标 ·································· 001
引言 ·································· 001
第一节 会计概念 ·································· 002
第二节 会计目标与职能 ·································· 011
第三节 会计基本假定与会计信息质量要求 ·································· 016
第四节 会计内容 ·································· 022
第五节 会计处理程序与方法 ·································· 024
第六节 会计基础 ·································· 027
第七节 会计职业道德 ·································· 029
第八节 会计机构与会计人员 ·································· 031
本章小结 ·································· 034
复习思考题 ·································· 035
案例讨论题 ·································· 035
同步测试题 ·································· 036

第二章 会计要素与会计等式 ·································· 039
学习目标 ·································· 039
引言 ·································· 039
第一节 会计要素概述 ·································· 039
第二节 会计要素内容 ·································· 041
第三节 会计要素的平衡原理 ·································· 049
第四节 会计要素计量 ·································· 054
本章小结 ·································· 057
复习思考题 ·································· 058
案例讨论题 ·································· 058
同步测试题 ·································· 059

第三章　账户和复式记账 …… 063
- 学习目标 …… 063
- 引言 …… 063
- 第一节　账户概述 …… 064
- 第二节　复式记账原理 …… 069
- 本章小结 …… 075
- 复习思考题 …… 075
- 案例讨论题 …… 076
- 同步测试题 …… 076

第四章　会计分录与过账 …… 081
- 学习目标 …… 081
- 引言 …… 081
- 第一节　会计分录 …… 081
- 第二节　会计凭证 …… 083
- 第三节　过账 …… 100
- 本章小结 …… 115
- 复习思考题 …… 116
- 案例讨论题 …… 116
- 同步测试题 …… 117

第五章　平衡试算与账项调整 …… 124
- 学习目标 …… 124
- 引言 …… 124
- 第一节　平衡试算 …… 125
- 第二节　账项调整 …… 129
- 本章小结 …… 135
- 复习思考题 …… 135
- 案例讨论题 …… 136
- 同步测试题 …… 136

第六章　会计核算基本方法的应用 …… 141
- 学习目标 …… 141
- 引言 …… 141
- 第一节　资金筹集的会计处理 …… 142

第二节　采购业务的会计处理 …………………………………… 145
　　第三节　产品生产的会计处理 …………………………………… 153
　　第四节　产品销售的会计处理 …………………………………… 160
　　第五节　利润形成和分配的会计处理 …………………………… 166
　　第六节　资金退出的会计处理 …………………………………… 171
　　第七节　其他业务的会计处理 …………………………………… 174
　　本章小结 ………………………………………………………… 176
　　复习思考题 ……………………………………………………… 177
　　案例讨论题 ……………………………………………………… 177
　　同步测试题 ……………………………………………………… 178

第七章　财务报表编制 …………………………………………… 183
　　学习目标 ………………………………………………………… 183
　　引言 ……………………………………………………………… 183
　　第一节　财务报表概述 …………………………………………… 184
　　第二节　财务报表编制前的基础工作 …………………………… 188
　　第三节　财务报表编制方法 ……………………………………… 198
　　本章小结 ………………………………………………………… 221
　　复习思考题 ……………………………………………………… 221
　　案例讨论题 ……………………………………………………… 222
　　同步测试题 ……………………………………………………… 222

第八章　财务报表分析 …………………………………………… 226
　　学习目标 ………………………………………………………… 226
　　引言 ……………………………………………………………… 226
　　第一节　财务报表分析概述 ……………………………………… 227
　　第二节　财务报表分析基本方法 ………………………………… 229
　　第三节　财务报表分析的主要内容 ……………………………… 233
　　本章小结 ………………………………………………………… 243
　　复习思考题 ……………………………………………………… 245
　　案例讨论题 ……………………………………………………… 246
　　同步测试题 ……………………………………………………… 247

第九章　会计信息系统基础 ……………………………………… 251
　　学习目标 ………………………………………………………… 251

引言 …………………………………………………………… 251
第一节　会计信息系统概述 ………………………………… 251
第二节　会计信息系统的功能结构分析 …………………… 257
第三节　会计信息系统运行维护和评价 …………………… 261
本章小结 ……………………………………………………… 267
复习思考题 …………………………………………………… 267
案例讨论题 …………………………………………………… 267
同步测试题 …………………………………………………… 269

第十章　内部会计控制制度 ……………………………… 274
学习目标 ……………………………………………………… 274
引言 …………………………………………………………… 274
第一节　内部会计控制概念、目标和原则 ………………… 274
第二节　内部会计控制的内容 ……………………………… 279
第三节　内部会计控制方法 ………………………………… 283
本章小结 ……………………………………………………… 289
复习思考题 …………………………………………………… 289
案例讨论题 …………………………………………………… 290
同步测试题 …………………………………………………… 291

第一章 总　　论

- 理解会计的概念
- 明确会计的目标与职能、会计的内容与方法以及会计的基本原则
- 了解会计的产生与发展、会计的职业道德
- 对会计机构与会计人员有一定的认识

引　言

　　王欣如原是一家公司的销售人员，现辞职准备在某大学附近开办一个小吃店。对此需要的花费王欣如进行了简单匡算：需买一辆三轮车用于采购粮食、蔬菜、肉食品等，该车价格大约5 000元；购买一台电脑用于收银，预计3 000元；购买餐桌等用具预计需要50 000元；购买门面房预计150 000元；需聘用员工5人，每位雇佣的员工每月薪水大约2 000元。由于该大学学生人数很多且周边小吃店又很少，所以王欣如向具有企业管理经验的姐姐讲了他的计划，他姐姐听后极感兴趣并愿意投资12万元。王欣如将自己的积蓄5万元全部拿出投入该饭店并还向他的同学借了6万元，将小吃店开了起来。不过在开业前他姐姐向他建议，一个企业无论大小也无论对内对外，从管理角度讲会计是很重要的，希望他去找一个好会计帮助他。但王欣如认为，他办的只是一个小吃店而不是企业，而且这个小吃店除了向同学借款6万元外等于是自家人投资开的，除了按规定交点税外没有什么需要会计的，一些数据自己记录一下就行了。王欣如的说法对吗？这个小吃店涉及哪些会计基本问题？学完本章，你将掌握有关知识。

第一节 会 计 概 念

一、会计的产生与发展

会计来源于社会生产实践,是为了适应社会生产的发展和经济管理的需要而产生和发展的①。

会计的起源很早,它的历史起点可追溯到人类的史前时期。在中国、巴比伦、埃及、印度、希腊,以及在世界上其他古老国度里,会计的演进都曾经历了原始计量、记录时代。人类最早的会计行为起始于旧石器时代的中晚期,距今约2万~10万年。从计量、记录方法应用方面讲,原始计量、记录时代又经历了三个具体阶段,即:①简单刻记与直观绘图记事阶段(旧石器时代中晚期)。②刻符记事与抽象绘图记事阶段(中石器时代至新石器时代)。③原始社会末期原始计量、记录方法变革,经济"书契"计量、记录方法产生阶段。原始计量、记录方法通过这三个阶段的演进为人类进入文明时代后单式簿记法的产生奠定了基础。

会计作为一种职务,最早出现在印度、中国等世界几个文明古国。据史料记载,在远古的印度公社中,已经有农业记账员。在那里,簿记已经独立为一个公社官员的专职②。在我国,"会计"一词最早见于《周礼》。我国周王朝时期,经济文化已经相当繁荣发达,计量和记录也发展到了很高的水平。当时设有"司会"这一官职,掌管国家和地方的"百物财用"。但在人类社会的早期,会计只是"生产职能的附带部分",只有当社会生产力发展到一定水平,出现了剩余产品,出现了社会分工和私有制,特别是商品经济有了一定的发展以后,会计才逐渐"从生产职能分离出来,成为特殊的、专门委托的当事人的独立的职能"③。奴隶社会和封建社会时期,各级官府为了管理他们通过贡、赋、租、税等手段占有的钱粮、财物,逐步建立和完善了政府部门的会计,官厅会计便成为我国古代会计的中心。随着明清时代手工业和商业的发展,民间会计才逐步形成并达到一定的水平。

关于"会"和"计"两字的含义,清代学者焦循在《孟子正义》一书中作了脍炙人口的解释:"零星算之为计,总合算之为会",即既要进行连续的个别核算,又要进行定期的综合核算。

近代会计是商品经济发达的产物,一般认为起始于15世纪末的资本主义萌芽时期。在12~15世纪期间,地中海沿岸的一些城市如意大利的热亚那、威尼斯、佛

---

① 王庆成 贺南轩主编:《基础会计学》,辽宁科学技术出版社1994年版。
② 《马克思恩格斯全集》第24卷,人民出版社1972年版,第151页注(12)。
③ 《马克思恩格斯全集》第24卷,人民出版社1972年版,第151页。

罗伦萨等的商业、金融业和手工业有了很快的发展,随着海上贸易达到了相当的繁荣,出现了广泛的信用交易,出现了大型企业经营的合伙形式及委托代理关系。这时,人们需要详细地记录债权债务关系,合理分配合伙经营的利润,具体反映受托商人的收支业务,取得社会化生产的广泛的经济信息,因而就迫切要求突破简单的单式簿记,建立能完整、系统记录经济业务的科学簿记系统。为适应这种要求,一种新的记账方法——复式记账法诞生了。1494年,意大利数学家卢卡·帕乔利的《算术、几何、比及比例概要》一书在威尼斯出版,书中专设的一篇《簿记论》,第一次系统地介绍了复式记账法,并从理论上作了阐述。《簿记论》的问世,标志着近代会计的开始。

随着资本主义商品经济的发展,生产日益社会化,生产规模日趋扩大,出现了企业内部组织结构更为复杂的股份公司、企业集团等新的生产组织和经营方式,会计的理论、方法和技术也有了很大的发展。特别是第二次世界大战以后,由于科学技术突飞猛进,商品经济更加发达,管理理论日新月异,管理手段不断更新,使会计的理论、方法和技术达到更加完善的程度。市场竞争的加剧,经营决策的加强,引起会计从传统的事后记账、算账、报账向事前预测、参与决策转化,政府和社会公众要求改进会计实务,加强理论指导,促使公认会计原则逐步形成体系,会计工作日益规范化;随着电子计算机引进会计领域,引起了会计工艺、会计方法发生重大变化;国际性经济交往的广泛开展,使会计超越了国家的界限,成为"国际通用的商业语言"。

在我国,尽管会计有着长远的历史,但由于封建社会的长期存在,会计却经历了一个长期的缓慢的发展过程。唐宋以后,曾先后出现过"四柱结算法""龙门账""四脚账"等比较科学的会计方法,甚至形成了复式记账的雏形。但在19世纪中叶以前,始终没有完备的复式记账法,会计的面貌变化不大。19世纪中叶以后,我国沦为半封建半殖民地国家,帝国主义列强把持我国的海关、铁路、邮政等部门,于是,以借贷复式记账法为主要内容的"西式会计"传入我国,此时,我国会计学家也致力于"西式会计"的传播。这对改革中式簿记,推行近代会计,促进我国会计的发展起到一定的作用。这是我国近代会计史上的第一次变革。中华人民共和国成立以后,我国实行了高度集中的计划经济体制,引进了与此相适应的苏联会计模式。苏联会计模式的引入是对旧中国会计制度和方法的变更,我国会计水平在原有基础上也有了一定程度的提高。这是我国近代会计史上的第二次变革。20世纪60年代初创建的"增减记账法",由于它很好地将中国哲学、会计理论与当时客观需要相结合,通俗易懂,简单易行,被广大群众广泛接受,并得到国际同行的认可,产生了较大影响,为中国本土化会计赢得尊重,是真正扎根于中国土壤而形成的会计理论成果,是中国的原创和特色。所以它尽管是中国计划经济时代条件下的产物,但我们认为仍可以称为我国近代会计史上的一个很重要的变革,本书称其为第三次变革。改革开放以后,开始了我国近代会计史上的第四次变革,并于1992年进入高潮。为了适应社会主义市场经济体制和完善企业经营机制的需要,适应全方位地对外开放的需要,我国制定和实施了《企业会计准则》,突破了原有的会计核算模式,建立了反映市场经济发展和企业自主经营要求的科学的会计体系,并与国际会计惯例靠拢。随着经济全球化的发展,特别是2001年我国加入WTO以后,外资在华投资日益增多,我国也有越来越多企业走出国门,原有的《企业会计准则》已经不能适应经济发展的需要,并对我国改革开放战略的深入推进产生了一定的阻碍。于是财政部从2005年开始全面启动了会计准则的建设,并于2006年2月份颁布了企业会计准则体系。2008年全球金融危机爆发后,随着会计环境的变化,我国紧跟国际会计准则改革的步伐,对一系列企业会计准则进行了修订,截至2018年已经完成了多个会计准则的修订工作,使我国现有企业会计准则与国际财务报告准则持续全面趋同。不仅如此,为了规范政府的会计核算,保证会计信息质量,财政部于2015年10月制定出台了《政府会计准则——基本准则》,随后又出台了多个具体准则。目前,我国会计制度建设进入了一个崭新的发展完善时期。

会计产生和发展的历史进程表明,任何社会要发展经济都离不开会计,而且经济越发展,会计也就越重要。会计正是随着社会经济的发展和科学技术的进步而不断发展变化的。正如马克思在《资本论》中所指出的:"过程越是按社会的规模进行,越是失去纯粹个人的性质,作为对过程的控制和观念总结的簿记就越是必要;因此,簿记对资本主义生产,比对手工业和农民的分散生产更为必要,对公有生产,比对资本主义生产更为必要。"①

二、会计定义

根据上文论述,基于现代会计语境,本书将会计的产生归结为"经济个体(组织),出于管理目的对其经济活动过程及其结果的信息需要。"

信息是"客观存在的一切事物通过物质载体所发出的消息、情报、指令、数据、信号中所包含的一切可传递和交换的知识内容,是表现事物特征的一种普遍形式"②。

信息,按照其来源可以分为自然信息和社会信息两类。自然信息是由于自然环境的变化而发送的各种信息,这种信息的流动过程一般是信息"发送—传输—选择与接收",达到适应环境的目的。社会信息是人类群体生活或活动中产生和交换的各种频繁和复杂的信息。它的流动过程一般是"信息发送—传输与交换—选择

---

① 《马克思恩格斯全集》第24卷,人民出版社,1972年版,第152页。
② 潘洪亮、王正德主编:《信息知识词典》,军事谊文出版社2002年版,第489页。

与接收—记忆与辨别—处理和加工",达到改造环境的目的。而社会信息又可以有多种分类,其中按照计量属性可分为定量信息和非定量信息。而本书所述的信息是定量信息,而且是定量信息中能够用货币计量的那部分信息,简称为会计信息。会计从其本质上来说就是提供信息的一个系统。

据此理解,本书将会计定义为:会计是确认、计量、记录并报送经济个体(组织)数量化信息的过程,以协助信息使用者对有关经济行为作出合理的决策和判断。该定义可以从以下几个方面理解:

首先,会计是一个过程。过程的含义是指会计作为一项活动是通过一系列的工作来实现的,这些工作包括对信息的确认、计量、记录和报告等程序。其中:"确认"是一种判断和决定,是会计首先要解决的处理范围问题。也就是说,确认这一程序,主要是帮助会计解决两个方面的问题:一是当一项行为发生时,通过分析与判断,确定该项行为是否应由会计来处理,亦即确定会计的内容;二是对确定为应由会计处理的事项,进一步确定对其何时进行记录,亦即记录的时间标准问题。另外,在作出上述判断的同时,应考虑如何计量、如何记录和如何报告。"计量"则是对纳入会计处理的经济事项以一定的货币标准确定会计上应该承认的金额。货币金额的确定取决于两个要素,即计量单位(计量尺度)和计量属性(计量基础)。"记录"则是将会计事项运用专门的方法在会计特有的载体上登记下来的过程。"报告"是会计工作进行的最终成果,它将会计确认、计量、记录的资料汇总,编制出能够反映经济个体(组织)财务状况和经营成果的报告文件提供给有关的使用者。会计这个过程体现着会计工作过程,是一个信息系统,实践着会计本身具有的基本"功能",即通过一定的会计方法反映会计主体的经济事项。

需要说明的是,会计上的这个"过程"与个体(组织)的经济"过程"或工作"过程"不是同一个概念(以下简称为组织的经济过程)。组织的经济过程是一个连续不断的过程,除了组织的成立和消亡有个起止时间概念外,中间没有期间概念。会计需要把组织全部经济过程的事项记录下来,但会计不能等到组织经济过程结束时再将其记录的信息进行报送,而必须设定一个报送的会计信息期间以满足信息使用人的需要。所以,会计概念中的"过程"既说明经济组织的经济活动是一个长期、不间断的过程,也即具有长期性的"持续经营"[1]含义,同时还隐含着会计信息期间含义,简称为"会计期间"含义。

其次,会计的应用范围是经济组织。这里的经济组织不限于各类企业等营利

---

[1] 由于会计产生于经济个体出于管理对其经济活动过程和结果的信息需要,而经济个体的经济活动具有不确定性,会计要及时提供有关有用的信息,就必须要对存在不确定性的经济活动作出基本规定,建立会计基本假定,持续经营是会计基本假定之一。另外还有会计期间假定、会计主体假定和货币计量假定。关于会计基本假定,在本章第三节中进行具体阐述。

性组织,也包括医院、学校、政府机关等各类非营利性组织①。营利性组织与非营利性组织的差异主要表现在目标上。营利性组织的目标是赚取利润,而非营利性组织的目标则取决于不同非营利性组织的宗旨任务,因而有的是为社会服务,有的是培养人才等。但这两类组织的会计基本原理是相似的,只是营利性组织会计确认的内容要比非营利性组织广泛、复杂得多,其信息的影响面也比非营利性组织大得多,因而营利性组织的会计受到更多的重视。这里的经济组织,会计上一般将其称为"会计主体"或"会计个体"。

再次,会计的计量范围是能够用数据记录的交易或事项,并不是经济组织的所有行为或活动都要通过会计来反映。这里的"数据"既包含数量数据也包含金额数据,但主要是金额数据,即用一定"货币计量"的数据。这个计量范围实际上规定了会计客体或对象的具体内容。

最后,会计的目的是将有关信息报送给信息使用者以协助其决策时作合理、谨慎的判断。这里的"信息使用者",包括经济组织内部信息使用者和外部使用者,而信息使用者取得信息的途径是通过"报送",也就是通过"会计信息报告"实现的,信息报告的载体称为"财务报表"。营利性组织的财务报表主要包括反映其财务状况的"资产负债表"和"现金流量表",以及反映其经营成果的"利润表"。

【知识延伸】

会计定义的不同观点

在中外会计界,对会计的定义从来没有统一过。由于对会计本质有不同认识,因而出现不同的会计定义。综观各种会计定义,大致有以下四种提法:管理工具论、管理活动论、艺术论、信息系统论②。

管理工具论认为,会计是"反映的工具"或"管理经济的工具"。例如,"会计核算是经济核算的一种,是反映经济过程中各个经济事实或经济现象的一种工具"(上海财经学院会计核算原理教研组《会计核算原理》1958年版第15页);"会计是反映和监督生产过程的一种方法,是管理经济的一个工具"(财政部组织编写的《会计原理》1963年版第1页)。

管理活动论认为,会计"本身就是管理""会计工作就是管理工作"。例如,"会计这一社会现象属于管理范畴,是人的一种管理活动""无论从历史还是现实看,会计工作都是一种管理工作"(杨纪琬 阎达五在《会计研究》1982年第6期发表的

---

① 由于营利性组织经济活动更为全面,信息使用者也更为广泛,因此,本书以营利性组织主要是企业作为研究讨论的对象。

② 葛家澍 唐予华撰写:"关于会计定义的探讨",发表于《会计研究》1983年4期,第26页。

（续上）
"论'会计管理'"）。

艺术论认为，会计是"一种艺术，它记录、分类和总结一个企业的交易并报告和解释其结果"。例如，"会计是一种艺术，旨在将具有或至少部分具有财务特征的交易事项，以有意义的方式且以货币来表示，予以记录、分类及汇总并解释由此产生的结果"（丁文拯译《美国会计公会财务会计标准》第648页）。

信息系统论认为，会计是一个信息系统。美国会计师协会所属会计原则委员会（APB）在1970年发表的第4号报告写道"会计是一项服务活动，它的职能在于提供有关经济主体的数量信息（主要是财务性质的信息），以便用于经济决策：在各种可供选择的行动方案中，作出合理的选择"。"会计是旨在提高企业和各单位活动的经济效益，加强经济管理而建立的一个以提供财务信息为主的经济信息系统……"（葛家澍 唐予华在《会计研究》1983年10期发表的"关于会计定的探讨（续）"）。

三、会计学与会计职业

实践中，由于受一些影视传媒或其他一些因素的影响，专业外的人士对会计认识存在较大偏差。如有的人士认为，所谓的会计不就是电影里的在药店或商店里的将眼镜架在鼻梁上并拨弄着算盘的老先生吗？或者不就是现实中的管收收钱或付付钱的会计室里的张会计、李会计吗？等等。其实，人们对会计的认识是随着经济的发展与社会的进步在不断发展和深化的，现代会计的范围已比较广泛，既包括会计学术（会计学），也包括会计职业等。

（一）会计学

会计学是有关会计专业的学术，是"经济管理科学的一个组成部分，是系统研究会计控制的专门理论、专门方法、专门技能及其运用的科学"[①]。会计学经过半个多世纪的发展，逐步形成了独立的科学系统。这个系统由会计史学、会计原理学（初级会计学）、财务会计学、成本会计学、管理会计学、审计学以及宏观会计学等分支学科构成。而从会计学科体系来看，会计学主要分为营利会计与非营利会计两大类。

1. 营利会计

营利会计，顾名思义，是指用于营利性组织的会计。该类会计的主要特点也是重要目的是计算组织损益并反映组织财务状况。它主要包括财务会计、管理会计、

---

① 郭道扬：《会计百科全书》，辽宁人民出版社1989年版，第99页。

成本会计、税务会计等。由于营利性组织可俗称为企业①,所以,营利会计也可称为企业会计。

(1) 财务会计。财务会计是建立在企业范围内的、旨在向企业外部提供以财务信息为主的一个经济信息系统。财务会计的目的主要是通过定期编制和提供财务报告,向外界与企业有经济利害关系的各个集团或个人提供服务。例如,股票持有者关心的是投资的安全程度和盈利的分配,因而,他们需要通过财务报表来了解企业的财务状况和经营成果,以便对其所掌握的股份进行分析和评价;一些可能的投资人、企业的长期和短期债权人、政府的有关机关等也都从不同的角度要求能够提供正确决策所需的会计信息。所以,企业的财务状况和经营成果成为各有关方面共同关心的对象。财务会计正是从他们的利益要求出发,集中地研究企业会计中的有关问题,并着重通过各种财务报表来满足有关方面的需要。这种以生成财务报表为中心的会计就称为财务会计,也有人称之为"对外会计"②。财务会计按照研究内容的深度和范围不同又可分为初级财务会计、中级财务会计和高级财务会计。由于初级财务会计阐述的内容主要是会计学的基本原理和方法,因此,会计教学实践中不少将其称为基础会计学或会计学原理。

(2) 管理会计。管理会计是指向管理当局提供用于企业内部计划、评价、控制以及确保企业资源的合理使用和经营责任的履行所需财务信息的确认、计量、归集、分析、编报、解释和传递的过程③。管理会计与财务会计比较,不同点主要表现在两个方面:一是管理会计服务的对象不是要满足企业外部有关方面的需要,而主要是要适应企业内部管理的需要,即为企业管理部门正确地进行管理决策和有效经营提供有用的资料。如果说,财务会计是以提供财务会计报告为中心的"会计观",那么,管理会计就是以经营管理为中心的"会计观"。二是财务会计所要描述的是已经发生的事实,不强调将来;而管理会计不仅重视过去和现在,而且还着眼于将来,即还要预测将来可能发生的经济活动及其效果,因此,管理会计既要利用财务报表的资料,又要利用其他一切所能利用的资料,以便完成经济管理的任务。

(3) 成本会计。成本会计是财务会计与管理会计的混合物,是计算及提供成

---

① 我国《辞海》将企业解释为:从事生产、运输、贸易等经济活动的部门,如工厂、矿山、铁路、贸易公司等。确切地概括,企业应定义为:以营利为目的而从事生产经营活动,向社会提供商品或服务的经济组织。企业的组织形态主要有三种,即独资、合伙与股份公司。独资是指企业的投资者只有一人的企业,该类企业的主要特点是法律上不具备法人资格,投资人对企业债务负无限连带责任。合伙是指由两人或两人以上共同出资成立的企业,该类企业的主要特点与独资企业一样。而公司是指依照法律规定,由股东出资设立的以营利为目的的社团法人。

② 吴水澎:《会计学原理》(第二版),辽宁人民出版社 2000 年版,第 18 页。

③ 引自 1986 年美国会计师协会下属管理会计实务委员会《管理会计公告 1A》。

本信息的会计方法。成本会计有狭义与广义之分。狭义的成本会计仅指成本核算，而广义的成本会计不仅包括成本核算，还包括成本分析、成本预测、成本决策、成本计划、成本控制和成本考核等。

（4）税务会计。税务会计是财务会计和管理会计的自然延伸，指的是以税收法律制度为准绳，以货币为计量单位，运用会计学的原理和方法，对纳税人应纳税款的形成、申报、交纳进行反映和监督的一种管理活动。所以，税务会计是税务与会计结合而形成的一门交叉学科。

2. 非营利会计

非营利会计是指用于非营利组织的会计。该类会计的主要目的是反映组织的资金收支状况。非营利会计包括政府会计、非政府组织（事业单位）会计等，也可以称之为政府及非营利组织会计。

政府及非营利组织会计有两种定义：① 各级政府财政、行政部门及非营利组织核算和监督国家预算执行情况的会计。② 各级政府部门及非营利组织确认、计量和报告财政收支、经费收支、业务收支活动及结果的会计。

从分类看，政府及非营利组织会计一般可以分为三类，即各级政府财政部门会计、各级政府行政部门会计、非营利组织会计。但不同国家分类上对其表述略有不同，如美国分联邦政府和公立非营利组织会计、地方政府和公立非营利组织会计、民间私立非营利组织会计。日本分政府会计、公立非营利事业会计、民间非营利事业会计。

【延伸阅读】

会 计 学 派

自1494年现代会计之父卢卡·帕乔利以其《数学大全》中的《簿记论》开创会计理论研究之风以来，会计遂成为一门科学。历史发展到今天，会计科学领域内百花开放、千娇万妍。

在各个不同的历史阶段，由于社会经济发展水平、科学技术发展水平、文化教育发展水平以及政治经济体制的不同，表现在会计思想、会计理论发展的水平也各不相同。由于对会计本质、会计目标、会计职能和会计记账原理各方面的见解不同，故而在不同时期的会计学者或同一时期的不同观点的会计学者中形成了不同的会计学派。每一会计学派逐渐形成自己的理论系统，并对会计理论研究和会计工作产生过或正在产生重大影响；同时，每一会计学派都有其代表人物，他们为形成和完善本学派的理论作出了重要贡献。总结会计发展历史，主要的会计学派有会计工具论学派、会计艺术论学派、古典会计学派、规范会计学派、经验会计学派、行为会计学派、实证会计学派、会计信息系统论学派、会计管理活动论学派等。

资料来源　郭道扬等编著:《会计史》。见郭道扬等编著:《会计大典》(第2卷),中国财政经济出版社1999年版,第777页。

(二)会计职业

职业是个体参与社会分工,利用专门的知识和技能,为社会创造物质财富和精神财富,获取合理报酬,作为物质生活来源并满足精神需求的工作。所以,会计职业实际上就是人们在会计专业领域中从事系列服务的工作。

会计在它诞生及之后相当长一段时间只是一个附带工作,但随着经济的发展以及管理的需要对会计的要求也越来越高且复杂,从而使会计发展成一个专业并成为与律师、医师相提并论的职业。会计职业主要包括两个领域,即执业(注册)会计师(certified public accountants,简称CPA)和单位会计。

1. 注册会计师

注册会计师(也称为独立公众会计师)是指通过政府等有关部门举办的资格考试并取得职业资格证书的专业人士。注册会计师职业是一项超然独立的专业性职业,任务是为客户提供服务并收取费用。主要业务范围包括:

(1)审计服务。审计服务是注册会计师的主要业务之一。根据我国《注册会计师法》,审计服务主要包括:审查企业财务报表,出具审计报告;验证企业资本,出具验资报告;办理企业合并、分立、清算事宜中的审计业务,出具有关报告;办理法律、行政法规规定的其他审计业务,出具相应的审计报告。

(2)税务服务。税务服务主要是包括各项税款的计算与申报以及税务筹划、税务咨询等,还可以帮助企业办理各税种减免税申请及涉税疑难问题协调、受聘税务顾问等。

(3)管理咨询服务。管理咨询服务是注册会计师传统业务以外发展起来的新兴业务,其业务范围比较广泛,包括为企业设计会计制度及财务管理制度,担任企业常年的会计顾问,为企业理财提供专家咨询,制定内部控制制度等。

2. 单位会计

这里的单位是指机关、团体、法人、企业等非自然人的实体或其下属部门,所以单位会计就是指在机关、团体、法人、企业等非自然人的实体或其下属部门从事会计实务工作的专业人士。

需要说明的是,本书以后各章节所阐述的会计基本理论和方法都是站在营利组织会计而且是营利组织会计中的财务会计角度来进行的,因此本节以后所涉及的经济个体(组织)都以企业替代。

【问题与思考 1-1】
东方家具厂是一家合伙制公司,出于管理要求,该公司比较重视会计工作。但该公司的总裁认为,企业财会部门的财务报表只需提供给公司的管理当局使用即可,因为他们才是主要的决策者。问该总裁的这种想法对否?为什么?

第二节 会计目标与职能

会计目标和职能,一为主观要求,二为客观存在。从理论方面看,两者既有联系又有明确的区别。从相互联系来看,会计目标的提出应以会计职能为前提,它不能超越会计的职能,而只能限于会计职能的范围之内。因此,会计目标可以说是会计职能的具体化,会计职能是实现会计目标的基础。从其相互区别来说,职能是体现会计的本质功能,尽管会计职能不是一成不变的,会随着社会经济的发展、管理要求的提高以及人们对会计认识的深化而发展,但在一定阶段,会计的职能还是相对稳定的;而会计的目标则会受到社会经济环境变动的强烈影响,会随着社会经济环境的变化而变化。

一、会计目标

会计目标[①]是指在一定的会计环境中,人们期望通过会计活动达到的境地或结果。如上所述,会计产生于经济组织对信息的需要,因此会计目标要解决的问题主要就是"向谁提供信息以及提供什么样的信息"[②]。会计目标涉及的理论问题很广,但从会计目标定位上来说,目前在国际上最具代表性和说服力的观点有受托责任观、决策有用观两种。

(一)受托责任观

会计发展的早期,会计更多表现为一种计数活动,会计目标的问题并不突出,也不重要。随着社会生产力的进步,部分组织或个人开始拥有满足生活所需之后的剩余财产,并把部分财产交由他人代为管理,委托代理责任关系逐步明确且日益重要,会计需要为委托人提供受托人代为管理财产状况的信息。人类社会进入较为发达的市场经济社会后,企业所有权和经营权分离成为更普遍的现象,委托代理关系更加普及,代理关系更加复杂,会计必须承担起解决委托代理关系中委托方和受托方之间的信息不对称性问题,必须担当保护多元产权主体合法权益的角色。

---

① 从国内外研究文献看,会计目标主要是指财务会计目标。如:陆正飞(1992)认为,会计目标首先是财务会计的目标;阎达五(1990)认为,财务报告的目标是会计目标的一个基本方面;而葛家澍(2004)在概括我国财务会计目标时认为,财务会计目标与财务报告的目标是一致的。
② 杨雄胜:《会计学概论》,南京大学出版社 2003 年版,第 10 页。

于是,会计目标的受托责任理论由此而形成。

在受托责任观者看来,由于社会资源(主要是资本)所有权和经营权的分离,资源的受托者就负有了对资源的委托者解释、说明其活动及结果的义务。因此,会计的目标就是向资源的提供者报告资源受托管理的情况。受托责任观的基本观点是:

(1) 会计的目标是以恰当的方式有效反映资源受托者受托经营责任及其履行情况。

(2) 它强调会计人员与资源委托者和受托者之间的双重关系,把会计人员看成是处于委托者和受托者之间的中介角色,即会计人员从客观的立场上参与到委托受托责任关系之中,反映受托经营责任及其履行情况。会计人员的行为不受资源委托者和受托者的影响,只受会计准则的约束。根据美国会计学家 E·J·帕罗科的观点,会计所反映的受托责任涉及:是否遵守了公认会计准则,是否建立了有效的内控制度来保全资源,是否经济有效地使用了委托者的资源,是否遵守了有关组织规则和法律制度,是否实现了公司既定的目标。

(3) 强调编制会计报表依据的会计准则和会计系统整体的有效性,而不是单纯强调会计报表内容本身是否有助于决策。

受托责任观者还认为,为了有效地协调委托和受托的关系,客观、公正地反映受托责任的履行情况:首先,在会计信息质量方面应强调客观性,在会计确认上只确认企业实际已发生的经济事项;其次,在财务计量上,由于历史成本具有客观性和可验证性,因此坚持采用历史成本计量模式以有效反映受托责任的履行情况;再次,在财务报表方面,由于经营业绩是委托者最关心的一个方面,因此利润表的编制显得尤为重要。

受托责任观的主要代表人是美国著名会计学家 Yuji Ijiri、Ernest J.Parlock 等人,其主要代表作是 Yuji Ijiri 所著《会计计量理论》。

(二) 决策有用观

受托责任观所认定的会计目标,是符合委托、代理关系明确的企业所确立和实现会计目标现实状况的。但随着资本市场的发展,股权日益分散,与企业相关的委托、代理关系逐渐模糊,委托方虚位的现象不断增加,委托、代理关系不太明确的企业用受托责任观解释会计目标就显得不太恰当,于是西方会计界的一些学者对此提出了会计目标的决策有用观理论。

会计目标"决策有用"的观点,首先是由美国会计学家斯朵伯斯于 1953 年提出,并逐渐成为主流观点而受到会计理论界和实务界的重视。

1966 年,美国会计学会出版的《基本会计理论》,初步提出了将会计信息的使用者、会计信息的用途、会计信息的质量要求和经济决策联系起来的会计目标思想。在该书中,会计的第一项具体目标被描述成:为了"作出利用有限资源的决策,包括识别有决定意义的决策领域,确定目标与方向等"①而提供有关的信息。

1978年,美国财务会计准则委员会在其《财务会计概念公告》中,对财务报告的目标作出了进一步的阐述。公告指出,在一个经济社会里,编制财务报告的职责是提供企业决策和经济决策有用的信息,而不是去确定这些决策应当是什么。编制财务报告的职责,要求它提供公正的、不偏不倚的信息。公告将财务报告的目标具体确定为三个主要方面:

（1）财务报告应提供对现在和可能的投资者、债权人以及其他使用者作出合理的投资、信贷及类似决策有用的信息。

（2）财务报告应提供有助于现在和可能的投资者、债权人以及其他使用者评估来自销售、偿付到期证券或借款等的实得收入的金额、时间分布和不确定的信息。

（3）财务报告应能提供关于企业的经济资源、对这些经济资源的要求权（企业把资源转移给其他主体的责任及业主权益），以及使资源和对这些资源要求权发生变动的交易、事项和情况影响的信息。

2006年7月,美国财务会计准则委员会（FASB）和国际会计准则理事会（IASB）联合发布了《财务报告概念框架:财务报告目标与决策有用的财务报告信息的质量特征（初步意见）》,包括财务报告目标与信息质量特征两部分内容,联合趋同框架将财务报告的目标定位于决策有用观。

概括来说,决策有用观者认为,会计的目标就是向信息使用者提供有利于其决策的会计信息,它强调会计信息的相关性和有用性。从会计确认方面来看,该观念认为,会计人员在会计上不仅应确认实际已发生的经济事项,还要确认那些虽然尚未发生但对企业已有影响的经济事项,以满足信息使用者决策的需要。从会计计量方面来看,该观念认为财务报表应反映企业财务状况和经营成果的动态变化,在会计计量上主张以历史成本为主,并鼓励在物价变动情况下多种计量属性的并行；在财务报表方面,该观念认为,财务报表应尽量全面提供对决策有用的会计信息,由于会计信息使用者需求的多样性,因此,在财务报表上强调对资产负债表、利润表及现金流量表一视同仁,不存在对某种财务报表的特殊偏好。

显然,决策有用的会计目标并不是对受托责任会计目标的否定,而是一种扬弃。决策有用会计目标的确立,使得受托责任观能够在模糊化的委托、代理关系中得以运行,它使得会计信息的使用者都能够以合理的成本获得自己所需的信息,然后作出正确的经济决策。可见,受托责任会计目标和决策有用会计目标一脉相承。决策有用会计目标可以说是受托责任发展到一定历史阶段的产物,是会计目标定位适应会计信息使用者日益多样化、委托、代理关系日益模糊化的结果,或者说是企业契约关系

---

① 该书由美国会计学会著,文硕等译,中国商业出版社1991年版。

中由"股东理论"向"利益相关者理论"进行演化后,会计目标定位所作出的回应。

在我国,关于会计目标的定位受西方的决策有用观与受托责任观影响很大,因而其基本观点也不外乎上述两个方面。如:毛柏林(1990)认为,会计的目标主要是向所有者、投资者、债权人以及社会公众提供财务信息;荆新(1997)认为,会计目标必须与使用者的信息需要相适应;伍中信(1998)认为,财务会计的基本目标是认定和解除受托责任,为各产权主体提供真实、有用的会计信息;刘峰(2003)认为,财务会计的主要目标应定位在向委托人报告受托责任的履行情况上。葛家澍(2004)将我国财务会计目标概括为三点:① 反映企业经理层受托责任的履行和完成情况。② 为投资者、债权人以及其他与企业有利害关系的信息使用者提供有助于经济决策的信息。③ 在必要时按照国家的政策法规,在表外披露为国家宏观调控所必要的信息。以刘永泽为主持人的《会计目标》课题组(2005),在对定位我国会计目标的会计环境进行详细研究的基础上,将我国会计目标定位为三个层次:一是会计应该提供有助于各类会计需求者进行各种决策时所需要的会计信息,包括治理型投资人、职业投资人、企业经营者、贷款人、政府、公众等;二是根据我国的会计环境,企业应主要为治理型投资人提供真实可靠的财务会计信息,从相当长的一个历史时期来看,为治理型投资人提供真实可靠的会计信息基本上可以满足我国各类信息使用者对会计信息的需求;三是随着会计环境的变化,企业可以适当提供对职业投资者投资决策有用的会计信息。

财政部会计准则委员会根据国内外会计目标的研究成果,在《企业会计准则——基本准则》(2014修订)里,明确将财务会计的目标定位为:向财务会计报告的使用者提供与企业财务状况、经营成果和现金流量等有关的会计信息,反映企业管理层受托责任履行情况,有助于财务会计报告使用者作出经济决策。这是我国迄今为止对会计目标最权威的定位。当然,会计目标是人们主观认识的结果,因此,目标会受到所在历史条件下客观存在的经济、法律、政治和社会环境的影响并随环境的变化而不断变化。

二、会计职能

职能是指一事物所固有的功能。因此,会计职能就是会计自身所固有的功能,但它随着会计的发展和人们认识的深化而会不断完善。会计的职能可以有很多,但其基本职能一般概括为两个方面,即核算和监督①,这也是我国《会计法》对会

---

① 也有学者将会计基本职能概括为"反映""控制",如葛家澍、唐予华(1983)等。在早期美国的会计理论研究中,会计职能也是会计研究的一个重要理论问题。如佩顿(Paton,1922)在其早期的著作《会计理论》中写道:"会计的职能(function)就是记录、分类、整理与提供价值的数据,以便(主体)所有者和代表(即管理者)在处置(disposal)时能周全地(wisely)使用资本。"

职能的定位。

（一）核算职能

核算是会计的首要职能。由于会计目标是提供有用的会计信息，而要实现这个目标，会计就需要对会计主体的经济活动进行记录、计算、分类、汇总，将经济活动的内容转换成有用的会计信息，成为能够在会计报告中概括并综合反映各会计主体经济活动状况的会计资料。因此，会计核算是通过价值量对经济活动进行确认、计量、记录，并进行报告的工作。会计核算职能的基本特点主要体现在以下三个方面[①]。

1. 会计核算主要是从价值量上反映经济活动的状况

由于经济活动的复杂性，人们不可能单凭观察和记忆掌握经济活动的全面情况，也不可能简单地将不同类别的经济业务加以计量、汇总，只有通过按一定程序进行加工处理后生成，并以价值量表现的会计数据，才能掌握经济活动的全过程及其结果。因此，虽然会计可以采用三种量度（货币量度、实物量度、劳动量度），从数量上反映经济活动，但由于只有货币量度的度量信息才具有可比功能，所以会计实践中，会计工作主要利用货币计量，通过价值量的核算来综合反映经济活动的过程和结果。所以，会计核算从数量上反映各单位的经济活动状况，是以货币量度为主，以实物量度及劳动量度作为辅助量度。

2. 会计核算具有完整性、连续性和系统性

会计核算的完整性、连续性和系统性，是会计资料完整性、连续性、系统性的保证。会计核算的完整性，是指对所有的会计要素都要进行计量、记录和报告，不能有任何遗漏；会计核算的连续性，是指对会计要素的计量、记录和报告要连续进行，而不能有任何中断；会计核算的系统性，是指要采用科学的核算方法对会计信息加工处理，保证所提供的会计数据资料能够成为一个有序的整体，从而可以揭示客观经济活动的规律性。会计核算具有完整性、连续性、系统性，是在进行数量反映基础上的另一重要特征。

3. 会计核算要对经济活动的全过程进行反映，在对已经发生的经济活动进行事中、事后核算的同时，还可以预测未来的经济活动

会计核算对会计主体已经发生的经济活动进行事后的记录、核算、分析，通过加工处理后提供大量的信息资料，反映经济活动的现实状况及历史状况，这是会计核算的基础工作。但是，随着市场经济的发展，市场竞争日趋激烈，企业经营规模不断扩大，经济活动日益复杂化，经营管理需要加强预见性。为此会计要在事后、事中核算的同时进一步发展到事前核算，分析和预测经济前景，从而为经营管理决

---

① 朱小平等：《初级会计学》，中国人民大学出版社 1995 年版。

策提供更多的相关信息。

（二）监督职能

任何经济活动都要有既定的目的，都要按一定的目的来运行。会计监督就是通过预测、决策、控制、分析、考评等具体方法，促使经济活动按照规定的要求运行，以达到预期的目的。会计监督具有以下两个方面的特点。

1. 会计监督主要是通过价值指标来进行的

会计核算通过价值指标综合地反映经济活动的过程及其结果，会计监督的主要依据就是这些价值指标。为了便于监督，有时还需要事先制定一些可供检查、分析用的价值指标，来监督和控制有关经济活动，以避免出现大的偏差。由于基层单位进行的经济活动都同时伴随着价值运动，表现为价值量的增减和价值形态的转化，因此，会计监督与其他各种监督相比较，是一种更为有效的监督。会计监督通过价值指标可以全面、及时、有效地控制各个会计主体的经济活动。

2. 会计监督既有事后监督，又有事中监督及事前监督

会计的事后监督是对已经发生的经济活动以及相应的核算资料进行的审查、分析；事中监督是对正在发生的经济活动过程及取得的核算资料进行审查，并以此纠正经济活动进程中的偏差及失误，促使有关部门合理地组织经济活动，使其按照预定的目的及规定的要求进行，发挥控制经济活动进程的作用；事前监督是在经济活动开始前进行的监督，即审查未来的经济活动是否符合有关法令、政策的规定，是否符合商品经济的经济规律的要求，在经济上是否可行。

会计监督的依据有合法性和合理性两种。合法性的依据是国家颁布的法令、法规；合理性的依据是客观经济规律及经营管理方面的要求。会计监督的目的就是保证企业会计目标的顺利实现。

会计的核算职能与监督职能是相辅相成的，只有在对经济业务进行正确核算的基础上，才可能提供可靠资料作为监督依据；同时，也只有搞好会计监督保证经济业务按规定的要求进行，并且达到预期的目的，才能发挥会计核算的作用。

【问题与思考 1-2】

有人说会计目标是提供会计信息，会计的目的也是提供会计信息，因此会计目标等于会计目的。你赞成吗？为什么？

第三节　会计基本假定与会计信息质量要求

如前所述，会计目标是向有关各方提供经济活动的会计信息，但由于各会计主体的经济活动受社会经济、文化、政治等环境的影响具有不确定性，因而作为反映

经济活动信息的会计也是受到经济、文化、政治等这些环境的规范与限制的。为了适应这些限制,就必须对存在不确定性的经济活动作出基本规定,建立会计的应用准则。这些准则有的是因适应会计环境而产生,被称为基本环境假设或基本假定;有的是为实现会计目标而制定,被称为基本会计原则(我国现行会计准则称之为会计信息质量要求)。

一、会计基本假定

会计基本假定是企业会计确认、计量和报告的前提,是对会计核算所处时间、空间环境等所作的合理设定。会计基本假定包括会计主体假定、持续经营假定、会计分期假定和货币计量假定。

(一)会计主体假定

会计主体假定,主要是设定会计为谁核算,核算谁的经济业务,即限定会计核算的空间范围问题。对此,我国《企业会计准则——基本准则》(2014)第五条明确指出:企业应当对其本身发生的交易或者事项进行会计确认、计量和报告。由此可见,会计主体假定是假设会计所核算的是一个特定的企业或单位的交易或事项,而不是漫无边际的。明确界定会计主体是开展会计确认、计量和报告工作的重要前提。

首先,明确会计主体,才能划定会计所要处理的各项交易或事项的范围。在会计工作中,只有那些影响企业本身经济利益的各项交易或事项才能加以确认、计量和报告,那些不影响企业本身经济利益的各项交易或事项则不能加以确认、计量和报告。会计工作中通常所讲的资产、负债的确认,收入的实现,费用的发生等,都是针对特定会计主体而言的。

其次,明确会计主体,才能将会计主体的交易或事项与会计主体所有者的交易或事项以及其他会计主体的交易或事项区分开来。例如,企业所有者的经济交易或事项是属于企业所有者主体发生的,不应纳入企业会计核算的范围。但是企业所有者投入企业的资本或者企业向所有者分配的利润,则属于企业主体所发生的交易或事项,应当纳入企业会计核算的范围。

会计主体不同于法律主体。一般来说,法律主体必然是一个会计主体。例如,一个企业作为一个法律主体,应当建立财务会计系统,独立反映其财务状况、经营成果和现金流量。但是,会计主体不一定是法律主体。例如,在企业集团的情况下,一个母公司拥有若干子公司,母、子公司虽然是不同的法律主体但是母公司对于子公司拥有控制权,为了全面反映企业集团的财务状况、经营成果和现金流量,就有必要将企业集团作为一个会计主体,编制合并财务报表。再如,由企业管理的企业年金基金等,尽管不属于法律主体,但属于会计主体,应当对每项基金进行会计确认、计量和报告。

(二) 持续经营假定

所谓持续经营,是指企业的生产经营活动将按照既定的目标持续下去,在可以预见的将来,不会面临破产清算。我国《企业会计准则——基本准则》(2014)第六条规定:企业会计确认、计量和报告应当以持续经营为前提。

企业是否持续经营,在会计原则、会计方法的选择上有很大差别。一般情况下,应当假定企业将会按照当前的规模和状态继续经营下去。明确这个基本假定,就意味着会计主体将按照既定用途使用资产,按照既定的合约条件清偿债务,会计人员就可以在此基础上选择会计原则和会计方法。如果判断企业会持续经营,就可以假定企业的固定资产会在持续经营的生产经营过程中长期发挥作用,并服务于生产经营过程,固定资产就可以根据历史成本进行记录,并采用折旧的方法,将历史成本分摊到各个会计期间或相关产品的成本中。如果判断企业不会持续经营,固定资产就不应采用历史成本进行记录并按期计提折旧。如果一个企业在不能持续经营时还假定企业能够持续经营,仍按持续经营基本假定选择会计确认、计量和报告的原则与方法,就不能客观地反映企业的财务状况、经营成果和现金流量,会误导会计信息使用者的经济决策。

(三) 会计分期假定

所谓会计分期,是指将一个企业持续经营的生产经营活动划分为一个个连续的、长短相同的期间。会计分期假定是持续经营假定的一个必要的补充。如果假定一个会计主体应持续经营而无期限,在逻辑上就要为会计信息的提供规定期限,这是会计这一信息系统发挥作用的前提。有了持续经营和会计分期这两项假设,就可以既把会计主体的经营活动看成是流水不断的长河,又能够把它隔断以测定其流量,于是产生了会计一系列基本原则、特有的程序和方法,以使企业既可以继续经营,又能够分清各个会计期间的经营业绩,为一个会计主体连续提供各个期间的经营成果和期初、期末财务状况及其变动的信息。

在会计分期假定下,企业应当划分会计期间,分期结算账目和编制财务报告。会计期间分为年度、半年度、季度和月度。年度、半年度、季度和月度均按公历起讫日期确定。半年度、季度和月度均称为会计中期。最常见的会计分期是1年,即会计年度。在我国,会计年度自公历每年的1月1日起至12月31日止。

(四) 货币计量假定

货币计量假定,是指当会计为持续经营的会计主体进行核算时,是以采用币值稳定的货币来综合计量为前提的。会计货币计量假定包括两层意思:一是会计要以货币作为共同的计量尺度;二是货币的币值不变,即假定货币本身的价值是稳定的。

在会计的确认、计量和报告过程中之所以选择货币为基础进行计量,是由货币的本身属性决定的。货币是商品的一般等价物,是衡量一般商品价值的共同尺度,具有价值尺度、流通手段、贮藏手段和支付手段等特点。其他计量单位,如重量、长度、容积、台、件等,只能从一个侧面反映企业的生产经营情况,无法在量上进行汇总和比较,不便于会计计量和经营管理。只有选择货币尺度进行计量才能充分反映企业的生产经营情况。所以,我国《企业会计准则——基本准则》(2014)第八条规定:企业会计应当以货币计量。

货币计量假定包括两个层次:一个是货币计量单位;另一个是货币的币值稳定。

上述会计核算的四项基本假定,具有相互依存、相互补充的关系。会计主体确立了会计核算的空间范围,持续经营和会计分期确立了会计核算的时间长度,货币计量则为会计核算提供了必要手段。没有会计主体,持续经营就失去意义;没有持续经营,就不会有会计分期;没有货币计量,就不会有现代会计。

二、会计信息质量要求

会计职能发挥作用的前提是会计所提供的信息要客观、真实、可靠,而在会计信息提供过程中要做到客观、真实、可靠,就必须要有一定的基本原则来约束,该基本原则被我国新的会计准则称为会计信息质量要求。

会计信息质量要求是人们在管理实践中总结发展起来的,是人为建立的会计处理的基本规范。假设一个经济主体的管理者要求会计人员把该主体在一定时期内所发生的所有事项如实记录下来,以便为管理者决策提供参考资料。但会计人员记录一段时间后,发现经济主体发生的事项实在太多,无法将其一一记录下来;而且,也许会计人员还发现管理者对所记录的信息并非都有兴趣,也就是说,管理者对会计人员记录的信息并非都是需要的。经过发现和分析,会计人员就会在未来的记录工作中挖掘并设定一定的"标准",对所有的事项作出选择,即哪些事项是重要的应该把它记录下来,哪些事项不重要可以不记。通过一段时间的这样处理,会计人员会觉得记录的信息不仅相对简化而且更有价值。并且,如果会计人员再把挖掘设定的一些"标准"术语化并赋予一定的含义,就可以把记录工作委托其他任何人去做,而且与自己做的结果相同。久而久之,当这些标准化的"术语"被世人所接受后就成为惯例,并经过统一后上升为原则要求,而且这些原则要求随着管理需要的变化而不断发展。

社会对一项会计原则要求的普遍接受程度,通常取决于它是否能够满足三条标准[①],即相关性、客观性与可行性。相关性是指它所产生的信息对那些想要了解

---

① 罗伯特·N·安东尼、大卫·F·霍金斯、肯尼斯·A·麦钱特:《会计学教程与案例》:财务会计分册,机械工业出版社 2005 年第 11 版,第 8 页。

经济主体或组织的人来说是有意义并有用的。客观性是指它所产生的信息不受提供信息者的偏见或判断的影响。客观性隐含着可靠性与可信性,同时也隐含了可证实性。可行性是指该原则要求会计事项可以在不过分复杂或成本较低的情况下得到实施。

会计的原则要求作为会计规范①一般是在会计准则中体现。不同的制定主体由于会计环境的差异,制定的内容可能存在差异。但在经济全球化的条件下,包括会计信息质量要求在内的一系列会计准则会趋于一致。就我国现有颁布实施的基本会计准则而言,会计的信息质量要求主要体现为八个方面。

(一)客观性要求

客观性要求是用来规范会计记录和会计报告真实、公允地反映经济活动的一项重要规范。这一规范的基本要求是:企业要以实际发生的交易或者事项为依据进行会计确认、计量和报告,如实反映符合确认和计量要求的各项会计要素及其他相关信息,保证会计信息真实可靠、内容完整。

为了保证会计信息的真实可靠,要求各企业进行会计处理时,正确运用会计原则、政策和方法,准确反映企业实际情况,做到内容真实、数字准确、资料可靠,信息能够经受验证。

(二)相关性要求

相关性要求是指企业提供的会计信息应当与财务会计报告使用者的经济决策需要相关,有助于财务会计报告使用者对企业过去、现在或者未来的情况作出评价或预测。会计的相关性要求,是由会计工作和会计信息的本质特征决定的。因为会计的最终目标是向社会提供会计信息,如果这些信息不利于信息使用者作出正确的经济决策,会计工作也就失去了意义。因此,会计核算方法的选择和会计工作的组织,都必须考虑满足社会各相关方面的需要。会计信息是否具有相关性,主要表现在会计信息能否帮助其使用者对各种有关的经济活动与结果作出预测,证实或修正原先的期望或计划,从而为具体的经济决策提供帮助。会计信息的相关性,还在于它能帮助决策者减少决策中的不确定性,提高他们作出最佳经济决策的能力和信心。

为了保证会计信息的相关性,要求会计人员在收集、加工、处理和提供会计信

---

① 会计规范是一套用于规定、约束会计信息系统的数据加工、处理与信息生成等行为的法律、标准制度和惯例的总称。一般来说,会计规范应具备内容上的科学性和合理性,形式上的权威性和公认性,时间上的稳定性和统一性,以及发展方向上的前瞻性和先进性。会计规范体系就是由各项会计规范所组成的具有一定结构和功能且相互联系、相互作用的有机整体。按系统论的观点来阐释,会计规范是一个具有结构性、功能性和开放性的统一体系,主要包括会计法律规范、会计理论规范、会计道德规范以及国际会计惯例。在我国,会计规范则主要采用了"准则"和"制度"两种形式,具体又可以分为三层:第一层次的《会计法》和《企业财务会计报告条例》等;第二层次的《企业会计准则——基本准则》;第三层次的具体会计准则和会计制度。

息过程中,充分考虑会计信息使用者的信息需要,充分发挥自己的职业判断能力,妥善运用好"公允价值"。

（三）明晰性要求

明晰性要求是指企业提供的会计信息必须清晰明了,便于财务会计报告使用者理解和使用。如果会计信息的表达含糊不清,就容易使会计信息的使用者产生歧义,从而降低会计信息的质量。根据明晰性原则的要求,会计记录应当准确、清晰;填制会计凭证、登记会计账簿,必须做到依据合法,账户对应关系清楚,文字摘要完整;在编制会计报表时,项目勾稽关系清楚,项目完整,数字准确。

（四）可比性要求

可比性要求包括两个方面含义：一是同一会计主体不同时期发生的相同或者相似的交易或者事项,应当采用一致的会计政策和会计估计,不得随意变更;确需变更的,应在附注中说明。二是不同企业发生的相同或者相似的交易或者事项,应当采用会计准则规定的统一会计政策,确保会计信息口径一致,相互可比。

（五）实质重于形式要求

实质重于形式要求是指企业应当按照交易或者事项的经济实质进行会计确认、计量和报告,不应仅以交易或事项的法律形式为依据。

企业发生的交易或事项在多数情况下,其经济实质和法律形式是一致的。但在有些情况下,会出现不一致。例如,以融资租赁方式租入的资产虽然从法律形式来讲企业并不拥有其所有权,但是由于租赁合同中规定的租赁期相当长,接近于该资产的使用寿命;租赁期结束时承租企业有优先购买该资产的选择权;在租赁期内承租企业有权支配资产并从中受益等。因此,从其经济实质来看,企业能够控制融资租入资产所创造的未来经济利益,在会计确认、计量和报告上,就应当将以融资租赁方式租入的资产视为企业的资产,列入企业的资产负债表。

（六）重要性要求

重要性要求是指企业提供的会计信息应当反映与企业财务状况、经营成果和现金流量等有关的所有重要交易或事项。确定一项交易或事项是否重要,取决于会计人员的职业判断。判断依据要从"质"和"量"两个方面进行分析。从"质"方面来讲,当某一事项或交易有可能对决策产生一定影响时,就属于重要性项目;而从"量"方面来讲,当某一项目的数量达到一定规模时,就可能对决策产生影响。对判断为重要的会计事项,必须按照规定的会计方法和程序进行处理,并在财务会计报告中予以充分、准确的披露。

需要指出的是,这里的重要性概念是从信息使用者角度提出的,而且对重要性的判断不能脱离企业所处的环境,不同的企业或同一企业在不同时期,判断重要性的标准可能不完全相同;重要性的判断不能忽视其本身的性质。

(七) 谨慎性要求

谨慎性要求亦称稳健性要求。它是指在资产评价和损益确认时,如果有两种以上的方法或金额可供选择,会计应选择对本期净资产及纯收益较为不利的方法或金额。会计之所以要遵循谨慎性要求,一是会计环境中存在着大量不确定因素影响会计要素的精确确认和计量,必须按照一定的标准进行估计和判断;二是因为在市场经济中,企业的经济活动有一定的风险性,提高抵御经营风险和市场竞争能力需要谨慎;三是使会计信息建立在谨慎性的基础上,避免夸大利润和权益、掩盖不利因素,有利于保护投资者和债权人的利益;四是可以抵消管理者过于乐观的负面影响,有利于正确决策。

谨慎性要求各企业对交易或事项进行会计确认、计量和报告时应当保持应有的谨慎,不得高估资产或者收益、低估负债或者费用。但各企业也不得因执行谨慎性要求而设置各种秘密准备。

(八) 及时性要求

及时性要求是指企业对于已经发生的交易或事项,应当及时进行会计确认、计量和报告,不得提前或者延后。

执行及时性要求,在会计核算过程中要做到三点:① 及时收集会计信息,即在经济业务发生后及时收集整理各种原始凭证。② 及时处理会计信息,即按会计制度规定的时限内及时编制出会计报告。③ 及时传递会计信息,即在会计制度规定的时限内将编制出的会计报告及时传递给信息使用者。

【问题与思考 1-3】

谨慎性要求,有人将其称为保守主义,这两者相等吗?

第四节 会 计 内 容

会计目标是提供会计信息,但会计应该提供哪些信息且能够提供哪些信息就构成了会计的内容。所以会计内容从定义上来说可表述为:会计作为一个信息系统所可能提供和应该提供一些什么样的信息。现代会计的内容至少应该提供如下五个方面的信息。

一、提供资产方面的信息

资产是由企业拥有或者控制的、能以货币来计量的经济资源。这里的经济资源是指能够为企业提供未来收益的资源。任何一个个体要进行经济活动,都必须运用一定的资源。例如,一个农民要在田里进行耕作,必须要有进行耕作的工具;一家理发店要给顾客理发,必须要有理发工具;一家工厂要生产产品,必须要有机器设备,要有构成产品实体的材料,等。这些资源,用政治经济学的术语来说,就是包括劳动资料和劳动对象的生产资料,而且这些生产资料在生产经营过程中一定要带来价值。所以严格意义上的资产定义应该是指"企业过去的交易或者事项行为形成并由其拥有或者控制的、预期会给该个体带来经济利益的资源"。不过,随着科技进步和经济发展,资产的外延和内涵也会发生变化。另外,资产的表现形式很多,如货币资产、债权资产、实物资产等,这在以后有关章节和中级财务会计里说明。

会计提供企业资产方面的信息,主要目的是使信息使用人了解某一时日某一企业资产总量是多少,存在于什么阶段和表现为什么形态,各类各项资产的数额是多少,企业各类各项资产的比重及其结构如何等,从而为保证企业资产的安全与完整并进行有关的决策提供数据资料。

二、提供资产来源的信息

企业拥有的资产,主要是用"钱"买来的①。那么用于购买资产的"钱"又是哪来的呢?由于企业的组织形式不同(如独资、合伙、公司等),来"钱"的渠道也不完全相同,但总的来说,主要是外借和创办人的投入。外借,会计术语称"负债",它是指企业过去的交易或者事项形成的预期会导致经济利益流出企业的现时义务。创办人投入也称投资人投入,会计术语称"所有者权益"或称"业主权益",它是指企业资产扣除负债后应由所有者享有的剩余利益,即一个企业在一定时期所拥有或可控制的具有未来经济利益资源的净额。

会计提供资产来源方面的信息,其主要目的是通过它便于有关信息使用人了解投资者的权益有多少、企业欠了多少债务、这些债务对于企业来说是否合适、所欠这些债务应该在什么时候偿还等方面的情况。

三、提供收入方面的信息

企业从事生产经营活动的根本目的是使其拥有的资产增加,并引起投资人权益的增加,这就是企业的收入。会计上的定义,收入是指企业在日常活动中所形成的、会导致所有者权益增加的、与所有者投入资本无关的经济利益的总流入。会计通过提供企业收入方面的信息,使有关信息使用人才能知道资本运动中的现金流入量,并进一步确定盈利的大小。

---

① 当然,也可以是业主直接投入实物资产。这里为了简化问题说明,即使是业主直接投入实物资产,也看作是先投入"钱",然后再用"钱"去购入实物资产。

四、提供费用方面的信息

费用是企业为了取得收入而发生的耗费。如生产企业为了制造产品要耗费材料、人工以及机器设备的磨损等，产品生产出来后销售要发生销售费用，以及企业为了组织和管理生产经营活动而发生的管理费用及财务费用等。费用的发生会导致所有者权益的减少。费用按照其与收入的关系，分为营业成本和期间费用两个方面。营业成本是指有特定归属对象的费用，即企业为生产产品、提供劳务等发生的可归属于产品成本、劳务成本等的费用。期间费用包括管理费用、销售费用和财务费用。其中，管理费用是指企业行政管理部门为组织和管理生产经营活动而发生的各项费用；销售费用是指企业在销售产品和提供劳务等日常经营过程中发生的各项费用以及专设销售机构的各项经费；财务费用是指企业在生产经营过程中为筹集资金而发生的各项费用。

会计提供费用方面的信息，可以预测一定期间企业的现金流出量，以便于安排企业的财务收支活动；另外，有了这方面的信息，还可以同上面的收入相配合，确定企业的销售成果及最终的经营成果等。

五、提供经营成果方面的信息

企业在一定会计期间的经营成果表现为经营利润。经营利润是企业在销售商品、提供劳务等日常活动中所产生的利润，它等于营业收入减去营业成本、营业税金及附加、销售费用、管理费用、财务费用、资产减值损失，加上公允价值变动收益和投资收益后的金额。企业除了经营利润外，还会发生营业外收支和有关的计入当期利润的利得和损失等。计入当期利润的利得和损失，是指应当计入当期损益，会导致所有者权益发生增减变动的、与所有者投入资本或者向所有者分配利润无关的利得或者损失。

会计提供这类信息，可以知道企业经过一个时间段的生产经营，是赚了还是赔了，并通过以上相关信息的进一步分析，找出企业生产经营中存在的不足，为改善管理提供相关资料。

据上可知，上述五个方面信息具体表现为资产、负债、所有者权益、收入、费用和利润六个方面的会计内容，这六个方面的内容在会计上也被称为会计内容的构成要素，简称为会计要素。会计要素的具体内容将在下一章阐述。

第五节　会计处理程序与方法

为了发挥会计的职能作用，实现会计的目标，会计在提供有关信息时就必须遵照一定的程序并配以相应的方法。会计处理程序与方法,指的是会计数据处理与加工报告信息的顺序与方法①。

由会计定义可知,会计处理的基本程序包括确认、计量、记录与报告等,而每一个程序的实现都需配以相应的会计专门方法。

一、会计确认及方法

我们在会计定义解释中指出,"确认"这一程序,主要是帮助会计解决两个方面的问题,即当某一事项发生时,首先,通过分析与判断,确定该事项是否应由会计来处理;其次,如判断确定为应由会计处理,则要确定何时记录即记录的时间标准问题。所以会计确认可以解释为:依照一定的标准,分析判断哪些数据能输入以及何时输入会计信息系统的过程。企业的经济活动复杂多样,因此企业经济活动所体现出来的数据也是多种多样的。但由于受会计目标与职能的局限,并不是企业所有的数据都能进入会计信息系统的,必须要通过确认的程序,所以确认是会计的基本程序,是会计的第一步工作。

会计确认,在方法上一般是根据会计信息系统的要求,通过审核经济数据所代表的经济活动来进行的。由于经济活动中所发生的经济事项,包括经济活动的内容、时间、数额等是体现在凭证上的,因此审核经济数据的一个很重要的方面就是对凭证(包括原始凭证和记账凭证)的审核。对凭证的审核,既包括对凭证外表形式的审核(凭证本身是否真实、合法、准确和完整等),也包括对凭证实质方面的检查(是否违反有关的法规和制度、是否合理合法等)。从中也可以看到,会计的监督职能作用的发挥同会计确认这一程序(具体化为填制和审核凭证的方法)是分不开的。填制和审核凭证也就构成了会计工作的基本前提。

二、会计计量与方法

会计计量是指用货币或其他量度单位计量各项经济业务及其结果的过程。其特征是以数量(主要是以货币单位表示的价值量)关系来确定物品或事项之间的内在联系,或将数额分配于具体事项。因此,会计计量是会计处理程序的核心。而会计计量的关键是计量属性的选择和计量单位的确定。

计量属性是指被计量客体的特性或外在表现形式。在财务会计中,计量属性是指资产、负债等可用财务形式定量方面,即能用货币单位计量的方面。但会计在对被计量客体进行货币计量时可以从不同角度或方面进行,如一项资产可以按取

---

① 吴水澎:《会计学原理》,辽宁人民出版社 2007 年版,第 23 页。

得时的原始成本(历史成本)或按现在取得时的重置成本(现行成本)等进行计量。由于采用不同的计量属性,同一资产就会确定为不同金额。就目前国际通行的做法看,会计计量属性主要有以下几种,即历史成本、重置成本、现值、可实现净值以及公允价值等。计量单位指的是不同会计计量标准所运用的各种量度单位。现代会计采用的量度单位都是货币,而且一般是采用名义货币单位或面值货币单位。

适应会计计量的需要,会计逐渐形成了货币计价的专门方法。此外,会计中的成本计算方法的作用和意义虽然是多方面的,但它同会计计量的需要有关。例如,企业购进一批原材料,如果我们要对它进行计量,采用历史成本属性是毫无疑问的,但问题还在于:除材料的发票价格构成它的历史成本外,还要发生各种采购费用,这些费用应包含在材料的历史成本之中,为此,就必须进行材料采购成本计算,才能最终确定具体某批材料的历史成本[①]。

三、会计记录

会计定义指出,会计记录是将会计事项运用专门的方法在会计特有的载体上登记下来的过程。具体来说,就是对经济活动中经过确认而纳入会计内容的每项数据,运用预先设计的账户和有关文字及金额,按复式记账的要求,在账簿上进行登记的过程。会计记录是会计核算中的一个重要环节。会计记录既是对会计事项进行详细与具体的描述与量化,又起到了对数据进行分类、汇总及加工等方面的作用,从而为编制会计报告提供了基础资料。由此可知,在会计记录过程中,为完成会计记录工作需采用多种会计方法,包括设置账户、复式记账、填制凭证和登记账簿等。

四、会计报告

会计报告是指把会计所形成的财务信息传递给信息使用者的手段。通过记录生成的会计信息杂而分散,因此,必须采用一定的会计专门方法将其归类压缩使其形成相互联系的财务指标体系。这里的财务指标体系是用会计报表形式体现的,因此这里的专门方法就是会计报表编制。

需要说明的是,上述会计处理的四个程序不是截然分开的,有的程序甚至贯穿会计核算的全过程。例如在记录程序中同样有确认与计量问题,因为只有经过确认才能记录,而要记录就必须用货币作为计量单位并加以表现。再如编制会计报表,会计报表的编制并不只是对账簿资料的简单罗列,而是对账簿资料的再加工,既然是再加工,就存在着哪些数据应进入报表及如何进入报表的问题,这是另一意

---

① 吴水澎:《会计学原理》,辽宁人民出版社 2007 年版,第 23 页。

义上的确认。

上述的会计处理四个基本程序及所运用的方法①,可以用图 1-1 表示。

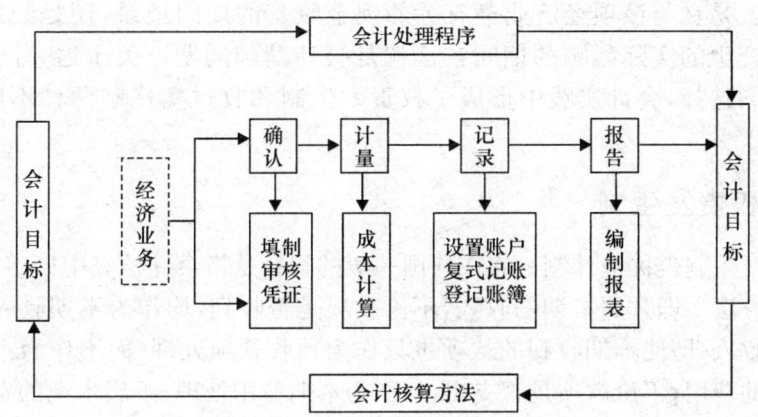

图 1-1　会计处理程序及方法图

从图 1-1 可知,会计核算方法主要有六种,但要说明的是,会计核算的这六种方法并不是独立的,而是相互联系、相互依存、彼此制约的,从而构成了一个完整的方法体系。它们的基本关系或者说其应用程序是:经济业务发生后,一般是填制和审核凭证,并应用复式记账方法在有关账簿中进行登记;期末还要对生产经营过程中发生的费用进行成本计算,在账证、账账、账实相符的基础上,根据账簿记录编制会计报表②。本书从第三章开始,阐述的重点就是会计的核算方法及其在制造企业中的运用。同时,对会计分析方法以及会计检查方法作一简单阐述。

第六节　会 计 基 础

会计基本原则是保证会计信息质量的基本要求,但由于会计信息使用者对会计信息的要求是有时间概念的,即要求提供经济活动的某一定时间或某特定期间的会计信息。如利润是一个重要的会计信息,而利润是收入与费用抵减后

---

① 会计方法包括会计核算方法、会计分析方法和会计检查方法。其中会计核算方法是会计方法中最基本、最主要的方法。这里的会计方法指的是会计核算方法。

② 会计核算方法的这种基本关系或者说其应用程序也可称为记账程序。杨雄胜教授主编的《会计学概论》(第二版)将记账程序定义为:"填制会计凭证,根据会计凭证登记各种账簿,根据账簿记录提供会计信息这一整个过程的步骤和方法。"并指出:"我国企业采用的传统记账程序主要有:(1)记账凭证账务处理程序;(2)汇总记账凭证账务处理程序;(3)科目汇总表账务处理程序;(4)多栏式日记账账务处理程序。"具体参见杨雄胜:《会计学概论》,南京大学出版社 2003 年版,第 257 页。

的结果,但用不同时期的收入与不同时期的费用进行相抵减其利润是不相同的,这就有了收入与费用相配比的要求,即某项经济业务所发生的后果究竟应归入哪一期间?是在与该项经济业务有关的现金收支的期间记录,还是归入该项经济业务所产生的实际影响的期间?这就是会计基础问题。关于这一问题,由于人们的不同选择,会计实践中形成了权责发生制和收付实现制两种不同的会计处理基础。

一、权责发生制

权责发生制也称应计制。它在我国一般的解释是指会计核算中确定本期收益和费用的方法。即凡属本期的收入,不论款项是否收到,均作为本期收入处理;不属本期的收入,即使本期收到的款项也只作为预收款项处理,而不作为本期收入。凡属本期的费用,不论款项是否支出,均作为本期费用处理;不属本期的费用,即使在本期支出,也不能列入本期费用。而国际会计准则对此解释为:"按照权责发生制,要在交易或事项和其他事项发生时(而不是在收到和支付现金和现金等价物时)确认其影响,而且要将它们记入与它们相联系的期间的会计账簿并在该期间的财务报告中予以报告。"这一解释明确了要在"发生"时确认,而非在"收到或支付"时确认。

按照这一解释,再结合会计实务中的做法,完整的权责发生制应包括以下几个方面的内容:

(1) 它能有效地判别、甄定应该进入会计系统的经济业务,即经济业务要进入会计系统进行核算,必须首先经过权责发生制这一筛选过程。所以,权责发生制是整个会计系统的基础和起点。其标准是:对企业的经济资源和经济义务确实产生了影响,并以权利和责任的发生与否来判断。权责发生制要求会计处理中运用估计、判断等多种方法,使会计核算变得复杂。

(2) 经过筛选,准予进入会计系统的交易或事项在输入会计系统时,要按照对经济资源和经济义务的影响程度来决定应确认何种会计要素:资产、负债、权益、收入、费用等。

(3) 权责发生制实际包括了三个层次的认定,即:哪些经济业务是会计核算的内容?这些经济业务何时发生,应纳入哪一期的会计报表?这些经济业务引起了何种影响?这三方面是相互联系、相互统一的。

(4) 权责发生制用于对全部会计要素的确认,而不应仅局限于对收入和费用的确认。国际会计准则强调"交易或其他事项",规定将会计确认的范围扩大到全部会计要素。当然,作为权责发生制基础的一部分,收入和费用一直是现代会计关注的焦点,收入实现和费用配比这两条原则发展得比较完善。相比之下,资产和负债的确认就显得较为薄弱,尚未形成明确、完整的原则。

(5)权责发生制应以会计目标、会计基本假定、会计原则、会计要素为基本理论依据。之所以要用权责发生制进行会计确认,是为了实现会计目标;而会计基本假定为权责发生制确认解决了时间、内容和范围的问题;会计原则和会计要素则是权责发生制确认的基本指导,解决了会计确认的方式方法问题。

二、收付实现制

收付实现制也称现金制,它是以款项的实际收付为标准来处理经济业务,确定本期收入和费用,计算本期盈亏的会计处理基础。在现金收付的基础上,凡在本期实际以现款付出的费用,不论其是否在本期收入中获得补偿均应作为本期应计费用处理;凡在本期实际收到的现款收入,不论其是否属于本期均应作为本期应计的收入处理;反之,凡本期还没有以现款收到的收入和没有用现款支付的费用,即使它属于本期,也不作为本期的收入和费用处理。例如,某企业2××2年3月份收到2××1年应收销货款100 000元,存入银行,尽管该项收入不是2××2年3月份创造的,但因为该项收入是在3月份收到的,所以在现金收付基础上也作为2××2年3月份的收入。这种处理方法的好处在于计算方法比较简单,也符合人们的生活习惯,但按照这种方法计算的盈亏不合理、不准确,所以《企业会计准则》规定企业不予采用。

【问题与思考1-4】

李明星投资50万元成立了个人独资企业"明星五金店"。该企业最近一年收支如下:① 收入560 000元,其中收到现金收入450 000元,其余的为应收账款。② 销货成本300 000元。③ 费用180 000元,其中有30 000元为本年预提下年度要支付的开支。李明星计算出的该年毛利润为110 000元。请用两种会计基础,评价其利润正确与否(本年度购进的货物全部用现金支付,没有赊账)。

第七节　会计职业道德

会计原则是保证会计信息质量的基础,但会计原则是靠会计人员在会计工作中执行的。由于会计主体出于自身利益等方面的考虑,会计人员在处理有关会计信息时有可能会面临着如何执行一些会计原则的问题。如企业的经营业绩,不仅影响经理人的职业生涯,也影响企业的筹资等。因此,当一个企业不能实现其经营目标时,会计人员在外力压迫下可能作出违背会计原则、改变客观会计事实的事情,这样的行为就是会计职业道德问题的一个方面。因此,要真正使会计信息质量

得到保证,强化会计职业道德,具有重要的现实意义。

一、会计职业道德的定义

道德,是由一定的社会经济关系决定的,它依靠社会舆论、传统伦理习俗和人们的内心信念来维系,并表现为善恶对立的社会意识,是行为规范的总和。会计职业道德是一般道德要求在会计工作中的具体体现,它是引导、制约会计行为,调整会计人员与社会、会计人员与不同利益集团以及会计人员之间关系的社会规范。

二、会计职业道德的规范

加强会计人员的职业道德是很多国家会计专业组织或国际会计组织所关心的一项重要内容,并且制定有诸多职业道德规范。例如:

国际会计师联合会的职业道德委员会于1988年拟订了《国际会计职业道德准则》;同年7月,经国际会计师总理事会批准后公布。该准则规定,任何会计专业机构的道德准则应以"正直、客观、独立、保密、技术标准、业务能力、道德自律"原则为基础。

美国管理会计师协会在1985年制定了《美国管理会计师的道德行为规范》,并开宗明义地指出:管理会计师有义务对其所服务的组织、他们的职业组织、公众和他们自己保持道德行为的最高标准。为确认这些义务,管理会计师协会已经采纳了"能力方面、保密方面、公证方面以及客观方面"等的管理会计师道德行为规范。坚持这些原则,是管理会计师实现管理会计目的的组成部分。管理会计师不应违背这些原则,也不能宽恕组织中的其他人发生违背这些原则的行为。

美国注册会计师协会专门设立了职业道德部,负责职业道德规范的制定和发布。

加拿大审计公署发布的审计准则中,对审计职业道德的规定有三大部分的内容。其中第一部分是技术培训和熟练性;第二部分为应有的关注;第三部分是应注意做到的几点。

澳大利亚审计署发布的审计准则中,对审计人员的审计职业道德作了"独立性和客观性""学历与经验""职业谨慎"等的规定。

我国财政部对会计人员提出的主要职业道德要求在《会计基础工作规范》中作了具体规定,包括:

(1)爱岗敬业。会计人员应当热爱本职工作,努力钻研业务,使自己的知识和技能适应所从事工作的要求。

(2)熟悉法规。会计人员应当熟悉财经法律、法规、规章和国家统一会计制度,并结合会计工作进行广泛宣传。

(3) 依法办事。会计人员应当按照会计法律、法规和国家统一会计制度规定的程序和要求进行会计工作,保证所提供的会计信息合法、真实、准确、及时、完整。

(4) 客观公正。会计人员办理会计事务应当实事求是、客观公正。

(5) 搞好服务。会计人员应当熟悉本单位的生产经营和业务管理情况,运用掌握的会计信息和会计方法,为改善单位内部管理、提高经济效益服务。

(6) 保守秘密。会计人员应当保守本单位的商业秘密。除法律规定和单位领导人同意外,不能私自向外界提供或者泄露单位的会计信息。

第八节 会计机构与会计人员

会计机构是各单位办理会计事务的职能机构,会计人员是直接从事会计工作的专业人士。建立健全会计机构,配备数量和素质相当的、具备从业资格的会计人员,是各单位做好会计工作,充分发挥会计职能作用的重要保证。

一、会计机构的设置

为了科学合理地组织会计工作,保证本单位正常的经济核算,根据《中华人民共和国会计法》(2017)的规定,各单位应当根据会计业务的需要,设置会计机构,或者在有关机构中设置会计人员并指定会计主管人员;不具备设置条件的,应当根据财政部 2016 年颁布的《代理记账管理暂行办法》(财政部令第 80 号)委托经批准设立从事会计代理记账业务的中介机构代理记账。

国有的和国有资产占控股地位或者主导地位的大、中型企业必须设置总会计师。

二、会计机构内部稽核制度和内部牵制制度

(一) 会计机构内部稽核制度

稽核即稽查和复核。内部稽核制度是内部控制制度的重要组成部分。会计稽核是会计机构本身对于会计核算工作进行的一种自我检查或审核工作。建立会计机构内部稽核制度的目的在于防止会计核算工作上的差错和有关人员的舞弊,是规范会计行为、提高会计质量的重要保证。会计机构内部稽核制度的基本内容包括:稽核工作的组织形式和具体分工;稽核工作的职责、权限;审核会计凭证和复核会计账簿、财务报表的方法等。

根据会计法规定,出纳人员不得兼任稽核、会计档案保管和收入、支出、费用、

债权债务账目的登记工作。

（二）内部牵制制度

内部牵制制度即钱账分管制度。它是内部控制制度的重要组成部分。内部牵制制度是指凡涉及款项和财物收付、结算及登记的任何一项工作，必须由2人或2人以上分工办理，以起到相互制约作用的一种工作制度。例如，在支付现金和银行存款时，应由会计主管人员或其授权的代理人审核、批准，出纳人员付款，记账人员记账；单位购入材料物资，应由采购人员办理采购、报账手续，仓库人员验收入库，记账人员登记入账；发出材料时，应经使用单位领导批准，经办人员领用，仓库人员发料，记账人员记账；单位发放工资时，应由工资核算人员编制工资单，出纳人员向银行提取现金和发放工资，记账人员记账；等等。

三、会计人员

（一）会计人员的定义

会计人员是指根据《会计法》的规定，从事会计核算、实行会计监督等会计工作的专业技术人员。主要包括从事下列会计工作的人员：

(1) 出纳。

(2) 稽核。

(3) 资产、负债和所有者权益（净资产）的核算。

(4) 收入、费用（支出）的核算。

(5) 财务成果（政府预算执行结果）的核算。

(6) 财务会计报告（决算报告）编制。

(7) 会计信息分析应用。

(8) 会计监督。

(9) 会计档案保管。

(10) 其他会计核算和会计监督工作。

根据财政部2018年颁布的会计人管理办法规定，会计人员从事会计工作，应当符合下列要求：

(1) 遵守《会计法》等法律法规和国家统一的会计制度。

(2) 具备良好的职业道德。

(3) 具备从事会计工作所需要的专业能力。

这里的专业能力要求：持有会计专业技术资格等相关专业资格资质证书，或持有会计类专业学历（学位）或相关专业学历（学位）证书，且持续参加继续教育。

担任单位会计机构负责人（会计主管人员）的，应当具备会计师以上专业技术职务资格或者从事会计工作三年以上经历。

(二)会计人员继续教育

会计人员继续教育是指取得会计从业资格的人员持续接受一定形式的、有组织的理论知识、专业技能和职业道德的教育和培训活动,优化知识结构,不断提高和保持其专业胜任能力和职业道德水平。

1. 继续教育内容

根据财政部颁布的《会计专业技术人员继续教育规定》(财会〔2018〕10号)规定,包括公需科目和专业科目。公需科目包括专业技术人员应当普遍掌握的法律法规、政策理论、职业道德、技术信息等基本知识,专业科目包括会计专业技术人员从事会计工作应当掌握的财务会计、管理会计、财务管理、内部控制与风险管理、会计信息化、会计职业道德、财税金融、会计法律法规等相关专业知识。

2. 继续教育的形式

(1)参加县级以上地方人民政府财政部门、人力资源社会保障部门,新疆生产建设兵团财政局、人力资源社会保障局,中共中央直属机关事务管理局,国家机关事务管理局(以下统称继续教育管理部门)组织的会计专业技术人员继续教育培训、高端会计人才培训、全国会计专业技术资格考试等会计相关考试、会计类专业会议等。

(2)参加会计继续教育机构或用人单位组织的会计专业技术人员继续教育培训。

(3)参加国家教育行政主管部门承认的中专以上(含中专,下同)会计类专业学历(学位)教育;承担继续教育管理部门或行业组织(团体)的会计类研究课题,或在有国内统一刊号(CN)的经济、管理类报刊上发表会计类论文;公开出版会计类书籍;参加注册会计师、资产评估师、税务师等继续教育培训。

3. 继续教育管理

会计专业技术人员参加继续教育实行学分制管理,每年参加继续教育取得的学分不少于90学分。其中,专业科目一般不少于总学分的三分之二。

会计专业技术人员参加继续教育取得的学分,在全国范围内当年度有效,不得结转以后年度。

参加上述形式的继续教育,其学分计量标准如下:

(1)参加全国会计专业技术资格考试等会计相关考试,每通过一科考试或被录取的,折算为90学分。

(2)参加会计类专业会议,每天折算为10学分。

(3)参加国家教育行政主管部门承认的中专以上会计类专业学历(学位)教育,通过当年度一门学习课程考试或考核的,折算为90学分。

(4)独立承担继续教育管理部门或行业组织(团体)的会计类研究课题,课题结项的,每项研究课题折算为90学分;与他人合作完成的,每项研究课题的课题主持人折算为90学分,其他参与人每人折算为60学分。

(5)独立在有国内统一刊号(CN)的经济、管理类报刊上发表会计类论文的,每篇论文折算为30学分;与他人合作发表的,每篇论文的第一作者折算为30学分,其他作者每人折算为10学分。

(6)独立公开出版会计类书籍的,每本会计类书籍折算为90学分;与他人合作出版的,每本会计类书籍的第一作者折算为90学分,其他作者每人折算为60学分。

(7)参加其他形式的继续教育,学分计量标准由各省、自治区、直辖市、计划单列市财政厅(局)(以下称省级财政部门)、新疆生产建设兵团财政局会同本地区人力资源社会保障部门、中央主管单位制定。

(三)会计专业职务

会计专业职务是区别会计人员业务技能的技术等级。会计专业职务分为高级会计师、会计师、助理会计师和会计员。高级会计师为高级职务,会计师为中级职务,助理会计师和会计员为初级职务。

本 章 小 结

会计是确认、计量、记录并报送经济个体数量化信息的过程,以协助信息使用者对有关经济行为作出合理的决策和判断。会计的范围主要包括会计学术(会计学)和会计职业两大方面。就会计学的学科体系而言,会计主要分为营利会计与非营利会计两大类,其中营利会计又主要包括财务会计、管理会计、成本会计、税务会计等。而就会计职业而言,主要包括注册会计师和单位会计两个领域。

会计产生于会计主体出于管理目的对其活动过程及其结果的信息需要。所以提供有用信息是会计的目标。就财务会计而言,其目标是向财务会计报告的使用者提供与企业财务状况、经营成果和现金流量等有关的会计信息,并反映企业管理层受托责任履行情况。会计目标的实现有赖于会计自身固有的功能即会计职能,会计基本职能主要是核算与监督。

会计职能发挥作用的领域是会计内容,会计内容体现了会计目标的要求。现代会计内容就财务会计来说,主要包括资产、负债、所有者权益、收入、费用和利润。这六个内容构成了会计要素,六个要素之间还存在一定的勾稽关系。其中利润是费用与收入配比的结果,这种配比执行的是权责发生制原则。

会计核算和监督需要采用专门的方法。会计专门方法包括会计核算、会计分析和会计检查等,其中会计核算方法是基础。会计核算方法主要包括设置账户、复式记账、填制与审核凭证、登记账簿、成本计算、财产清查、编制财务报表等。

会计目标是向有关各方提供经济活动的会计信息,但由于各会计主体的经济活动受社会经济、文化、政治等环境的影响具有不确定性,因而作为反映经济活动信息的会计也受到经济、文化、政治等这些环境的规范与限制。为了适应这些限制,就必须对存在不确定性的经济活动作出基本规定,建立会计的应用准则。这些准则有的是因适应会计环境而产生的,被称为基本环境假设或基本假定;有的是为实现会计目标而制定的,被称为基本会计原则。会计基本假定包括会计主体假定、持续经营假定、会计分期假定和货币计量假定。而会计基本原则包括客观性要求、相关性要求、明晰性要求、可比性要求、实质重于形式要求、重要性要求、谨慎性要求、及时性要求。

会计原则是会计人员处理会计信息的基本要求,但在会计工作中会计人员是否能很好地履行职责,机构的合理设置以及内部会计控制制度的完善是一个非常重要的方面。但会计人员作为社会中的人,由于个体内外环境等因素也会受到一定的诱惑或压力,从而影响制度的执行力度。所以,除了制度约束外,道德约束也非常重要,它对保证会计信息质量具有不可替代的作用。加强会计职业道德建设应成为会计管理工作的重要内容之一。

复习思考题

1. 会计作为一个信息系统,在市场经济社会中扮演何种角色?
2. 会计学与会计工作有何不同?
3. 财务会计与管理会计有何不同?两者是否都需要遵循一般公认的会计原则?为什么?
4. 何谓客观性?为使会计信息具有客观性,对会计工作应有哪些要求?
5. 何谓重要性?如何判断重要性?
6. 简要说明会计内容与会计目标及其相互之间的关系。
7. 何谓会计职能?会计职能应包括哪些内容?
8. 简述会计核算方法。
9. 会计职业道德的基本内容有哪些?它的重要性是什么?
10. 概述会计人员从事会计工作应当符合的基本要求。

案例讨论题

高晓、江帆、王兴是某大学管理学院的一年级学生。由于该大学在学生大一的时候不分专业,大二开始前再由学生选择专业。面临专业选择,3位学生各自已经有了打算并进行了交流。其中高晓打算选择会计学专业,江帆打算选择财务管理专业,而王兴打算选择企业管理专业。在交流讨论时,高晓对江帆说:"我建议你选择会计学专业,因为据我了解会计比财务管理重要,我想你也听说过经济越发展会计越重要的名言吧,况且会计就业面比财务管理广。"但江帆对高晓的说法并不完全认同,他说:"我虽然对会计不很了解,但我家一个邻居是会计,工作就是收钱和付钱,整天就像机器人一样没多大意思。而财务管理则不一样,它是管与财有关的各项事务,包括投资什么等,也包括管会计。我的叔叔就在一个公司的财务部工作,而且是财务部经理,管的事情可多啦,而且管的都是大事情。所以我认为财务管理比会计重要得多,建议你选择财务管理专业。"而王兴插嘴说:"叫我来说,会计与财务管理都一样,都是账房先生,因此,我认为选择会计专业与选择财务管理专业没什么差别。"

对上述3位学生的说法,请你根据会计的基本概念和相关知识作出评价。

同步测试题

一、单项选择题

1. 关于会计定义,下列说法中,不正确的是(　　)。
    A. 会计作为一个过程,是通过一系列的工作来实现的
    B. 会计确认解决的就是会计内容问题
    C. 会计的目的是将有关信息报送给信息使用者,以协助其决策时作出合理谨慎的判断
    D. 会计的计量范围是能够用数据记录的交易或事项

2. 会计目标是(　　)。
    A. 进行价值管理　　　　　　　　B. 提高经济效益
    C. 提供会计信息　　　　　　　　D. 控制和指导经济活动

3. 一般来说,会计主体与法律主体(　　)。
    A. 是有区别的　　　　　　　　　B. 不相关的
    C. 相互一致的　　　　　　　　　D. 相互替代的

4. 用来规范会计记录和会计报告真实、公允地反映经济活动的一项重要原则是(　　)。
    A. 可比性原则　　　　　　　　　B. 客观性原则
    C. 重要性原则　　　　　　　　　D. 谨慎性原则

5. 会计的主要方法是(　　)。
    A. 会计核算方法　　　　　　　　B. 会计分析方法
    C. 会计预测方法　　　　　　　　D. 会计决策方法

6. 货币计量假定的前提还包括(　　)。
    A. 会计主体　　　　　　　　　　B. 持续经营

    C. 币值稳定　　　　　　　　　D. 历史成本
7. 采用权责发生制进行会计确认,是为了(　　)。
    A. 实现会计目标　　　　　　　B. 收入与费用配比
    C. 简化核算　　　　　　　　　D. 提高会计信息质量
8. 关于会计内容,下列说法中,不正确的是(　　)。
    A. 货币资产是资产的一种表现形式
    B. 一个企业在一定时期所拥有或可控制的具有未来经济利益资源的净额称为所有者权益
    C. 费用的发生会导致所有者权益的减少
    D. 企业资产减去负债得到企业的最终经营成果

二、多项选择题

1. 下列属于企业会计的有(　　)。
    A. 财务会计　　　　　　　　　B. 管理会计
    C. 成本会计　　　　　　　　　D. 预算会计
2. 注册会计师的主要业务范围包括(　　)。
    A. 审计服务　　　　　　　　　B. 税务服务
    C. 管理咨询服务　　　　　　　D. 鉴证服务
3. 下列属于会计核算的基本假定的是(　　)。
    A. 会计主体　　　　　　　　　B. 持续经营
    C. 会计分期　　　　　　　　　D. 货币稳定
4. 下列属于会计信息质量要求的是(　　)要求。
    A. 相关性　　　　　　　　　　B. 可比性
    C. 一致性　　　　　　　　　　D. 及时性
5. 会计核算职能的基本特点为(　　)。
    A. 从价值量上反映　　　　　　B. 具有完整性、连续性和系统性
    C. 具有复合性　　　　　　　　D. 对经济活动进行全过程的反映
6. 会计处理的基本程序包括(　　)。
    A. 确认　　　　　　　　　　　B. 计量
    C. 记录　　　　　　　　　　　D. 报告
7. 建立会计机构内部稽核制度的目的在于(　　)。
    A. 防止会计核算工作上的差错　B. 规范会计行为
    C. 提高会计质量　　　　　　　D. 防止有关人员的舞弊
8. 下列属于会计核算方法的有(　　)
    A. 成本计算　　　　　　　　　B. 填制记账凭证
    C. 分析财务报表　　　　　　　D. 登记账簿

三、判断题

1. 会计从其本质上来说就是提供信息的一个系统。（　　）

2. 计量单位指的是不同会计计量标准所运用的各种量度单位。现代会计采用的量度单位是货币，而且一般是采用名义货币单位或面值货币单位。（　　）

3. 会计监督就是通过预测、决策、控制、分析、考评等具体方法，促使经济活动按照规定的要求运行，以达到预期的目的。（　　）

4. 谨慎性原则要求会计核算工作中做到谦虚谨慎，不夸大企业的资产。（　　）

5. 资产是企业拥有或者控制的能以货币来计量的经济资源。这里的经济资源是指企业所有的设备和材料。（　　）

6. 资产、负债、所有者权益、收入、费用和利润等六个方面的会计内容构成了会计要素。（　　）

7. 会计职业道德是一般道德要求在会计工作中的具体体现，它是引导、制约会计行为，调整会计人员与社会，会计人员与不同利益集团以及会计人员之间关系的社会规范。（　　）

8. 按照我国相关会计法规规定，凡在国家机关、社会团体、公司、企业、事业单位从事会计工作的人员必须取得会计从业资格，而对在其他组织从事会计工作的人员不需要。（　　）

第二章 会计要素与会计等式

- 熟练掌握会计要素的含义及特征
- 理解各会计要素的分类
- 熟练掌握会计要素平衡等式的原理以及会计要素平衡等式的应用

引 言

张丰开办了一家摄影工作室,名为张丰图片社,用于经营的资产包括两台照相机和一套冲洗、放大设备,共计 70 000 元;必需的耗材如胶卷、冲洗和印放照片的药水、相纸等,共计 10 000 元;周转用现金 20 000 元。张丰图片社的资产总共为 100 000 元。在图片社开业不久,张丰发现顾客喜欢经过特殊制作的照片,于是张丰向设备供应商赊购了有关设备,设备价值为 30 000元。试问:图片社的资产、负债和所有者权益之间有什么联系?学习本章以后,你将得到正确答案。

第一节 会计要素概述

一、会计要素概念

会计要素是构成会计客体的必要因素,是对会计事项所确认的项目所作的归类。会计要素是设定财务报表结构和内容的依据,也是进行确认和计量的依据。对会计要素加以严格定义,能为会计核算奠定坚实的基础。按照我国《企业会计准则——基本准则》(2014)规定,会计要素分为资产、负债、所有者权益、收入、费用和利润六个方面。在这六项会计要素中,资产、负债和所有者权益是存量要素,反映企业在一定日期拥有的经济资源及应承担的经济责任，是直接关系企业财务状况计量的因素。它们与资产负债表具有密切关系，是资产负债表的重要项目，因此也称为资产负债表要素。收入、费用和利润是增量要素，反映企业一定时期内的经营成果和盈利状况，是直接关系企业利润计量的要素。它们与利润表有着密切联系，是利润表的重要项目，因此也称为利润表要素。

但需要说明的是，会计要素作为企业会计准则建设的核心，其建设的不同主体，对会计要素的归类划分目前还不完全相同。我国会计准则将会计要素定义为资产、负债、所有者权益、收入、费用、利润六个要素，而美国财务会计准则委员会（FASB）在《财务会计概念公告》中，将会计要素归类为资产、负债、业主投资、派给业主款、综合收益、营业收入、费用、利润、损失十个要素，国际会计准则委员会（IASC）在《编制和呈报财务报表的结构》中，将会计要素归类为资产、负债、权益、收益和费用五个要素。

二、会计要素的一般特征

（一）会计要素是对会计事项的财务抽象

我们把引起价值运动而又必须由会计加以计算、记录的一切经济业务称为会计事项。也就是说，会计要素是对会计事项从财务的角度进行抽象。例如，某工业企业销售一批产品，当月尚未收回货款。发生的这笔经济业务引起了价值的运动（产品已经卖出去了），会计必须予以反映，所以，它是该企业的一个会计事项。产品销售出去，必然使得企业的销售收入增加；货款尚未收回，企业应收回的货款也应该增加。因此，上述这个会计事项至少引起"主营业务收入"和"应收账款"两个会计项目的变化。"主营业务收入"是企业在销售商品的业务中实现的收入，所以，它可以和"其他业务收入"等一起按同质原则列入"收入"要素。"应收账款"是法律赋予企业的一种可收回账款的权利，所以，它可以和其他有形资产及无形资产一起，按同质原则列入"资产"要素。

会计要素是对会计事项的财务抽象，与经济概念不完全一致。经济概念是对现实世界经济事实所作的抽象，是通过对各种经济事实进行高度概括和总结后得出来的。当然，为了便于会计信息使用者的理解，会计要素或会计项目应尽可能和经济概念一致。例如，材料、现金、固定资产等会计项目便与经济现象和事实基本吻合。

（二）会计要素依存于会计主体假设

会计主体假设是对会计的内容及会计工作的空间范围所作的限定。会计主体不同，对同一会计事项所涉及的会计要素也就不同。例如，甲企业将产品销售给乙企业，货款尚未收回，乙企业将甲企业的产品作为劳动对象。甲企业在这一会计事项中涉及"主营业务收入"收入要素和"应收账款"资产要素。乙企业在这一会计事项中,则将涉及"应付账款"负债要素和"原材料"资产要素。会计主体的类别不同,会计要素也不尽相同。

(三)会计要素是会计记录、报告和核算方法的基本依据

如前所述,会计项目是会计事项的财务抽象,会计要素是对会计项目按同质原则所进行的合并与归类。会计要素的逆向再分类——会计项目是设置账户的依据,而账户是会计记录的主要工具,会计要素是构建财务报表的材料。如资产负债表等静态报表的构建材料主要是资产、负债和所有者权益等静态要素;而利润表等动态报表的构建材料主要是收入、费用和利润等动态要素。

第二节 会计要素内容

一、资产

(一)资产的定义

资产是指企业过去的交易或者事项形成的、由企业拥有或者控制的、预期会给企业带来经济利益的资源。资源一般是指自然界和人类社会中可供人们使用的资财来源。它既包括土地、矿藏、森林和水、动植物等自然物,也包括社会的劳动力及其劳动创造的一切生活用品和物品,还包括知识经济和现代市场经济文化所培育的科技开发力、企业精神、产品品牌、市场信誉等无形资源。而经济资源是特指社会物质再生产过程和经济生活中,一切为人们所需求的直接构成生产要素的资财来源。资产包括各种财产、债权和其他权利。被确认为资产的对象是企业从事生产经营的物质基础,是能为企业带来未来利益的经济资源,所以被称为经济资源。

(二)资产的特征

(1)资产是预期能给企业带来经济利益的经济资源。预期会给企业带来经济利益,是指直接或者间接产生现金和现金等价物流入企业的潜力。按照这一特征,那些已经没有经济价值、不能给企业带来经济利益的项目,就不能继续确认为企业的资产。

(2)资产是企业拥有或控制的资源。由企业拥有或者控制是指企业享有某项资源的所有权,或者虽然不享有某项资源的所有权,但该项资源能被企业所控制。

(3)资产是由过去的交易或事项形成的。也就是说,资产是过去已经发生的交易或事项所产生的结果,资产必须是现实的资产,而不能是预期的资产。未来交易或事项可能产生的结果不能作为资产确认。只有过去发生的交易或者事项才能增加或减少企业的资产,而不能根据谈判中的交易或计划中的经济业务来确认资产。这里的交易或者事项包括购买、生产、建造行为或其他交易或事项。

【问题与思考2-1】

甲企业计划在10月份购买一批机器设备,5月份与销售方签订了购买合同,但实际购买行为将发生在10月份。问:该企业能在5月份将该批机器设备确认为资产吗?

(三) 资产的确认条件

将一项资源确认为资产,需要符合资产的定义,还应同时满足以下两个条件:

第一,与该资源有关的经济利益很可能流入企业。从资产的定义来看,能否带来经济利益是资产的一个本质特征。但在现实生活中,由于经济环境瞬息万变,与资源有关的经济利益能否流入企业或者能够流入多少实际上带有不确定性。因此,资产的确认还应与经济利益流入的不确定性程度的判断结合起来。如果根据编制财务报表时所取得的证据,与资源有关的经济利益很可能流入企业,那么就应当将其作为资产予以确认;反之,不能确认为资产。

第二,该资源的成本或者价值能够可靠地计量。财务会计系统是一个确认、计量和报告的系统,其中可计量性是所有会计要素确认的重要前提。资产的确认也是如此。只有当有关资源的成本或者价值能够可靠地计量时,资产才能予以确认。在实务中,企业取得的许多资产都是发生了实际成本的。例如,企业购买或者生产的存货、企业购置的厂房或者设备等,对于这些资产,只要实际发生的购买成本或者生产成本能够可靠计量,就可视为符合了资产确认的可计量条件。在某些情况下,企业取得的资产没有发生实际成本或者发生的实际成本很小。例如,企业持有的某些衍生金融工具形成的资产,对于这些资产,尽管没有实际成本或者发生的实际成本很小,但是如果其公允价值能够可靠计量的话,也被认为符合了资产可计量性的确认条件。

(四) 资产的分类

资产按其流动性不同,可以分为流动资产和非流动资产。

1. 流动资产

流动资产是指预计在一个正常营业周期中变现、出售或耗用,或者主要为交易目的而持有,或者预计自资产负债表日起1年内(含1年)变现的资产,以及自资产负债表日起1年内交换其他资产或清偿负债的能力不受限制的现金或现金等价物。流动资产主要包括货币资金、交易性金融资产、应收票据、应收及预付款项、应收利息、应收股利、其他应收款、存货等。

2. 非流动资产

非流动资产是指流动资产以外的资产,主要包括长期股权投资、固定资产、在建工程、无形资产等。

长期股权投资是指企业持有的对其子公司、合营企业及联营企业的权益性投资以及企业持有的对被投资单位不具有控制、共同控制或重大影响,并且在活跃市场中没有报价、公允价值不能可靠计量的权益性资产。

固定资产是指同时具有以下两个特征的有形资产:

第一,为生产商品、提供劳务、出租或经营管理而持有的。

第二,使用寿命超过一个会计年度。使用寿命是指企业使用固定资产的预计期间,或者该固定资产所能生产商品或提供劳务的数量。

固定资产一般包括房屋及建筑物、机器设备、运输设备和工具器具等。

无形资产是指企业拥有或者控制的没有实物形态的可辨认非货币性资产,包括专利权、非专利技术、商标权、著作权、土地使用权和特许权等。

二、负债

（一）负债的定义

负债是指企业由过去的交易或者事项形成的、预期会导致经济利益流出企业的现时义务。这里所指的义务可以是法定义务,也可以是推定义务。其中法定义务是指具有约束力的合同或者法律法规规定的义务,通常必须依法执行。例如,企业购买原材料形成应付账款,企业向银行借入款项形成借款,企业按照税法规定应当交纳的税款等,均属于企业承担的法定义务,需要依法予以偿还。推定义务是指根据企业多年来的习惯做法、公开的承诺或者公开宣布的政策而导致企业将承担的责任,这些责任也使有关各方形成了企业将履行义务解脱责任的合理预期。

（二）负债的特征

（1）负债是企业承担的现时义务。现时义务是指企业在现行条件下已承担的义务。未来发生的交易或者事项形成的义务不属于现时义务,不应当确认为负债。

（2）负债的清偿预期会导致经济利益流出企业。清偿负债导致经济利益流出企业的形式多种多样,如用现金偿还或以实物资产偿还,以提供劳务偿还,部分转移资产、部分提供劳务偿还;将负债转为所有者权益等。

（3）负债是由过去的交易或事项形成的。作为现时义务,负债是过去已经发生的交易或事项所产生的结果。只有过去发生的交易或事项才能增加或减少企业的负债,而不能根据谈判中的交易或事项,或计划中的经济业务来确认负债。

（三）负债的确认条件

将一项现时义务确认为负债,需要符合负债的定义,还应当同时满足以下两个条件:

第一,与该义务有关的经济利益很可能流出企业。从负债的定义来看,负债预期会导致经济利益流出企业,但是履行义务所需流出的经济利益带有不确定性,尤其是与推定义务相关的经济利益通常需要依赖于大量的估计。因此,负债的确认应当与经济利益流出的不确定性程度的判断结合起来。如果有确凿证据表明,与现时义务有关的经济利益很可能流出企业,就应当将其作为负债予以确认;反之,如果企业承担了现时义务,但导致经济利益流出企业的可能性若已不复存在,就不符合负债的确认条件,不应将其作为负债予以确认。

第二,未来流出的经济利益的金额能够可靠地计量。负债的确认在考虑经济利益流出企业的同时,对于未来流出的经济利益的金额应当能够可靠计量。对于与法定义务有关的经济利益流出金额,通常可以根据合同或者法律规定的金额予以确定。考虑到经济利益流出的金额通常在未来期间,有时未来期间较长,有关金额的计量需要考虑货币时间价值等因素的影响。对于与推定义务有关的经济利益流出金额,企业应当根据履行相关义务所需支出的最佳估计数进行估计,并综合考虑有关货币时间价值、风险等因素的影响。

(四)负债的分类

负债按其流动性不同,可以分为流动负债和非流动负债。

1. 流动负债

流动负债是指预计在一个正常营业周期中偿还,或者主要为交易目的而持有,或者自资产负债表日起1年内(含1年)到期应予以清偿,或者企业无权自主地将清偿期推迟至资产负债表日后1年以上的负债。流动负债主要包括短期借款、应付票据、应付及预收款项、应交税费、应付职工薪酬、应付利息、应付股利、其他应付款等。

2. 非流动负债

非流动负债是指流动负债以外的负债。主要包括长期借款、应付债券等。

三、所有者权益

(一)所有者权益的定义

所有者权益又称净资产。它是指企业资产扣除负债后由所有者享有的剩余权益。公司的所有者权益又称股东权益。所有者权益的来源包括所有者投入的资本、直接计入所有者权益的利得和损失、留存收益等。直接计入所有者权益的利得和损失是指不应计入当期损益、会导致所有者权益发生增减变动的、与所有者投入资本或者向所有者分配利润无关的利得或者损失。利得是指由企业非日常活动所形成的、会导致所有者权益增加的、与所有者投入资本无关的经济利益的流入。损失是指由企业非日常活动所发生的、会导致所有者权益减少的、与向所有者分配利润无关的经济利益的流出。

(二) 所有者权益的特征

(1) 它是一种剩余权益。权益可分为债权人权益(负债)和所有者权益。而债权人的权益优先于所有者权益,即企业的资产必须在保证企业所有的债务得以清偿后,才归所有者享有。因此,所有者权益在数量上等于企业的全部资产减去全部负债后的余额,它是在保证了债权人权益之后的一种权益,即剩余权益。

(2) 除非发生减资、清算,否则企业不需要偿还所有者权益。

(3) 所有者凭借所有者权益能够参与利润的分配。

(三) 所有者权益的确认条件

所有者权益的确认、计量主要取决于资产、负债、收入、费用等其他会计要素的确认和计量。所有者权益即为企业的净资产,是企业资产总额中扣除债权人权益后的净额,反映所有者(股东)财富的净增加额。通常企业收入增加时,会导致资产的增加,相应地会增加所有者权益;企业发生费用时,会导致负债增加,相应地会减少所有者权益。因此,企业日常经营的好坏和资产负债的质量直接决定着企业所有者权益的增减变化和资本的保值增值。

所有者权益反映的是企业所有者对企业资产的索取权,负债反映的是企业债权人对企业资产的索取权,而且通常债权人对企业资产的索取权要优先于所有者对企业资产的索取权,因此,所有者享有的是企业资产的剩余索取权,两者在性质上有本质的区别。企业在会计确认、计量和报告中应当严格区分负债和所有者权益,以如实反映企业的财务状况,尤其是企业的偿债能力和产权比率等。在实务中,企业某些交易或者事项可能同时具有负债和所有者权益的特征,在这种情况下,企业应当将属于负债和所有者权益的部分分开核算和列报。例如,企业发行的可转换公司债券,企业应当将其中的负债部分和权益性工具部分进行分拆,分别确认负债和所有者权益。

(四) 所有者权益的分类

所有者权益一般分为实收资本(或股本)、资本公积、盈余公积、未分配利润等项目。

1. 实收资本(或股本)

实收资本(或股本)是指所有者投入的构成企业注册资本或者股本部分的金额。

2. 资本公积

资本公积包括资本溢价(或股本溢价)以及直接计入所有者权益的利得和损失等。资本溢价(或股本溢价)是指所有者投入的资本中超过注册资本或股本部分的金额。

盈余公积是指企业按规定从净利润中提取的企业积累资金。公司制企业的盈余公积包括法定盈余公积和任意盈余公积。

未分配利润是企业留待以后年度分配的利润或本年度待分配利润。

3. 留存收益

留存收益包括盈余公积和未分配利润。

四、收入

(一) 收入的定义

收入是指企业在日常活动中形成的、会导致所有者权益增加的、与所有者投入资本无关的经济利益的总流入。收入主要包括企业为完成其经营目标所从事的经常性活动实现的收入。如企业生产并销售产品、商业企业销售商品、咨询公司提供咨询服务、软件公司为客户开发软件、安装公司提供安装服务、商业银行对外贷款、保险公司签发保单、租赁公司出租资产等实现的收入。另外,企业发生的与经常性活动相关的其他活动,如企业对外出售不需用的原材料、利用闲置资金对外投资、对外转让无形资产使用权等所形成的经济利益的总流入也构成收入。

(二) 收入的特征

(1) 收入是从企业的日常经济活动中产生的,而不是从偶发的交易或事项中产生的。日常经济活动是指企业为完成其经营目标所从事的经常性活动以及与之相关的活动。例如,工业企业制造并销售产品、商业企业销售商品、保险公司签发保单、咨询公司提供咨询服务、软件企业为客户开发软件、安装公司提供安装服务、商业银行对外贷款、租赁公司出租资产等,均属于企业的日常活动。明确界定日常活动是为了将收入与利得相区分,日常活动是确认收入的重要判断标准,凡是日常活动所形成的经济利益的流入应当确认为收入;反之,非日常活动所形成的经济利益的流入不能确认为收入,而应当计入利得。例如,处置固定资产属于非日常活动,其所形成的净利益就不应确认为收入,而应当确认为利得。再如,无形资产出租所取得的租金收入属于日常活动所形成的,应当确认为收入,但是处置无形资产属于非日常活动,其所形成的净利益,不应当确认为收入,而应当确认为利得。

(2) 收入能引起所有者权益增加。与收入相关的经济利益的流入应当会导致所有者权益的增加,不会导致所有者权益增加的经济利益的流入不符合收入的定义,不应确认为收入。例如,企业向银行借入款项,尽管也导致了企业经济利益的流入,但该流入并不导致所有者权益的增加,而使企业承担了一项现时义务。不应将其确认为收入,应当确认为一项负债。

(3) 收入的取得会导致经济利益流入企业。表现为资产的增加或负债的减少,或者两者兼而有之。

(4) 收入只包括本企业经济利益的流入,不包括为第三方或客户代收的款项。

（5）收入与所有者投入资本无关。经济利益的流入有时是因所有者投入资本的增加而引起的，所有者投入资本的增加不应当确认为收入，应当将其直接确认为所有者权益。

（三）收入的确认条件

企业收入的来源渠道多种多样，不同收入来源的特征有所不同，其收入确认条件也往往存在一些差别，如销售商品、提供劳务、让渡资产使用权等。一般而言，收入只有在经济利益很可能流入从而导致企业资产增加或者负债减少、经济利益的流入额能够可靠计量时才能予以确认。即收入的确认至少应当符合以下条件：一是与收入相关的经济利益应当很可能流入企业；二是经济利益流入企业的结果会导致资产的增加或者负债的减少；三是经济利益的流入额能够可靠计量。

具体来讲，企业应当在履行了合同中的履约义务，即在客户取得相关商品控制权时确认收入。取得相关商品控制权，是指能够主导该商品的使用并从中获得几乎全部的经济利益。

根据《企业会计准则——收入》(2017)第 5 条规定，当企业与客户之间的合同同时满足下列条件时，企业应当在客户取得相关商品控制权时确认收入：①合同各方已批准该合同并承诺将履行各自义务。②该合同明确了合同各方与所转让商品或提供劳务（以下简称转让商品）相关的权利和义务。③该合同有明确的与所转让商品相关的支付条款。④该合同具有商业实质，即履行该合同将改变企业未来现金流量的风险、时间分布或金额。⑤企业因向客户转让商品而有权取得的对价很可能收回。

（四）收入的分类

按日常活动在企业所处的地位，收入分为主营业务收入和其他业务收入。

1. 主营业务收入

主营业务收入是指企业经常发生的、主要业务所产生的收入。它一般占企业营业收入的比重很大。

2. 其他业务收入

其他业务收入是指从日常经济活动中取得的主营业务以外的兼营收入。它一般占企业的营业收入比重不是很大，如原材料销售收入、包装物出租收入等。

五、费用

（一）费用的定义

费用是指企业在日常活动中发生的、会导致所有者权益减少的、与向所有者分配利润无关的经济利益的总流出。

费用只有在经济利益很可能流出从而导致企业资产减少或者负债增加，且经济利益的流出额能够可靠计量时才能予以确认。

（二）费用的特征

（1）费用是从企业的日常经济活动中发生的。费用必须是企业在其日常活动中所形成的，这些日常活动的界定与收入定义中涉及的日常活动的界定相一致。日常活动所产生的费用通常包括销售成本（营业成本）、管理费用等。将费用界定为日常活动所形成的，目的是为了将其与损失相区分，企业非日常活动所形成的经济利益的流出不能确认为费用，而应当计入损失。

（2）费用会导致经济利益流出企业。表现为企业资产的减少或负债的增加，或者两者兼而有之。

（3）费用会导致企业所有者权益的减少。

（4）与向所有者分配利润无关。费用的发生应当会导致经济利益的流出，从而导致资产的减少或者负债的增加（最终也会导致资产的减少）。其表现形式包括现金或者现金等价物的流出，存货、固定资产、无形资产等的流出或者消耗等。企业向所有者分配利润也会导致经济利益的流出，而该经济利益的流出属于投资者投资回报的分配，是所有者权益的直接抵减项目，不应确认为费用，应当将其排除在费用的定义之外。

（三）费用的确认条件

费用的确认除了应当符合定义外，也应当满足严格的条件，即费用只有在经济利益很可能流出从而导致企业资产减少或者负债增加、经济利益的流出额能够可靠计量时才能予以确认。费用的确认至少应当符合以下条件：一是与费用相关的经济利益应当很可能流出企业；二是经济利益流出企业的结果会导致资产的减少或者负债的增加；三是经济利益的流出额能够可靠计量。

（四）费用的分类

费用按其性质可分为营业成本和期间费用。

1. 营业成本

营业成本是指销售商品或提供劳务的成本。其内容包括主营业务成本和其他业务成本。

2. 期间费用

期间费用是指企业在日常活动中发生的、应当直接计入当期损益的费用。其内容包括销售费用、管理费用和财务费用。

六、利润

（一）利润的定义

利润是指企业在一定会计期间的经营成果。它主要包括收入减去费用后的净额、直接计入当期利润的利得和损失等。

直接计入当期利润的利得和损失是指应当计入当期损益、会导致所有者权益发生增减变动的、与所有者投入资本或者向所有者分配利润无关的利得或者损失。

（二）利润的确认条件

利润反映收入减去费用、利得减去损失后的净额。利润的确认主要依赖于收入和费用以及利得和损失的确认，其金额的确定也主要取决于收入、费用、利得、损失金额的计量。

（三）利润的来源构成

利润包括收入减去费用后的净额、直接计入当期利润的利得和损失等。其中，收入减去费用后的净额反映企业日常活动的经营业绩，直接计入当期利润的利得和损失反映企业非日常活动的业绩。直接计入当期利润的利得和损失是指应当计入当期损益、最终会引起所有者权益发生增减变动的、与所有者投入资本或者向所有者分配利润无关的利得或者损失。企业应当严格区分收入和利得、费用和损失之间的区别，以更加全面地反映企业的经营业绩。

【问题与思考 2-2】

蒋志勤同学在一家公司财务部实习，一次实习指导老师问她："企业是否可以将坏账准备列为资产？"请你根据会计要素中资产的定义，提出你的意见。

第三节　会计要素的平衡原理

会计要素反映了资金运动的静态和动态两个方面，具有紧密的相关性，它们在数量上存在着特定的平衡关系，这种平衡关系称为会计平衡等式，也称为会计恒等式、会计等式。

一、资产、权益平衡等式

1. 资产、权益平衡等式的建立

企业为了开展生产经营活动，首先必须拥有或控制一定数量的、能满足其生产经营需要的资产。企业所拥有的资产，又必然有其来源，为企业提供资产来源的主体，对企业的资产就具有索偿权，这种索偿权在会计上称为权益。因此权益代表着资产的来源，资产和权益相互依存，没有权益就没有资产，没有资产也就无所谓权益，两者在数量上，体现为必然相等的关系。比如，引言中张丰图片社的所有资产，都是由张丰投入的。显然，张丰拥有对这 100 000 元资产的权益。这种资产与权益的关系可用公式表达为：

$$资产(100\,000\,元) = 权益(100\,000\,元)$$

在图片社开业不久，张丰发现顾客喜欢经过特殊制作的照片，于是张丰向设备供应商赊购了有关设备，设备价值为 30 000 元，这样，张丰图片社的资产增加到 130 000 元，当然，对张丰图片社的资产的要求权（权益）也相应增加了。所不同的是：这次所增加的资产是通过赊欠形成的，有固定的偿还期限。由于这两种不同的资产来源所形成的权益有本质的不同，为了表示区别，上述等式被扩展为：

$$资产(130\,000\,元) = 债权人权益(30\,000\,元) + 所有者权益(100\,000\,元)$$

由此可见，企业的资产来源于所有者的投入资本和债权人的借入资金及其在生产经营中所产生的效益，它们分别归属于所有者和债权人。其中，归属于所有者的部分形成所有者权益，归属于债权人的部分形成债权人权益（即企业的负债）。可见，资产来源于权益，而权益又包括所有者权益和债权人权益。因此上述公式可以进一步表述为：

$$资产 = 债权人权益 + 所有者权益$$

即：
$$资产 = 负债 + 所有者权益$$

这一等式反映企业资金运动过程中某一特定时点上资产的分布和权益的构成。资产、负债和所有者权益是企业资金运动在相对静止状态下的基本内容，是资金运动的静态表现。资产与权益的恒等关系是复式记账法的理论基础，也是企业会计中设置账户、试算平衡和编制资产负债表的理论依据。

2. 经济业务对资产、权益平衡等式的影响

经济业务是指能引起会计要素发生增减变化的一切业务事项。企业经济业务的发生，必然会引起会计要素的增减变动。但是，不论企业的经济业务引起会计要素发生怎样的变动，都不会破坏会计平衡等式的平衡关系。企业经济业务的发生对企业资产、负债和所有者权益的影响归纳起来有四大类型：

(1) 资产与权益同时增加，增加的金额相等。
(2) 资产与权益同时减少，减少的金额相等。
(3) 资产内部有增有减，增减金额相等。
(4) 权益内部有增有减，增减金额相等。

这四种类型的经济业务进一步展开，又可出现以下九种情形：

(1) 资产与所有者权益同时增加，增加的金额相等。
(2) 资产与负债同时增加，增加的金额相等。
(3) 资产与负债同时减少，减少的金额相等。

(4) 资产与所有者权益同时减少,减少的金额相等。
(5) 一项资产增加,一项资产减少,增减金额相等。
(6) 一项所有者权益增加,一项所有者权益减少,增减金额相等。
(7) 一项负债增加,一项负债减少,增减金额相等。
(8) 一项负债增加,一项所有者权益减少,增减金额相等。
(9) 一项所有者权益增加,一项负债减少,增减金额相等。
下面举例说明经济业务对资产负债表平衡等式的影响。

【例 2-1】 三江公司 20×9 年 1 月 31 日资产总额为 500 万元,负债和所有者权益总额为 500 万元,资产与权益总额相等。假如三江公司 20×9 年 2 月份发生以下资产、负债、所有者权益变动的经济业务事项:

(1) 三江公司收到 A 公司投入资金 10 万元,款项已存入银行。

这项经济业务发生后,三江公司资产中的银行存款和所有者权益中的实收资本同时增加了 10 万元。由于资产与所有者权益都以相等的金额同时增加,因此资产与权益的数量关系变成了资产=权益=510 万元,资产与权益仍然相等。

(2) 三江公司向银行借入 6 个月期限的短期借款 2 万元,存入银行存款账户。

这项经济业务发生后,三江公司资产中的银行存款和负债中的短期借款同时增加了 2 万元。由于资产与负债都以相等的金额同时增加,因此资产与权益的数量关系变成了资产=权益=512 万元,资产与权益仍然相等。

(3) 三江公司以银行存款偿还上月所欠 B 公司材料款 2 万元。

这项经济业务发生后,三江公司资产中的银行存款和负债中的应付账款同时减少了 2 万元。由于资产与权益都以相等的金额同时减少,因此资产与权益的数量关系变成了资产=权益=510 万元,资产与权益仍然相等。

(4) 三江公司因缩小经营规模,经批准减少注册资本 5 万元,并以银行存款发还给投资者。

这项经济业务发生后,三江公司资产中的银行存款和所有者权益中的实收资本同时减少了 5 万元。由于资产与所有者权益都以相等的金额同时减少,因此资产与权益的数量关系变成了资产=权益=505 万元,资产与权益仍然相等。

(5) 三江公司向银行提取现金 12 万元。

这项经济业务发生后,三江公司资产中的库存现金项目增加了 12 万元,资产中的银行存款同时减少了 12 万元,该业务属于资产内部有增有减,不影响资产与权益的总额变化,因此资产与权益的数量关系仍然为资产=权益=505 万元,资产与权益仍然相等。

(6) 经批准三江公司将盈余公积 8 万元转增资本。

这项经济业务发生后,三江公司所有者权益中的实收资本增加了 8 万元,所有者权益中的盈余公积同时减少了 8 万元,属于所有者权益内部有增有减,不影响资产和

权益的总额变化,因此资产与权益的数量关系仍然为资产=权益=505万元,资产与权益仍然相等。

(7) 三江公司经与银行协商,银行同意将公司所持3个月期限的短期借款10万元延缓偿还,期限为2年。

这项经济业务发生后,三江公司负债中的长期借款项目增加了10万元,同时负债中的短期借款减少了10万元,该业务属于负债内部有增有减,不影响资产与权益的总额变化,因此资产与权益的数量关系仍然为资产=权益=505万元,资产与权益仍然相等。

(8) 三江公司经与债权人协商并经有关部门批准,将所欠4万元应付账款转为资本。

这项经济业务发生后,三江公司负债中的应付账款项目减少了4万元,同时所有者权益中的实收资本增加了4万元,该业务属于负债减少,所有者权益增加,但增减金额相等,所以不影响资产与权益的总额变化,因此资产与权益的数量关系仍然为资产=权益=505万元,资产与权益仍然相等。

(9) 三江公司经研究决定,向投资者分配利润3万元。

这项经济业务发生后,三江公司负债中的应付利润项目增加了3万元,同时所有者权益中的未分配利润减少了3万元,该业务属于负债增加,所有者权益减少,但增减金额相等,所以不影响资产与权益的总额变化,因此资产与权益的数量关系仍然为:资产=权益=505万元,资产与权益仍然相等。

由此可见,企业每发生一项经济业务都会使某一具体的会计要素发生增减变动,并同时引起相关的会计要素发生等量的增减变动。经济业务的发生对会计平衡等式的影响不外乎两种情况:一是引起会计平衡等式一边内部项目有增有减,增减金额相等,相互抵消后,其总额保持不变;二是引起会计平衡等式两边对应项目同增同减,增减金额相等,双方以变动后的总额保持相等关系。因此,企业的经济业务无论怎样纷繁复杂,能引起资产与权益发生增减变动的,归纳起来不外乎四种类型,而这四种类型的经济业务又无论怎样变化都不会破坏上述会计等式的平衡关系。企业在任何时点所有的资产总额总是等于负债和所有者权益总额。

关于经济业务的理解

美国财务会计准则委员会将企业的全部经济业务分为三类:交易、事项和情

(续上)

况。其中,交易(transaction)是指发生在两个不同会计主体之间的价值转移。这种转移可以是双向交换,即甲方买进某项资产,同时支付现金或承担未来支付现金的义务;同样,乙方卖出资产,取得现金或收取现金的权利。它也可以是单向的,如向另一个主体进行投资等。事项(event)主要是指发生在主体内部各部门之间的资源的转移,比如生产车间领用原材料等。情况(circumstance)是指多件事项共同作用后的一种结果。通常可以解释为由于企业外部环境的变化,既未发生交易,又未产生事项,而对企业会计要素可能造成的影响,如物价、汇率等变化。

在我国会计工作中,目前尚未作如此严格、细致的区分,而是将交易、事项等,统称为"经济业务",即:那些发生在主体与主体之间或主体内部导致各会计要素产生实际数量变化的事项。如:购买设备、产品生产完工入库等。而签订一项经济合同,即便它关系到企业未来3年生产任务等,由于合同在实际履行之前,尚未引起会计要素数量上的变化,因此,也不作为经济业务,会计信息系统对其不作记录。

资料来源 葛家澍主编:《会计学导论》,立信会计出版社1999年版,第132页。

二、收入、费用、利润平衡等式

企业经营的目的是为了获取收入,实现盈利。企业在取得收入的同时,也必然要发生相应的费用。企业收入和费用相匹配,才能确定企业一定时期的经营成果。用公式表示为:

$$收入-费用=利润$$

例如,假设张丰图片社经营第一个月,收入为15 000元,费用共计9 000元,则张丰图片社第一个月的利润额为:

$$收入(15\,000元)-费用(9\,000元)=利润(6\,000元)$$

广义而言,企业一定时期所获得的收入扣除所发生的各项费用后的余额,即表现为利润。在实际工作中,由于收入不包括处置固定资产净收益、出售无形资产收益等,费用也不包括处置固定资产净损失、自然灾害损失等,所以,收入减去费用,并经过调整后,才等于利润。

三、资产、权益平衡等式与收入、费用、利润平衡等式之间的关系

在会计期初,资金运动处于相对静止状态,企业既没有取得收入,也没有发生

费用,因此会计等式就表现为:

$$资产=负债+所有者权益$$

随着企业经营活动的进行,在会计期间内,企业一方面取得收入,并因此而引起资产的增加或负债的减少;另一方面企业要发生各种费用,引起资产的减少或负债的增加。因此,在会计期间,会计等式就转化为下列形式:

$$资产=负债+所有者权益+(收入-费用)$$

到了会计期末,企业将收入和费用相配比,计算出利润。此时会计等式又转化为:

$$资产=负债+所有者权益+利润$$

企业的利润按规定的程序进行分配,一部分按照比例分配给投资者,使企业的资产减少或负债增加;另一部分形成企业的盈余公积和未分配利润,归入所有者权益。这样在会计期末结账之后的会计等式又恢复到会计期初的形式:

$$资产=负债+所有者权益$$

【问题与思考2-3】
资产、负债和所有者权益的平衡关系是企业资金运动处于相对静止状态下出现的。问:如果考虑收入、费用等动态要素,则资产与权益总额的平衡关系将遭破坏吗?

第四节 会计要素计量

一、会计计量概念

会计计量是指根据一定的计量标准和计量方法,将符合确认条件的会计要素登记入账并列报于财务报表而确定其金额的过程。

美国会计学家井尻雄士教授在1979年出版的专著《会计计量理论》中对会计计量问题作了较系统的研究。他认为,"会计计量是会计系统的核心职能"。

从表现形式上看,会计计量主要包括两大部分:资产计价和收益决定。所谓资产计价,就是要用货币数额来确定和表现各个资产项目的获取、使用和结存。这一过程就是一种计量形式。例如,张丰图片社拥有100 000元的资产,也就是通过货币数额表示出张丰图片社在特定时点获取或持有资产的数量。同样,企业在任何时点的全部资产项目都可以通过定量或计价从数量上得到反映,从而转化为有助于经营决策的有用信息。另外,资产计价还可以应用于负债和所有者权益的计量。

经济资源在生产过程中加以使用,必然会发生一定的变动,即资源的转移、消耗或折耗。经过一定时期,资源的变动状况和结果也要通过定量化才能反映出来,这就是收益决定。或者说,要通过对收入、费用和利润等要素的衡量、比较,才可以提供企业在一定期间内经营过程和经营成果的定量信息,满足会计信息使用者有关决策需要。

二、会计要素的计量属性

会计计量属性又称会计计量基础,它是指用货币对会计要素进行计量的标准。企业应当按照规定的会计计量属性进行计量,确定相关金额。计量属性是指所予以计量的某一要素的特性方面,如桌子的长度、铁矿的重量、楼房的面积等。从会计角度,计量属性反映的是会计要素金额的确定基础,主要包括历史成本、重置成本、可变现净值、现值和公允价值等。

(一)历史成本

历史成本又称实际成本。它是取得或制造某项财产物资时所实际支付的现金或其他等价物金额。在历史成本计量下,资产按照其购置时支付的现金或者现金等价物的金额,或者按照购置资产时所付出的对价的公允价值计量。负债按照其因承担现时义务而实际收到的款项或者资产的金额,或者承担现时义务的合同金额,或者按照日常活动中为偿还负债预期需要支付的现金或者现金等价物的金额计量。

(二)重置成本

重置成本又称现行成本。它是指按照当前市场条件,重新取得同一项资产所需支付的现金或现金等价物金额。在重置成本计量下,资产按照现在购买相同或者相似资产所需支付的现金或者现金等价物的金额计量。负债按照现在偿付该项债务所需支付的现金或者现金等价物的金额计量。在实务中,重置成本多应用于盘盈固定资产的计量等。

(三)可变现净值

可变现净值是指在正常生产经营过程中,以资产预计售价减去进一步加工成本和预计销售费用以及相关税费后的净值。在可变现净值计量下,资产按照其正常对外销售所能收到现金或者现金等价物的金额扣减该资产至完工时估计将要发生的成本、估计的销售费用以及相关税费后的金额计量。可变现净值通常应用于存货资产减值情况下的后续计量。

(四)现值

现值是指对未来现金流量以恰当的折现率进行折现后的价值。它是考虑货币时间价值的一种计量属性。在现值计量下,资产按照预计从其持续使用和最终处置中所取得的未来净现金流入量的折现金额计量。负债按照预计期限内需要偿还的未来净现金流出量的折现金额计量。

（五）公允价值

公允价值是指市场参与者在计量日发生的有序交易中，出售一项资产所能收到或者转移一项负债所需支付的价格。

以公允价值计量的相关资产或负债可以是单项资产或负债，也可以是资产组合、负债组合或者资产和负债的组合。企业是以单项还是以组合的方式对相关资产或负债进行公允价值计量，取决于该资产或负债的计量单元。计量单元是指相关资产或负债以单独或者组合方式进行计量的最小单位。

企业以公允价值计量相关资产或负债，应当假定市场参与者在计量日出售资产或者转移负债的交易，是在当前市场条件下的有序交易。有序交易是指在计量日前一段时期内相关资产或负债具有惯常市场活动的交易。清算等被迫交易不属于有序交易。

企业以公允价值计量相关资产或负债，应当假定出售资产或者转移负债的有序交易在相关资产或负债的主要市场进行。不存在主要市场的，企业应当假定该交易在相关资产或负债的最有利市场进行。主要市场是指相关资产或负债交易量最大和交易活跃程度最高的市场。最有利市场是指在考虑交易费用和运输费用后，能够以最高金额出售相关资产或者以最低金额转移相关负债的市场。

关于会计计量的理解

在财务会计理论文献中，长期以来一致较重视会计计量的方法和理论研究。有不少学者曾试图作出一般性概括，逐渐形成一定的"计量理论"。在这方面，美国心理学家史蒂文斯（S.Stevens）的计量理论曾被广泛引用。史蒂文斯在1964年曾对计量下了一个定义："计量是根据特定规则把数额分配给物体或事项。"美国会计学家莫斯特（K.S.Most）把这一定义应用于会计理论。他认为，会计计量主要有两个构成要素：① 必须定量的特性（或属性）。② 为定量该特性（或属性）所需采用的尺度。

资料来源　葛家澍、林志军著：《现代西方会计理论》，厦门大学出版社2005年版，第116页。

三、会计计量属性之间的关系

在各种会计要素计量属性中，历史成本通常反映的是资产或负债过去的价值，而重置成本、可变现净值、现值以及公允价值通常反映的是资产或负债的现时成本或现时价值,是与历史成本相对应的计量属性。公允价值相对于历史成本而言,具有很强的时间概念。也就是说,当前环境下某项资产或负债的历史成本可能是过去环境下该项资产或负债的公允价值,而当前环境下某项资产或负债的公允价值也许就是未来环境下该项资产或负债的历史成本。一项交易在交易时点通常是按公允价值交易的,随后就变成了历史成本,资产或负债的历史成本许多就是根据交易时有关资产或负债的公允价值确定的。例如,在非货币性资产交换中,如果交换具有商业实质,且换入、换出资产的公允价值能够可靠计量,换入资产入账成本的确定应当以换出资产的公允价值为基础,除非有确凿证据表明换入资产的公允价值更加可靠。在非同一控制下的企业合并交易中,合并成本也是由购买方在购买日为取得对被购买方的控制权而付出的资产、发生或承担的负债等的公允价值确定的。在应用公允价值时,当相关资产或者负债不存在活跃市场的报价或者不存在同类或者类似资产的活跃市场报价时,需要采用估值技术来确定相关资产或者负债的公允价值,而在采用估值技术估计相关资产或者负债的公允价值时,现值往往是比较普遍的一种估值方法,在这种情况下,公允价值就是以现值为基础而确定的。

四、会计计量属性应用

我国《企业会计准则——基本准则》(2014)第四十一条规定,企业在将符合确认条件的会计要素登记入账并列报于会计报表及其附注时,应当按照规定的会计计量属性进行计量,确定其金额。第四十三条规定,企业在对会计要素进行计量时,一般应当采用历史成本采用重置成本、可变现净值、现值、公允价值计量的,应当保证所确定的会计要素金额能够取得并可靠计量。

本 章 小 结

使用特定概念对会计对象所作的分类,通常称为会计要素。它是会计对象的具体化,是对会计事项的财务抽象。会计要素依存于会计主体假设,它是会计记录、报告和核算方法的基本依据。

我国会计准则将会计要素分为资产、负债、所有者权益、收入、费用和利润六个方面,其中资产、负债和所有者权益是存量要素,反映企业在一定日期拥有的经济资源及应承担的经济责任,是直接关系到企业财务状况计量的因素。收入、费用和利润是增量要素,反映企业一定时期内的经营成果和盈利状况,是直接关系到企业利润计量的要素。

会计要素反映了资金运动的静态和动态两个方面,具有紧密的相关性,它们在数量上存在着特定的平衡关系,这种平衡关系称为会计平衡等式,也称为会计恒等式或会计等式,用公式表示为:资产＝负债＋所有者权益。任何经济业务的变化都不会改变这种恒等关系。

会计主体各项经济业务发生、形成的会计要素是采用一定的货币计量标准进行计量。用货币对会计要素进行计量的标准称为会计计量属性。会计的计量属性主要包括历史成本、重置成本、可变现净值、现值和公允价值等。

复习思考题

1. 什么是会计要素？会计要素可以分哪几类？
2. 什么是资产？其特点如何？内容又包括哪些？
3. 什么是负债？试述其特点和内容。
4. 什么是所有者权益？所有者权益与负债有何联系与区别？
5. 收入和费用的内容有哪些？
6. 利润是怎样形成的？
7. 什么是会计恒等式？试结合会计等式的平衡关系,说明经济业务对会计等式的影响。
8. 经济业务引起资产、负债和所有者权益之间的变化有哪几种类型？

案例讨论题

1. 即将毕业的会计专业大学生小薇到甲公司财务部实习。报到当天,实习指导老师也就是财务部的王经理为了检测一下小薇的会计基本知识,在简单介绍了公司情况并提出实习要求后,向小薇提问了下列业务事项,要求小薇根据会计要素定义进行回答。也不知何因,这几个大一就学过了的问题实际上并不难,但平时学习很不错的小薇就是没能够立即作出准确回答。你能帮帮她吗？

(1) 甲公司是设备制造企业,现出售一笔以前年度买入的土地,出售土地的利益应列为收益还是利得？

(2) 甲公司是当地的税收大户,当地政府为支持该公司发展,整修了一条专供公司使用的道路,公司希望将道路整修所带来的利益列为无形资产。

2. 小张和小杨是大一同学,一天两人在宿舍里聊家常。小张说:"我家3年前用50万元买了两室一厅的80平方米房子,现在该房子的价格涨到了100万元。由于房子偏小,我妈准备把它卖掉,然后用卖掉的钱再买一套三室一厅的100平方米的房子。"小王说:"你妈真聪明,原来的50万元在短短3年内就多赚了20平方米房子。"请你用会计要素计量属性,分析小王的说法是否正确。

同步测试题

一、单项选择题

1. 关于费用的确认,下列不属于费用确认条件的是(　　)。
   A. 费用相关的经济利益应当很可能流出企业
   B. 经济利益流出企业的结果会导致资产的减少或者负债的增加
   C. 经济利益的流出额能够可靠计量
   D. 能用货币计量

2. 关于会计要素,下列说法中,不正确的是(　　)
   A. 会计主体的类别不同,会计要素也不尽相同
   B. 预计在一个正常营业周期中偿还的负债必须划归为流动负债
   C. 收入是从企业的日常经济活动中产生的,而不是从偶发的交易或事项中产生的
   D. 企业有收入就一定有利润

3. 从银行取得借款直接偿还应付账款,属于(　　)类型的经济业务。
   A. 资产和权益项目同增 B. 资产和权益项目同减
   C. 资产项目之间此增彼减 D. 权益项目之间此增彼减

4. 下列业务中,不会使会计等式两边总额发生变化的是(　　)。
   A. 收回应收账款存入银行 B. 取得借款存入银行
   C. 收到投资者投入固定资产 D. 以银行存款偿还应付账款

5. 企业昨日资产总额 100 000 元,今日收回应收账款 10 000 元存入银行,以银行存款归还短期借款 20 000 元,接受投资人投入材料 70 000 元。今日的权益总额为(　　)元。
   A. 140 000 B. 150 000
   C. 180 000 D. 200 000

二、多项选择题

1. 下列说法中,正确的有(　　)。
   A. 会计要素是设定财务报表结构和内容的依据,也是进行确认和计量的依据
   B. 资产、负债和所有者权益三个会计要素与资产负债表有着密切关系,是资产负债表的重要项目,因此也称为资产负债表要素
   C. 会计要素是对会计事项的财务抽象,与经济概念完全一致
   D. 由于会计要素依存于会计主体假设,所以会计主体的类别不同,会计要素也不尽相同

2. 资产的确认必须满足的条件是( )。
   A. 能为企业未来带来经济利益的流入
   B. 企业拥有的
   C. 具有实物形态
   D. 成本或者价值能够可靠地计量
3. "资产＝负债＋所有者权益"这一会计等式是( )
   A. 试算平衡的理论依据
   B. 设置账户的理论依据
   C. 复式记账的理论依据
   D. 编制资产负债表的理论依据
4. 下列经济业务中,属于资产和权益同时减少的是( )
   A. 售出固定资产款收到
   B. 用银行存款上交税款
   C. 销售产品,货款未收
   D. 用银行存款归还银行借款
5. 下列说法中,正确的有( )。
   A. 会计要素是设定会计报表结构和内容的依据,也是进行确认和计量的依据
   B. 可变现净值是指在正常生产经营过程中,以资产预计售价减去进一步加工成本和预计销售费用以及相关税费后的净值
   C. 资产按照其购置时支付的现金或者现金等价物的金额属于重置成本
   D. 会计计量是为了将符合确认条件的会计要素登记入账并列报于财务报表而确定其金额的过程
6. 下列经济业务中,只引起会计等式左边会计要素变动的有( )。
   A. 购买材料800元,款项尚未支付
   B. 从银行提取现金500元
   C. 购买机器一台,以存款支付10万元货款
   D. 接受投资200万元,款项存入银行
7. 下列各项经济业务中,能引起会计等式左、右两边会计要素变动的有( )。
   A. 收到某单位前欠货款20 000元存入银行
   B. 以银行存款偿还银行借款
   C. 收到某单位送来机器设备一台,价值80万元
   D. 以银行存款购买材料8 000元

三、判断题

1. 凡是会计主体所应承担的义务都应确认为负债。 ( )
2. 根据会计要素之间的关系,当企业收入增加时,会导致资产的增加,因而相应地

会增加所有者权益。( )

3. 企业收入的来源渠道尽管多种多样,但根据会计准则规定,其收入确认条件却是一样的。( )

4. 某企业某年3月31日买入某股票10万股,每股买价10元,则该买价就是该股票的公允价值。( )

四、核算题

【核算题1】 仙林财务咨询公司是大华公司投资开办的。财务咨询公司20××年1月1日资产、负债和所有者权益各项目期初余额为:大华公司投资100 000元,现金1 760元,银行存款88 000元,应收甲公司款20 000元,向银行借入的短期借款50 000元,应付乙单位货款20 000元,各种办公用品18 240元,各种家具用具共计42 000元。

1月份发生下列业务:

(1) 大华公司追加投资50 000元,款项收到存入银行。
(2) 取得营业收入185 000元,存入银行。
(3) 用银行存款偿还应付乙单位货款20 000元。
(4) 赊购办公桌一批价值8 000元。
(5) 用现金购入办公用品800元。
(6) 收到甲公司归还欠款10 000元,存入银行。

要求:

(1) 列出期初会计等式。
(2) 分析本月份各项目应归属的会计要素类别,列示经济业务发生对会计等式的影响,编表检验会计恒等式是否成立。

【核算题2】 紫金机电厂20××年8月初假定资产总额200万元,负债总额80万元,所有者权益总额120万元。8月份假定发生下列业务:

(1) 向银行借入短期借款200 000元,存入银行。
(2) 从银行提取现金2 000元。
(3) 以银行存款24 000元偿还应付购货款。
(4) 甲投资者追加投入全新设备一台,价值300 000元。
(5) 以现金800元购入办公家具。
(6) 购入材料20 000元,材料已入库,货款未付。
(7) 销售产品一批,售价30万元但款项尚未收到。
(8) 向银行借入短期借款10 000元,直接偿还前欠购货款。
(9) 乙投资人收回投资100 000元,企业以银行存款支付。
(10) 收到前欠款50 000元,存入银行。
(11) 企业向投资人发放现金红利50 000元。
(12) 以银行存款支付广告费6 000元。

(13) 以银行存款 10 万元对外投资。

(14) 本月销售产品的成本共 100 000 元,除了广告费以外的费用共 50 000 元。

要求:

(1) 根据上述资料,分别说明每项经济业务的发生会引起哪些会计要素的变化。

(2) 列出 8 月份新发生业务导致的各个会计要素的金额变化,并对该企业 8 月末的会计业务进行试算平衡(列出平衡式金额)。

第三章 账户和复式记账

- 理解会计科目的概念及其分类
- 掌握账户的设置、分类和账户结构
- 理解复式记账的基本原理
- 掌握借贷记账法的原理以及记账规则

引　言

　　大学计算机专业的毕业生江明明，8月初向银行贷款50 000元连同自有资金30 000元，自主创业成立了一家软件开发与咨询公司。8月初公司租用一套房子预付了1年的租金24 000元，另买了办公家具10 000元，计算机设备30 000元，买了有关材料2 000元。8月份当月取得营业收入50 000元存到了银行，用现金支付人员工资12 000元。公司除江明明外还有专业技术人员5人。根据国家会计制度和税务部门的要求，企业要进行会计处理。但由于企业很小，为了节约开支，江明明没有招聘专职会计人员，而是自己兼任会计，尽管江明明参加了短期培训，拿了个会计证，但到真的做账时却不知道怎样选择记账会计科目，这些经济业务发生后应如何记账？作为财经类专业的大学生，你能给他提供帮助吗？

　　会计是一门技术性很强的经济应用学科，会计核算则是会计的基本职能。而要进行会计核算必须采用专门的会计方法，会计方法有多种，但设置账户和复式记账是两个最基本方法。学完本章，你一定有能力给江明明提供切实的帮助。

第一节 账户概述

正如第一章所述,"记录"是将会计事项运用专门的方法在会计特有的载体上登记下来的过程。其中的载体是账户,而账户是根据会计科目设置的,所以,为了清楚阐述账户,就必须先明确会计科目设置的基本原理。

一、会计科目

(一) 会计科目的概念

企业日常发生的经济业务十分频繁、复杂,而每发生一项经济业务都会引起会计要素有关项目的增减变动。如果对这些会计要素内容变动情况仅作直观记录,则会计反映的结果不但内容庞杂混乱,而且很难从中迅速、全面地归纳出满足决策需要的有用的会计信息,为此,必须按照管理需要和会计要素的内在构成特点,设置会计科目并依照会计科目开设账户。

会计科目是对会计对象的具体内容进行分类核算的类目。会计对象的具体内容各有不同,管理要求也有不同。为了全面、系统地核算和监督各项会计要素的增减变动情况,满足有关方面对会计信息的需要,就有必要按照各项具体会计要素分别设置会计科目。

会计科目是进行各项会计记录和提供各项会计信息的基础,在会计核算中具有重要作用。

(1) 会计科目是复式记账的基础。复式记账要求每一笔经济业务在两个或两个以上相互联系的账户中进行登记,以反映资金运动的来龙去脉。

(2) 会计科目是编制记账凭证的基础。记账凭证是确定所发生的经济业务应记入何种科目以及分门别类登记账簿的凭据。

(3) 会计科目为成本计算与财产清查提供了前提条件。通过会计科目的设置,有助于成本核算,使各种成本计算成为可能;而通过账面记录与实际结存的核对,又为财产清查、保证账实相符提供了必备的条件。

(4) 会计科目为编制财务报表提供了方便。会计报表是提供会计信息的主要手段,为了保证会计信息的质量及其提供的及时性,财务报表中的许多项目与会计科目是一致的,并根据会计科目的本期发生额或余额填列。

(二) 会计科目的设置原则

会计科目必须根据企业会计准则的规定设置和使用。在此前提下,企业可以根据自己的实际情况和需要,增减或合并某些会计科目。设置会计科目一般应遵循以下基本原则:

1. 合法性原则

合法性原则是指所设置的会计科目应当符合国家统一的会计制度的规定,以保证会计信息的规范、统一和相互可比。在不影响会计核算质量和对外提供统一的财务报表的前提下,企业也可根据自身特点增补或合并会计科目,做到统一性与灵活性相结合。

2. 相关性原则

相关性原则是指所设置的会计科目应为提供有关各方所需要的会计信息服务,满足对外报告与对内管理的要求。

3. 适用性原则

适用性原则是指所设置的会计科目应符合单位自身特点,满足单位实际需要。企业的组织形式、所处行业、经营内容及业务种类等不同,在会计科目的设置上亦应有所区别。

(三) 会计科目的分类

1. 按照会计科目所归属的会计要素分类

会计科目按其所归属的会计要素不同,分为资产类、负债类、所有者权益类、成本类、损益类等大类项目。

(1) 资产类科目,是对资产要素的具体内容进行分类核算的项目,如"库存现金""银行存款""应收账款""原材料""固定资产"等科目。

(2) 负债类科目,是对负债要素的具体内容进行分类核算的项目,如"短期借款""应付账款""应付职工薪酬""应交税费""长期借款"等科目。

(3) 所有者权益类科目,是对所有者权益要素的具体内容进行分类核算的项目,如"实收资本""资本公积""盈余公积""本年利润""利润分配"等科目。

(4) 成本类科目,是对可归属于产品生产成本、劳务成本等费用的具体内容进行分类核算的项目,如"生产成本""制造费用""劳务成本"等科目。

(5) 损益类科目,是对收入和费用要素的具体内容进行分类核算的项目,它包括收入类科目和费用类科目。其中,收入类科目,如"主营业务收入""其他业务收入"等科目;费用类科目,如"主营业务成本""销售费用""管理费用""财务费用"等科目。

2. 按照会计科目隶属关系分类

会计科目按其隶属关系分类,可分为总分类科目和明细分类科目。

总分类科目也称总账科目或一级科目,它是对会计要素具体内容进行总括分类、提供总括信息的会计科目,如"应收账款""原材料"等科目。

明细分类科目也称明细科目,它是对总分类科目作进一步分类、提供更详细更具体会计信息的科目,如"原材料"科目按原料及材料的种类、规格等设置明细科目,反映各种原材料的具体构成内容。为了适应管理工作的要求,对于明细科目较多的总账科目,可在总分类科目与明细科目之间设置二级或多级科目。

总分类科目与明细分类科目既有联系又有区别。总分类科目是概括地反映会计对象的具体内容,提供的是总括性指标;而明细分类科目是详细地反映会计对象的具体内容,提供的是比较详细具体的指标。总分类科目对明细分类科目具有统驭控制作用,而明细分类科目则是对总分类科目的具体化和详细说明。

【问题与思考3-1】

"企业设置会计科目的目的是为了能更加详细地反映企业所发生的经济活动"。你认为这句话对吗?

(四)会计科目表

企业在不违反会计准则中确认、计量和报告规定的前提下,可以根据本单位的实际情况自行增设、分拆、合并会计科目。企业不存在的交易或者事项,可不设置相关会计科目。对于明细科目,企业可以自行设置。会计科目编号供企业填制会计凭证、登记会计账簿、查阅会计账目、采用会计软件系统时参考,企业可结合实际情况自行确定会计科目编号。我国企业部分常用的会计科目如表3-1所示。

表3-1 会计科目表

顺序号	编号	会计科目名称	顺序号	编号	会计科目名称
		一、资 产 类	15	1404	材料成本差异
1	1001	库存现金	16	1405	库存商品
2	1002	银行存款	17	1406	发出商品
3	1012	其他货币资金	18	1407	商品进销差价
4	1101	交易性金融资产	19	1408	委托加工物资
5	1121	应收票据	20	1411	周转材料
6	1122	应收账款	21	1471	存货跌价准备
7	1123	预付账款	22	1501	债权投资
8	1131	应收股利	23	1502	其他债权投资
9	1132	应收利息	24	1503	其他权益工具投资
10	1221	其他应收款	25	1511	长期股权投资
11	1231	坏账准备	26	1512	长期股权投资减值准备
12	1401	材料采购	27	1521	投资性房地产
13	1402	在途物资	28	1531	长期应收款
14	1403	原材料	29	1532	未实现融资收益

(续表)

顺序号	编号	会计科目名称	顺序号	编号	会计科目名称
30	1601	固定资产	60	2901	递延所得税负债
31	1602	累计折旧			三、所有者权益类
32	1603	固定资产减值准备	61	4001	实收资本
33	1604	在建工程	62	4002	资本公积
34	1605	工程物资	63	4101	盈余公积
35	1606	固定资产清理	64	4103	本年利润
36	1701	无形资产	65	4104	利润分配
37	1702	累计摊销	66	4201	库存股
38	1703	无形资产减值准备			四、成本类
39	1711	商誉	67	5001	生产成本
40	1801	长期待摊费用	68	5101	制造费用
41	1811	递延所得税资产	69	5201	劳务成本
42	1901	待处理财产损溢	70	5301	研发支出
		二、负债类			五、损益类
43	2001	短期借款	71	6001	主营业务收入
44	2101	交易性金融负债	72	6011	利息收入
45	2201	应付票据	73	6051	其他业务收入
46	2202	应付账款	74	6101	公允价值变动损益
47	2203	预收账款	75	6111	投资收益
48	2211	应付职工薪酬	76	6301	营业外收入
49	2221	应交税费	77	6401	主营业务成本
50	2231	应付利息	78	6402	其他业务成本
51	2232	应付股利	79	6403	税金及附加
52	2241	其他应付款	80	6601	销售费用
53	2401	递延收益	81	6602	管理费用
54	2501	长期借款	82	6603	财务费用
55	2502	应付债券	83	6701	资产减值损失
56	2701	长期应付款	84	6711	营业外支出
57	2702	未确认融资费用	85	6801	所得税费用
58	2711	专项应付款	86	6901	以前年度损益调整
59	2801	预计负债			

二、账户

企业等单位日常所发生的各项经济业务是十分频繁复杂的,为了便于提供日常管理所需的核算资料,更加具体、连续和系统地反映各项经济业务及其所引起的会计要素金额变化情况,有必要根据规定的会计科目进一步开设账户。

（一）账户的概念

账户是根据会计科目设置的,具有一定结构,用于系统、连续、分类地反映会计要素增减变动情况及其结果的载体。账户是根据管理需要和信息使用者具体要求,对会计要素的内容进行科学的再分类。任何一个账户应该符合以下几个规定性:第一,对会计要素的再分类。也就是说,任何一个账户,都应隶属于具体的会计要素;第二,账户应该具有标准的名称;第三,账户还应该有具体的结构,可用来反映经济业务对各账户的增减影响。

账户与会计科目既有联系又有区别,它们是两个不同的概念。会计科目与账户都是对会计对象具体内容的科学分类,两者口径一致,性质相同。会计科目是账户的名称,也是设置账户的依据;账户是会计科目的具体运用。没有会计科目,账户便失去了设置的依据;没有账户,就无法发挥会计科目的作用。但是,会计科目仅仅是账户的名称,不存在结构,因为会计科目只能界定经济业务发生变化所涉及的会计要素具体内容的项目,但不能对其加以记录;而账户则具有一定的格式和结构,因为账户是用来记录经济业务发生变化及其结果的载体。

在实际工作中,会计科目是经常使用且与账户有着相关的术语。由于两者名称相同,人们在实践中容易将两者混用,忽视它们相互间的区别。

（二）账户的分类

1. 账户按其所反映的经济内容分类

账户按其所反映的经济内容分类,就是账户按会计要素的分类。根据账户所反映的经济内容,可将其分为资产类账户、负债类账户、所有者权益类账户、成本类账户、损益类账户五类。

2. 账户按其提供信息的详细程度分类

同会计科目的分类相对应,账户按其提供信息的详细程度不同,可分为总分类账户和明细分类账户。

总分类账户简称总账账户或总账,是指根据总分类科目设置的、用于对会计要素具体内容进行总括分类核算的账户。明细分类账户简称明细账,是指根据明细分类科目设置的、用来对会计要素具体内容进行明细分类核算的账户。

【问题与思考 3-2】

任何一个账户应该符合这样几个规定性:
(1) 对会计要素的再分类。
(2) 账户应该具有标准的名称。
(3) 账户还应该有具体的结构,可以用来反映经济业务对各账户的增减影响。你认为这句话对吗?

(三) 账户的结构

账户的结构就是账户的格式。为了全面、清晰地记录各项经济业务所引起的各个会计要素的增减变动情况及其结果,账户不但要有明确的核算内容,而且要有一定的结构。

账户的结构是由会计要素的数量变化情况决定的。由于经济业务发生所引起的各项会计要素的变动,从数量上看不外乎增加和减少两种情况,因此,账户的结构也相应地分为左方、右方两个方向,即:一方登记增加,另一方登记减少。至于哪一方登记增加、哪一方登记减少,取决于所记录的经济业务和账户的性质。登记本期增加的金额,称为本期增加发生额;登记本期减少的金额,称为本期减少发生额;增减相抵后的差额,称为余额。余额按照表示的时间不同,分为期初余额和期末余额,其"T"字形结构如图 3-1 所示。

左方	账户名称	右方
期初余额		
本期增加发生额		本期减少发生额
期末余额		

图 3-1 账户"T"字形结构

第二节 复式记账原理

一、记账方法

记账方法就是根据一定的原理、记账符号,采用一定的计量单位,利用文字和数字,将经济业务发生所引起的各会计要素的增减变动情况在有关账户中进行记录的方法。记账方法,按记账方式不同,可分为单式记账法和复式记账法。

(一) 单式记账法

单式记账法是指对发生的交易或事项,只在一个账户中进行记录的记账方法。

一般只记录库存现金、银行存款的收付以及应收、应付等往来款项。它是一种比较简单、不完整的记账方法。它不能全面、完整、系统地反映交易或事项的来龙去脉，也不便于检查、核对账户记录的正确性。

（二）复式记账法

复式记账法是每一笔经济业务发生时所引起的会计要素数量的增减变化，以相等的金额在相互联系的账户中进行登记的一种记账方法。例如，张丰图片社用银行存款支付水电费1 000元，在复式记账法下，一方面要在银行存款账户中登记存款减少1 000元，另一方面还要在有关费用账户中登记费用增加1 000元。

复式记账法又可分为借贷记账法、增减记账法和收付记账法。根据我国《企业会计准则——基本准则》第十一条规定，企业应当采用借贷记账法记账。

复式簿记的开山之作:《巴其阿勒会计论》

复式簿记是文艺复兴时代的产物，是一个巧妙的科学核算系统。自从它被推广应用以后，备受各界著名人士的交口赞扬。德国诗人、文学家、哲学家歌德（Goethe）形容复式簿记是"人类智慧的绝妙创造之一，每一个精明的商人从事经营活动都必须利用它。"数学家凯利（Cayley）认为，复式簿记原理"像欧几里得的比率理论一样，是绝对完善的。"经济史学家松巴特（Sombart）说："创造复式簿记的精神，也就是创造伽利略和牛顿系统的精神。"

复式簿记对于促进商品经济的发展，具有不可磨灭的功绩。如果把复式簿记同文艺复兴时期先后发明的时钟、显微镜、金属活字印刷技术等相提并论，它也当之无愧。可是，复式簿记究竟创始于何时、何地，发明者是谁，迄今还是一个不解之谜。当然，会计史学家们希望通过文物的发掘与考评，最终能弄清楚这个问题。不过人们现在对此并不感到遗憾。因为十五世纪意大利的一位杰出的数学家、思想家卢卡·巴其阿勒把人类创造的这份宝贵的精神财富——记录与计算技术——及时地加以整理、概括和发展，使其完美地保存下来，并向欧洲和世界介绍，一直流传到现在。

资料来源　葛家澍:《财会通讯》2007年第9期。

二、借贷记账法

（一）借贷记账法的概念

借贷记账法是以会计平衡等式作为记账原理，以"借""贷"为记账符号，对每一笔经济业务,都要在两个或两个以上相互联系的账户中以借贷相等的金额进行登记的一种复式记账方法。

(二)借贷记账法的记账符号

借贷记账法以"借""贷"为记账符号,分别作为账户的左方和右方。至于"借"表示增加还是"贷"表示增加,则取决于账户的性质及结构。在借贷记账法下,一般"借"表示资产、费用的增加和权益、收入的减少;"贷"表示资产、费用的减少和权益、收入的增加。

"借"和"贷"是历史的产物。从字面看,其最初的含义同债权、债务有关。在中世纪意大利的银行业主要使用"借""贷"符号记录存贷业务。当时,用"借者"表示银行业主的债务人,即银行业主的债权;用"贷者"表示银行业主的债权人,即银行业主的债务。银行业主同时使用"借者"和"贷者",分别记录反映自己在债权、债务方面的增减变动和结存情况,结算其资金的使用及来源。但因当时的记账方法尚不完备,使用范围极为有限,复式记账只具雏形。

随着复式记账法的进一步发展和确立,"借""贷"符号的使用范围便由债权、债务扩大到商品、货币等一切财产物资,会计记账方法中的"借""贷"两字也就超越其最初产生时的原始含义,而演变为一对抽象的符号。

(三)借贷记账法下的账户结构

在借贷记账法下,账户分为借方和贷方两个基本部分,通常左方为借方,右方为贷方。在借贷记账法下,所有账户的借贷方都要按相反的方向记录其增减变动,即:一方登记增加金额,另一方登记减少金额。对于一个账户来说,如果规定借方用来登记增加额,则贷方就用来登记减少额;如果规定贷方用来登记增加额,则借方就用来登记减少额。至于哪一方登记增加额,哪一方登记减少额,则取决于账户的性质。账户的性质是由各账户所反映的经济内容决定的。

1. 资产类账户的基本结构

资产类账户的借方登记资产的增加额,贷方登记资产的减少额,期初及期末余额一般在借方。资产类账户的发生额及余额之间的关系,可用公式表示如下:

资产类账户期末借方余额＝期初借方余额＋本期借方发生额－本期贷方发生额

资产类账户的结构用"T"字形账户表示,如图 3-2 所示。

借方	资产类账户	贷方
期初余额		
本期借方发生额		本期贷方发生额
期末余额		

图 3-2 资产类账户结构

2. 权益类账户的基本结构

权益类账户包括负债类账户和所有者权益类账户。权益类账户的借方登记权益的减少数,贷方登记权益的增加数,期初及期末余额一般在贷方。权益类账户的发生额及余额之间的关系,可用公式表示如下:

权益类账户期末贷方余额＝期初贷方余额＋本期贷方发生额－本期借方发生额

权益类账户的结构用"T"字形账户表示,如图3-3所示。

借方	权 益 类 账 户	贷方
	期初余额	
本期借方发生额	本期贷方发生额	
	期末余额	

图3-3　权益类账户结构

3. 费用类账户的基本结构

费用类账户的结构与资产类账户的结构基本相同,即借方登记费用的增加额,贷方登记费用的减少额以及期末结转入"本年利润"账户的数额,期末结转后该类账户一般无余额。

费用类账户的结构用"T"字形账户表示,如图3-4所示。

借方	费 用 类 账 户	贷方
本期借方发生额	本期贷方发生额	

图3-4　费用类账户结构

4. 成本类账户的基本结构

成本类账户的结构与资产类账户的结构基本相同,即借方登记费用的增加额,贷方登记费用的减少额,期初及期末余额一般在借方。成本类账户的发生额及余额之间的关系,可用公式表示如下:

成本类账户期末借方余额＝期初借方余额＋本期借方发生额－本期贷方发生额

成本类账户的结构用"T"字形账户表示,如图3-5所示。

借方	成 本 类 账 户	贷方
期初余额		
本期借方发生额	本期贷方发生额	
期末余额		

图3-5　成本类账户结构

5. 收入类账户的基本结构

收入类账户的结构与权益类账户的结构基本相同,即借方登记收入的减少额以及期末结转入"本年利润"账户的数额,贷方登记收入的增加额,期末结转后该类账户一般无余额。

收入类账户的结构用"T"字形账户表示,如图 3-6 所示。

借方	收入类账户	贷方
本期借方发生额		本期贷方发生额

图 3-6 收入类账户结构

【问题与思考 3-3】
"账户的余额与账户表示增加的一方保持一致"。你认为这句话对吗?

(四)借贷记账法的记账规则

借贷记账法的记账规则为:有借必有贷,借贷必相等。即对于每一笔经济业务都要在两个或两个以上相互联系的账户中以借方和贷方相等的金额进行登记。具体地说,根据复式记账原理和借贷记账法下账户的结构,运用借贷记账法时,对每项经济业务必须用相等金额,一方面记入一个或几个有关账户的借方,另一方面记入一个或几个有关账户的贷方,记入借方账户与贷方账户的数额必须相等。

【例 3-1】 三江公司 20×9 年 4 月份发生了下列经济业务。

(1) 三江公司收到 B 公司投入资金 100 000 元,款项已存入银行。

该笔经济业务涉及"银行存款"和"实收资本"两个账户,它使银行存款增加了 100 000 元,实收资本增加了 100 000 元。银行存款的增加属于资产的增加,应记入"银行存款"账户的借方;实收资本的增加属于所有者权益的增加,应记入"实收资本"账户的贷方。因此,该笔经济业务在账户中应作如下记录,如图 3-7 所示。

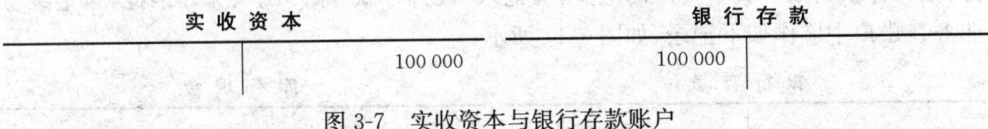

图 3-7 实收资本与银行存款账户

(2) 三江公司向银行借入 3 个月期限的短期借款 20 000 元,存入银行存款账户。

该笔经济业务涉及"银行存款"和"短期借款"两个账户,它使银行存款增加了 20 000 元,短期借款增加了 20 000 元。银行存款的增加属于资产的增加,应记入"银行存款"账户的借方;短期借款的增加属于负债的增加,应记入"短期借款"账户的贷方。因此,该笔经济业务在账户中应作如下记录,如图 3-8 所示。

短期借款	银行存款
20 000	20 000

图 3-8 短期借款与银行存款账户

(3) 三江公司以银行存款偿还上月所欠 C 公司材料款 20 000 元。

该笔经济业务涉及"银行存款"和"应付账款"两个账户。它使银行存款减少了 20 000 元，应付账款减少了 20 000 元。银行存款的减少属于资产的减少，应记入"银行存款"账户的贷方；应付账款的减少属于负债的减少，应记入"应付账款"账户的借方。因此，该笔经济业务在账户中应作如下记录，如图 3-9 所示。

银行存款	应付账款
20 000	20 000

图 3-9 银行存款与应付账款账户

(4) 三江公司因缩小经营规模，经批准减少注册资本 50 000 元，并以银行存款发还给投资者。

该笔经济业务涉及"银行存款"和"实收资本"两个账户，它使银行存款减少了 50 000 元，实收资本减少了 50 000 元。银行存款的减少属于资产的减少，应记入"银行存款"账户的贷方；实收资本的减少属于所有者权益的减少，应记入"实收资本"账户的借方。因此，该笔经济业务在账户中应作如下记录，如图 3-10 所示。

银行存款	实收资本
50 000	50 000

图 3-10 银行存款与实收资本账户

(5) 三江公司向银行提取现金 10 000 元。

该笔经济业务涉及"库存现金"和"银行存款"两个账户，它使现金增加了 10 000 元，银行存款减少了 10 000 元。现金的增加属于资产的增加，应记入"库存现金"账户的借方；银行存款的减少属于资产的减少，应记入"银行存款"账户的贷方。因此，该笔经济业务在账户中应作如下记录，如图 3-11 所示。

银行存款	库存现金
10 000	10 000

图 3-11 银行存款与库存现金账户

(6) 经批准三江公司将盈余公积 30 000 元转增资本。

该笔经济业务涉及"盈余公积"和"实收资本"两个账户，它使盈余公积减少了 30 000 元，实收资本增加了 30 000 元。盈余公积的减少属于所有者权益的减少，应记入"盈余公积"账户的借方；实收资本的增加属于所有者权益的增加，应记入"实收资本"

账户的贷方。因此,该笔经济业务在账户中应作如下记录,如图3-12所示。

实收资本		盈余公积	
	50 000		50 000

图3-12 实收资本与盈余公积账户

本章小结

　　会计科目是对会计对象的具体内容进行分类核算的类目。会计对象的具体内容各有不同,管理要求也有不同。为了全面、系统地核算和监督各项会计要素的增减变动情况,满足有关方面对会计信息的需要,就有必要按照各项具体会计要素分别设置会计科目。账户是根据会计科目设置的,具有一定结构。它是用于系统、连续、分类地反映会计要素增减变动情况及其结果的载体。账户是根据管理需要和信息使用者的具体要求,对会计要素的内容进行科学的再分类。

　　复式记账法是对于每一笔经济业务发生时所引起的会计要素数量的增减变化,都要以相等的金额在相互联系的账户中进行登记的一种记账方法。我国企业应当采用借贷记账法记账。借贷记账法是以会计平衡等式作为记账原理,以"借""贷"为记账符号,对每一笔经济业务,都要在两个或两个以上相互联系的账户中以借、贷相等的金额进行登记的一种复式记账方法。借贷记账法的记账规则为:有借必有贷,借贷必相等。

复习思考题

　　1. 企业经济业务的发生对资产、负债和所有者权益的影响归纳起来有哪几种类型?
　　2. 什么叫会计科目? 会计科目是如何进行分类的?
　　3. 什么是借贷记账法? 借贷记账法的记账规则是什么? 如何理解?
　　4. 两位初学会计的同学在一起讨论会计账户与会计科目是不是一回事。
　　甲同学说:"因为账户是依据会计科目设置的,因此,会计账户与会计科目就是一回事。"
　　乙同学说:"你说的不正确,因为会计科目具有一定的结构,而会计账户只是一个项目,会计账户没有结构。因此两者根本就不是一回事。"
　　甲同学说:"会计科目的名称就是会计账户的名称,如(库存现金)科目、(库存现金)账户。两者反映的经济内容是一致的,因此两者是一回事。"
　　乙同学说:"会计账户是对会计对象具体内容的分类,而会计科目是对会计要素的分类，因此两者不是一回事。"

请说明甲、乙两位同学的说法是否正确；如不正确，请说明理由。

案例讨论题

华夏公司精简机构。对于职员王华来说，有三条路可供他选择：

(1) 继续在原单位供职，年收入12 000元。

(2) 下岗待业，原单位按其在职的年薪50%支付，但某快餐厅愿以每月600元的工资待遇请他帮佣。

(3) 辞职，搞个体经营。

经过思考，他决定自己投资20 000元，开办一家酒吧。

以下是王华的酒吧1月份开业的经营情况：

(1) 预付半年房租3 000元。

(2) 购入各种饮料6 000元，本月份销售了其中的2/3。

(3) 支付当月雇员工资1 500元。

(4) 支付当月水电费500元。

(5) 当月获取营业收入8 000元。

设定以王华1月份的经营情况来推定其全年经营收益。请您根据上述资料，评价王华的选择是否正确，为什么？

同 步 测 试 题

一、单项选择题

1. 会计科目是指对（　　）的具体内容进行分类核算的项目。
   A. 经济业务　　B. 会计要素　　C. 会计账户　　D. 会计信息

2. 会计科目按其所（　　）不同，分为总分类科目和明细分类科目。
   A. 反映的会计对象
   B. 反映的经济业务
   C. 归属的会计要素
   D. 提供信息的详细程度及其统驭关系

3. 账户是根据（　　）设置的，具有一定格式和结构，用于分类反映会计要素增减变动情况及其结果的载体。
   A. 会计要素　　B. 会计对象　　C. 会计科目　　D. 会计信息

4. 某账户的期初余额为500元，期末余额为3 000元，本期减少发生额为800元，则本期增加发生额为（　　）元。

A. 4 300　　　　　B. 2 200　　　　　C. 1 700　　　　　D. 3 300

5. 关于会计科目,下列说法中,不正确的有(　　)。
   A. 会计科目是对会计要素的进一步分类
   B. 会计科目按其所提供信息的详细程度及其统驭关系不同,分为总分类科目和明细分类科目
   C. 会计科目可以根据企业的具体情况自行设定
   D. 会计科目是设置账户的依据

6. 会计科目与账户之间的区别在于(　　)。
   A. 内容不同
   B. 性质不同
   C. 账户无结构而会计科目有结构
   D. 账户有结构而会计科目无结构

7. 下列有关账户的表述中,不正确的有(　　)。
   A. 账户是根据会计科目设置的,它没有格式和结构
   B. 设置账户是会计核算的重要方法之一
   C. 账户哪一方登记增加,哪一方登记减少,取决于记录的经济业务和账户的性质
   D. 账户中登记的本期增加金额及本期减少金额统称为本期发生额

8. 根据明细分类科目设置的、用来对会计要素具体内容进行明细分类核算的账户称为(　　)。
   A. 总账账户　　　B. 明细账户　　　C. 备查账户　　　D. 综合账户

9. 某企业原材料总分类账户的本期借方发生额为25 000元,贷方发生额为24 000元,其所属的三个明细分类账中:甲材料本期借方发生额为8 000元,贷方发生额为6 000元;乙材料本期借方发生额为13 000元,贷方发生额为16 000元,则丙材料的本期借、贷发生额分别为(　　)。
   A. 借方发生额为12 000元,贷方发生额为2 000元
   B. 借方发生额为4 000元,贷方发生额为2 000元
   C. 借方发生额为4 000元,贷方发生额为10 000元
   D. 借方发生额为6 000元,贷方发生额为8 000元

10. M公司月初资产总额为100万元,本月发生下列业务:① 以银行存款购买原材料10万元。② 向银行借款60万元,款项存入银行。③ 以银行存款归还前欠货款30万元。④ 收回应收账款20万元,款项已存入银行,则月末该公司资产总额为(　　)万元。
    A. 130　　　　　B. 160　　　　　C. 100　　　　　D. 110

二、多项选择题

1. 关于账户,下列说法中,正确的有(　　)。
   A. 账户是根据管理需要和信息使用者具体要求,对会计要素的内容进行科学的再分类
   B. 账户是根据会计科目设置的,账户与会计科目两者口径一致,性质相同

C. 账户按其提供信息的详细程度不同,可分为总分类账户和明细分类账户
D. 账户必须具有一定的格式和结构

2. 关于复式记账,下列说法中,不正确的是(   )。
   A. 复式记账法下,一笔经济业务最多只会涉及两个账户
   B. 借贷记账法中的"借""贷"尽管只是一对抽象的符号,但在会计记账时还是有其经济意义的
   C. 在借贷记账法下,账户分为借、贷两方,其中借方表示增加,贷方表示减少
   D. 在借贷记账法下,任何一笔业务涉及账户一定是有借必有贷,而且借、贷金额相等

3. 下列会计科目中,属于资产类会计科目的有(   )。
   A. "预收账款"   B. "预付账款"
   C. "原材料"   D. "短期借款"

4. 在借贷记账法下,账户的贷方应登记(   )。
   A. 资产、费用的增加数   B. 权益、收入的减少数
   C. 资产、费用的减少数   D. 权益、收入的增加数

5. 下列等式中,不正确的有(   )。
   A. 期初余额=本期增加发生额+期末余额-本期减少发生额
   B. 期末余额=本期增加发生额+期初余额-本期减少发生额
   C. 期初余额=本期减少发生额+期末余额-本期增加发生额
   D. 期初余额=本期增加发生额-期末余额-本期减少发生额

三、判断题

1. 对于明细科目较多的总账科目,可在总分类科目与明细分类科目之间设置二级或多级科目。   (   )
2. 账户分为左、右两方,左方登记增加,右方登记减少。   (   )
3. 会计科目是账户的名称,账户是会计科目的载体和具体运用。   (   )
4. 账户基本结构的内容仅包括增减金额及余额。   (   )
5. 复式记账法是以资产与权益平衡关系作为记账基础,对于每一笔经济业务,都要在两个或两个以上相互联系的账户中进行登记,系统地反映资金运动变化结果的一种记账方法。   (   )
6. 在借贷记账法下,借方表示增加,贷方表示减少。   (   )
7. 在借贷记账法下,资产类账户与费用(成本)类账户通常都有期末余额,而且在借方。   (   )
8. 借贷记账法的记账规则为:有借必有贷,借贷必相等。即对于每一笔经济业务都只要在两个账户中以借方和贷方相等的金额进行登记。   (   )
9. 为了判断账户记录是否正确,通常采用编制试算平衡表的方法。只要该试算平

衡表实现了平衡关系,就说明账户记录正确无误。   (   )

10. 在借贷记账法下,损益类账户的借方登记增加数,贷方登记减少数,期末一般无余额。   (   )

四、核算题

【核算题1】 随园食品厂201×年8月31日各资金项目及金额如下:

(1) 库存制造食品用各种材料5万元。

(2) 办公和生产用房屋900万元。

(3) 机器设备800万元。

(4) 存在银行的款项12万元。

(5) 投资人投入资本200万元。

(6) 购货单位欠货款10万元。

(7) 出纳员保管的现金5 000元。

(8) 欠供货单位的货款8万元。

(9) 向银行借入的半年期借款10万元。

(10) 库存的完工产品50万元。

(11) 欠交的税金5万元。

(12) 应付职工工资6万元。

(13) 固定资产已提折旧7万元。

(14) 职工借差旅费6 000元仍未归还。

(15) 销售产品用的包装物品3万元。

要求:根据上述资料,说明各资金项目应列入的会计科目名称,并分别指出归属资产、负债和所有者权益的项目。

【核算题2】 动力机械厂20×9年9月部分账户的发生额如表3-2所示。

表3-2 动力机械厂部分账户的发生额

20×9年9月   金额单位:元

账户名称	期初余额	本期增加额	本期减少额
银行存款	30 000	① 50 000 ④ 50 000	② 20 000 ③ 10 000 ⑤ 3 000
应收账款	70 000		④ 50 000
管理费用	0	⑥ 20 000 ⑤ 3 000	⑦ 23 000
短期借款	20 000	① 50 000	② 20 000
应付账款	10 000		③ 10 000
本年利润	10 000	⑧ 800 000	⑦ 50 000
实收资本	2 000 000	⑨ 500 000	

要求：

(1) 开设"T"字形账户,将各账户期初余额及本期发生额逐笔记入各"T"字形账户的借方或贷方,并计算和列示各账户的本期发生额与期末余额。

(2) 根据资料中标明的经济业务号码说明①②⑨笔经济业务的内容以及⑦⑧笔经济业务的内容。

第四章　会计分录与过账

学习目标

- 掌握会计分录的编制方法
- 理解会计凭证的概念、作用
- 掌握各种会计凭证的填制方法
- 熟悉各种账簿的内容、格式、登记依据和登记方法

引　　言

"这里凤姐儿来至三间一所抱厦内坐了，因想：头一件是人口混杂，遗失东西；二件，事无专管，临期推诿，三件，需用过费，滥支冒领；四件，任无大小，苦乐不均；五件，家人豪纵，有脸者不能服钤束，无脸者不能上进。此五件实是宁府中风俗。不知凤姐如何处治，且听下回分解。"①试问：王熙凤是如何解决上述问题的？贾府的会计系统应当如何设计？本章就相关问题展开讨论。

第一节　会　计　分　录

会计作为实践性很强的技术性工作，核心目标是提供高质量的会计信息。而要提供高质量的会计信息，就要求会计主体必须将一定时期发生的所有经济业务，按照一定的步骤和方法，依据既定的会计原则和制度加以记录并分类汇总，这个过程，会计上有个专门术语叫会计循环。会计循环一般由编制分录、过账、试算、调整、结账和编制报表六个步骤构成。这六个步骤在会计实践中是按

---

① 曹雪芹、高鹗著：《红楼梦》，第十三回，中华书局 2005 年版，第 92 页。

照先后顺序进行的,因而它也是会计的基本处理程序,同样它也是会计核算的主要工作。从本章开始,本书将主要围绕着这六个方面来阐述会计核算的基本方法及其应用。

一、会计分录的概念与分类

会计分录简称分录。它是对每项交易或事项指出应登记的账户、记账方向与金额的一种记录。一笔经济业务发生以后,应在哪些账户中进行登记?应登记在账户的哪一方?各账户中登记的金额是多少?对这些问题进行逐一确认并以一定的形式记录,即会计分录。

会计分录按照所涉及账户的多少,可分为简单会计分录和复合会计分录两种。

简单会计分录指只涉及一个账户借方和另一个账户贷方的会计分录,即一借一贷的会计分录。这种分录,其科目的对应关系一目了然。

复合会计分录指由两个以上(不含两个)对应账户所组成的会计分录,即一借多贷、一贷多借或多借多贷的会计分录。一个复合会计分录可以分解为几个简单的会计分录。复合会计分录有利于集中反映整个交易或者事项的全貌,简化记账工作,提高会计工作效率。

二、会计分录编制的举例

【例 4-1】 某企业 20×9 年 4 月份发生的经济业务如下:

(1) 用银行存款购入原材料 6 000 元,并已验收入库。

这项经济业务只涉及资产类账户,它使"原材料"增加了 6 000 元,同时,使"银行存款"减少了 6 000 元,资产类账户有增有减,增减金额相等,根据记账规则,编制会计分录如下:

借:原材料　　　　　　　　　　　　　　　　　　　6 000
　　贷:银行存款　　　　　　　　　　　　　　　　　6 000

(2) 向银行借入短期借款 2 000 元,直接归还应付账款。

这项经济业务,只涉及负债类账户。它使企业"应付账款"减少了 2 000 元。同时,使"短期借款"增加了 2 000 元,负债类账户有增有减,增减金额相等,根据记账规则,编制会计分录如下:

借:应付账款　　　　　　　　　　　　　　　　　　2 000
　　贷:短期借款　　　　　　　　　　　　　　　　　2 000

(3) 用银行存款偿还短期借款 10 000 元。

这项经济业务,使企业负债类账户"短期借款"减少了 10 000 元;同时,使资产类账

户"银行存款"也减少了 10 000 元,两类账户同时减少,根据记账规则,编制会计分录如下:

  借:短期借款   10 000
   贷:银行存款   10 000

  (4) 收到投资者追加投资 50 000 元,存入银行。

  这项经济业务,使企业所有者权益类账户"实收资本"增加了 50 000 元;同时,使资产类账户"银行存款"也增加了 50 000 元,两类账户同时增加,根据记账规则,编制会计分录如下:

  借:银行存款   50 000
   贷:实收资本   50 000

  (5) 本期生产产品领用原材料 8 000 元。

  这项经济业务,使企业成本类账户"生产成本"增加了 8 000 元;同时,使资产类账户"原材料"减少了 8 000 元,根据记账规则,编制会计分录如下:

  借:生产成本   8 000
   贷:原材料   8 000

  在实际工作中,会计分录以及编制会计分录的依据(即交易或事项)是体现在会计凭证上的。

第二节 会 计 凭 证

一、会计凭证的意义

  会计凭证是记录经济业务的发生和完成情况、明确经济责任的书面证明,是登记账簿的重要依据。填制和审核会计凭证是会计核算的一种专门方法,也是会计核算工作的起点和基础,是对所发生经济业务的初始反映,在整个会计核算过程中起着至关重要的作用。

  任何单位,经济业务一旦发生,就必须由执行、完成该项经济业务的有关人员从外部取得或自行填制凭证,以书面形式反映或证明经济业务的发生或完成情况。会计凭证记录应能如实、合法地反映经济活动情况。一切会计凭证都应由专人进行审核,只有经过审核后,合理、合法、真实的凭证,才能作为记账依据;也只有如此,才能保证账簿记录和报表反映的会计信息真实、完整。

  因此,准确填制和审核会计凭证,对完成会计工作任务、实现会计职能、充分发挥会计作用,具有重要的意义。具体表现在以下几个方面。

1. 正确、及时地反映各项经济业务的完成情况

任何经济业务的发生,都必须取得和填制会计凭证。以材料收发结存业务为例,采购人员外购材料时必须取得供应单位开具的合理合法的材料采购发票;材料运达企业,经仓库保管部门验收入库后,需开具材料入库单;领用材料时,需填制领料单;等等。财务人员对取得或填制的会计凭证还必须进行严格审核,然后才能据以登记入账。会计凭证是重要的会计档案,通过会计凭证的填制,不仅可以了解各项经济业务发生或完成的情况,而且为会计分析和审计提供了重要依据。

2. 审核会计凭证,可以充分发挥会计的监督职能,保证会计信息真实可靠

会计主管和内部财务人员都要对取得或填制的会计凭证进行严格审核,加强对经济业务的监督。对不合法、不真实的凭证拒绝受理,对错误的凭证要予以更正,防止错误和弊端的发生,以贯彻政策和法令,严肃财经纪律。

3. 填制和审核会计凭证,可以明确经济责任,加强经济责任制

每一笔经济业务发生之后,都要由经办单位和有关人员办理凭证手续并签名盖章,明确经济责任,推行经济责任制。以差旅费报销为例,出差人员旅途中发生的交通费、住宿费必须取得合理合法的交通费发票和住宿费发票;出差回来报账时,主管领导必须审核签字;财务人员再根据审核后的单据办理报账手续等。通过填制和审核会计凭证,不仅可以将经办人员联系在一起,相互监督,而且便于划清责任。

二、会计凭证的种类

实际会计工作中的会计凭证种类繁多,格式多样,作用不一,但按其填制程序和用途不同,可分为原始凭证和记账凭证两大类。

(一)原始凭证

原始凭证是在经济业务发生或完成时取得或填制的,用以证明经济业务的发生或完成情况的书面证明,它是会计核算的原始依据。原始凭证可以按不同的标准进行分类。

1) 原始凭证按其取得的来源不同,可分为自制原始凭证和外来原始凭证

自制原始凭证是指经济业务发生时,由本单位内部经办业务的部门或个人自行填制的凭证。如:企业材料验收入库,仓库保管员填制的"收料单"(格式和内容如表4-1所示);向仓库领用材料时,由各领料部门填制的"领料单"(格式和内容如表4-2所示);产品生产完工进入仓库时,填制的产品入库单(格式和内容如表4-3所示);报账时,由报销人员填制的、出纳人员据以付款的"报销凭单";等等。

表 4-1 收 料 单

供货单位　　　　　　　　　　　　　　　　　　　　　　　凭证编号
　　　　　　　　　　　　　　　　　　　　　　　　　　　　收料仓库
发票号码　　　　　　　　　　　年　月　日　　　　　　　金额单位：元

材料编号	材料规格及名称	计量单位	数量		价格		
			应收	实收	单价	金额	
×××	甲种材料	吨	50	50	50	2 500	第×联
备注					合计	2 500	

仓库负责人　　　　　　　记账　　　　　　　仓库保管　　　　　　　收料

表 4-2 领 料 单

领料部门　　　　　　　　　　　　　　　　　　　　　　　凭证编号
　　　　　　　　　　　　　　　　　　　　　　　　　　　　收料仓库
用　途　　　　　　　　　　　　年　月　日　　　　　　　金额单位：元

材料编号	材料规格及名称	计量单位	数量		价格		
			请领	实领	单价	金额	
×××	A种钢材	吨	2	2	500	1 000	第×联
备注					合计	1 000	

仓库负责人　　　　　　　发料　　　　　　　仓库　　　　　　　经手

表 4-3 产品入库单

交库单位　　　　　　　　　　　年　月　日　　　　　　　编　号
　　　　　　　　　　　　　　　　　　　　　　　　　　　　产品仓库

产品编号	产品名称	规格	单位	交付数量	检验结果		实收数量	单价	金额	
					合格	不合格				
××	A产品	××	台	50	√		50	300	15 000	第×联
备注										

记账　　　　　　　检验　　　　　　　仓库　　　　　　　经手

外来原始凭证是在经济业务发生或完成时，从其他单位或个人直接取得的原始凭证。如"增值税专用发票"（格式和内容如表 4-4 所示）、"增值税普通发票"（格式和内容如表 4-5 所示）、车船票、对外支付款项时取得的"收据"（格式和内容如表 4-6 所示）以及各种银行结算凭证等都是外来原始凭证。

表 4-4　增值税专用发票

发票联　　　　　　　　　　　No×××

×××　　　　　　　　　　　　　　开票日期：20×9年10月×日

购货单位	名　　　称	甲公司				密码区			
	纳税人识别号	×××							
	地　址、电　话	×××							
	开户行及账号	×××							
货物或应税劳务名称		规格型号	单位	数量	单价	金　额	税率	税　额	
A种钢材			吨	100	500	￥50 000	13%	￥6 500	
合　　计						￥50 000		￥6 500	
价税合计（大写）		人民币伍万捌仟伍佰元整				（小写）￥56 500			
销货单位	名　　　称	乙公司				备注			
	纳税人识别号	×××							
	地　址、电　话	×××							
	开户行及账号	×××							
收款人：		复核：		开票人：		销货单位：（章）			

注：这是增值税的专用发票，只限于增值税的一般纳税人领购使用，增值税的小规模纳税人和非增值税纳税人不得领购使用。专用发票规定为三联，分别为发票联、抵扣联和记账联。

表 4-5　增值税普通发票

No.

　0000000000

校验码 64745 43785 00000 00000　　　　　　　　开票日期：

购买方	名　　　称	某某省某市有限公司				密码区		
	纳税人识别号	00000000000000						
	地址、电话	某某工业园某某街道0号 0000-000000						
	开户行及账号	某某银行某某支行 0000000000000000						
货物或应税劳务、服务名称		规格型号	单位	数量	单价	金额	税率	税额
公司代用名		00000KD	个	1	200.00	200.00	3%	6.00
合　　计						￥200.00	3%	￥6.00
价税合计（大写）		⊗陆圆整				（小写）￥6.00		
销售方	名　　　称	某某省某某市有限公司				备注	某某省某某市有限公司	
	纳税人识别号	00000000000000					1234567890123345	
	地址、电话	某某市某某区某某路某某号 0000-0000000					发票专用章	
	开户行及账号	某某银行某某支行 0000000000000000						
收款人：代用名		复核：代用名		开票人：代用名		销售方：（章）		

表 4-6 收 据

发票代码：×××
发票号码：

20×9 年×月×日

付款单位　A公司		收款方式　现金
人民币(大写)　贰佰元整		￥200
收款事由　包装押金		

收款单位(盖章)　　　　审核　　　　　经手人　　　　　出纳

第 × 联

2) 原始凭证按其填制手续不同,可分为一次凭证和累计凭证

一次凭证是指只反映一项经济业务,或者同时反映若干项同类性质的经济业务,其填制手续是一次完成的原始凭证。日常的原始凭证多属此类,如"收料单""领料单"等。外来原始凭证一般均属于一次凭证。

累计凭证是指在规定日期内,连续地记录若干个同类业务的凭证。其所填制的内容仅限于同类经济业务,且是分次登记的,这样做的目的是减少原始凭证的数量,简化核算手续。最具代表性的是限额领料单(格式和内容如表4-7所示)。

3) 原始凭证按其用途不同,可以分为通知凭证、执行凭证和计算凭证

通知凭证是要求、指示或命令企业进行某项经济业务的原始凭证。如罚款通知单、付款通知书、银行进账单(格式和内容如表 4-8 所示)等。

执行凭证是证明某项经济业务已经完成的原始凭证,如销货发票、收料单、领料单等。

表 4-7 限 额 领 料 单

领料部门：一车间　　　　　　　　　　　　　　　凭证编号：×××
用　　途：电动机　　　20×9 年×月份　　　　　发料仓库：×××

材料类别	材料编号	材料名称及规格	计量单位	领用限额	实际领用	单价	金额	备注
××	××	A种钢材	吨	10	8	500	4 000	

供应部门负责人：				生产计划部门负责人：				
日期	数量		领料人签章	发料人签章	扣除代用数量	退　料		限额结余
	请领	实发				数量	收料人	发料人	
2	1	1	×××	×××					9
5	2	2	×××	×××	1	×	×		8
20	6	6	×××	×××					2
合计	9	9			1				2

表 4-8　××银行进账单(回单或收款通知)

第×号

收款人	全　称	甲公司	付款人	全　称	乙公司	此联是收款人开户行交给收款人的收账通知
	账　号	×××		账　号	×××	
	开户银行	×××		开户银行	×××	

人民币(大写)	捌仟伍佰元整	千	百	十	万	千	百	十	元	角	分
					¥	8	5	0	0	0	0

票据种类	支票	
票据张数	壹张	收款人开户银行盖章
单位主管　　会计　　复核　　记账		

计算凭证是对已在进行或完成的经济业务进行计算的原始凭证，如产品成本计算单、工资计算表等。

4) 原始凭证按其格式不同，可以分为通用凭证和专用凭证

通用凭证是指在一定范围内具有统一的格式和使用方法的原始凭证。这里的一定范围可以是全国范围内通用，也可以是某局部地区或系统内通用，如全国统一使用的银行承兑汇票、某一地区统一印制的收款收据等。

专用凭证是指一些单位具有特定内容和专门用途的原始凭证，如差旅费报销单等。不同单位的凭证格式是不同的。

以上不同分类的原始凭证，有些是相互关联的，如：现金收据一式几联，其中一联作为出具收据单位的自制原始凭证，另一联则是接受单位的外来自制凭证；同时它既是一次凭证，又是执行凭证，也是专用凭证。

在实际工作中，对业务内容相同、发生笔数较多的原始凭证，可按照一定的要求加以汇总，编制原始凭证汇总表，如发出材料汇总表(格式如表 4-9 所示)。

表 4-9　发出材料汇总表

No ×××

科目：　　　　　　　　　年　月　日　　金额单位：元 角 分

材料		单位	单价	货号 合计							
编号	规格名称			数量	金额	数量	金额	数量	金额	数量	金额

附原始单据　　张　　复核：　　　记账：　　　计价：　　　制表：

(二)记账凭证

记账凭证又称分录凭证,或称记账凭单。它是根据审核无误的原始凭证或汇总的原始凭证填制而成。其记载经济业务的简要内容,确定会计分录,是作为记账依据的会计凭证。记账凭证根据业务内容,按照登记账簿的要求,确定账户名称、记账方向和金额,是对经济业务的进一步反映。

记账凭证按不同分类标准可分为不同种类。

1) 记账凭证按其适用的经济业务不同,可分为专用记账凭证和通用记账凭证

(1) 专用记账凭证是指用来专门记录某一类经济业务的记账凭证。规模较大、业务量较多的单位一般采用专用记账凭证。由于会计事项只有三种类型:收款事项、付款事项和不涉及现金与银行存款收付的转账事项,因此,专用记账凭证又可分为三种:收款凭证、付款凭证和转账凭证。

收款凭证是用来反映现金及银行存款等货币资金收入业务的凭证,一般包括现金收款凭证和银行存款收款凭证两种。它是会计人员根据审核无误后的现金和银行存款收款业务的原始凭证所填制的记账凭证。其格式如表 4-10 所示。

表 4-10 收款凭证

借方科目:			年 月 日				编号						
摘要	贷方总账科目	明细科目	记账	金 额									附件
				千	百	十	万	千	百	十	元	角	分	
														张
合 计													

会计主管: 记账: 出纳: 审核: 制单:

付款凭证是用来反映现金和银行存款等货币资金支付业务的凭证,一般包括现金付款凭证和银行存款付款凭证两种。它是会计人员根据审核无误后的现金和银行存款付款业务的原始凭证填制的记账凭证。其格式如表 4-11 所示。

表 4-11 付款凭证

贷方科目:			年 月 日				编号						
摘要	借方总账科目	明细科目	记账	金 额									附件
				千	百	十	万	千	百	十	元	角	分	
														张
合 计													

会计主管: 记账: 出纳: 审核: 制单:

转账凭证是用来反映与现金和银行存款收付无关的转账业务的凭证。它是会计人员根据审核无误后的转账业务原始凭证填制的记账凭证。转账凭证的会计科目均设置在表格栏内,其会计科目栏与金额栏应同行。其格式如表 4-12 所示。

表 4-12 转 账 凭 证

年　　月　　日　　　　　　　　　　　　编号

摘要	会计科目		√	借 方 金 额										贷 方 金 额										附件
	一级科目	明细科目		千	百	十	万	千	百	十	元	角	分	千	百	十	万	千	百	十	元	角	分	
																								张
合　计																									

会计主管:　　　　　　记账:　　　　　　审核:　　　　　　制单:

(2) 通用记账凭证是指以一种格式记录全部经济业务的凭证。它主要适用于经济业务比较简单的单位,所有业务都采用一种格式的凭证加以记录,可以简化凭证。其格式如表 4-13 所示。

表 4-13 记 账 凭 证

年　　月　　日　　　　　　　　　　　　编号

摘要	会计科目		√	借 方 金 额										贷 方 金 额										附件
	一级科目	明细科目		千	百	十	万	千	百	十	元	角	分	千	百	十	万	千	百	十	元	角	分	
																								张
合　计																									

会计主管:　　　记账:　　　出纳:　　　审核:　　　制单:

专用记账凭证的优点是方便现金、银行存款日记账的记账,而通用记账凭证则便于检查一笔业务的借贷平衡关系。它们在本质上没有区别,只是形式有点不同,企业可以根据需要自行选择其中的一种。

2) 记账凭证按其包括的会计科目是否单一,分为复式记账凭证和单式记账凭证

(1) 复式记账凭证是指某项经济业务所涉及的全部会计科目均集中填制在一张记账凭证上(其格式如表 4-13 所示)。根据新会计制度的规定,我国通用的记账方法是借贷复式记账法,反映同一笔经济业务必须运用两个或两个以上相互关联的账户分别登记在账户的借方或贷方,复式记账凭证正好与借贷记账法相吻合。因此,在我国实际会计工作中,几乎所有单位的记账凭证均采用复式

凭证。

(2) 单式记账凭证是指某项经济业务所涉及的会计科目分别填制在两张或两张以上的记账凭证上。也就是说,一笔经济业务涉及几个会计科目,就必须填制几张记账凭证,每张记账凭证只填列一个会计科目。例如,在我国金融企业会计核算中,除现金收付业务采用复式记账凭证外,其余转账业务均采用单式记账凭证。由于一笔业务要分别填制几张记账凭证,因而单式记账凭证的编号一般采用分数形式。借方会计科目应填列在"借项记账凭证"上,贷方会计科目应填列在"贷项记账凭证"上。其原因是金融企业的业务往往需要经过很多部门和环节,采用单式记账凭证可以加快经济业务的处理速度,也方便分工记账。单式记账凭证实质是把复式记账凭证拆开填制,因此仍然遵守借贷记账法的规则,但不能在一张凭证上反映一笔经济业务和会计分录的全貌,不方便检查和核对。单式记账凭证的格式如表 4-14、表 4-15 所示。

3) 记账凭证按其用途不同,可以分为分录凭证、汇总凭证和联合凭证

(1) 分录凭证是直接根据原始凭证编制,载明会计科目、记账方向和金额的凭证。

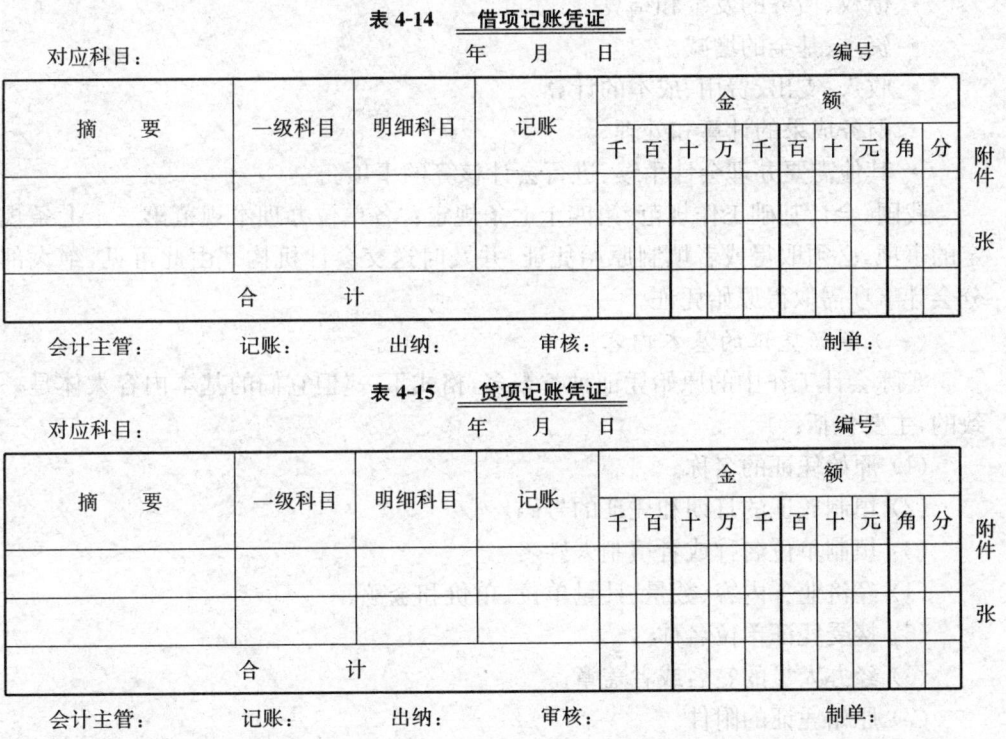

(2) 汇总凭证是根据分录凭证按照一定的方法汇总填制的记账凭证。它包括

汇总收款凭证、汇总付款凭证、汇总转账凭证以及科目汇总表四种。

（3）联合凭证是既有原始凭证或原始凭证汇总表的内容，同时具备记账凭证内容的凭证。如在自制原始凭证或原始凭证汇总表上同时印有对应科目，用以代替记账凭证，作为记账凭证的依据。

原始凭证和记账凭证是对经济业务最初始反映的会计资料，也是会计核算最基本的证据；凭证正确与否，影响着整个会计信息。在实际会计工作中，加强凭证的审核和管理，至关重要。

三、原始凭证的填制和审核

原始凭证是会计核算的原始依据，填制原始凭证是会计工作的起点，也是会计核算的基础。原始凭证的合法、真实、准确与否，决定着整个会计核算的质量。我国《会计基础工作规范》第三十七条规定：各单位发生的下列事项，应当及时办理会计手续，进行会计核算：

- 款项和有价证券的收付。
- 财务的收发、增减和使用。
- 债权、债务的发生和结算。
- 资本、基金的增减。
- 收入、支出、费用、成本的计算。
- 财务成果的计算和处理。
- 其他需要办理会计手续、进行会计核算的事项。

我国《会计基础工作规范》第四十七条规定："各单位办理本规范第三十七条规定的事项，必须取得或者填制原始凭证，并及时送交会计机构。"由此可见，绝大部分会计事项需取得原始凭证。

（一）原始凭证的基本内容

实际会计工作中的原始凭证种类繁多，格式不一，但它们的基本内容大体是一致的，主要包括：

（1）原始凭证的名称。
（2）填制凭证的日期和凭证的号码。
（3）填制单位名称或者填制人姓名。
（4）经济业务内容、数量、计量单位、单价和金额。
（5）接受凭证单位名称。
（6）经办人员的签名或者盖章。
（7）原始凭证的附件。

（二）原始凭证的填制要求

原始凭证一般是在业务发生时由经办人员根据经济业务的内容直接填列的，其填制方法简单，但为了保证会计凭证的真实、合法、准确，填制原始凭证时应注意以下几点要求：

（1）凭证所反映的经济业务合法。合法性是原始凭证填制最根本的要求。对于违法的收支，会计人员应当制止与纠正；制止与纠正无效的，应当向单位领导人提出书面意见，要求处理；对严重违法和损害国家和社会公众利益的收支应向主管单位或财政、审计、税务等政府监督机关报告。

（2）凭证的内容和数字必须真实可靠，如实反映经济业务的内容，不允许有任何歪曲和弄虚作假行为。为确保原始凭证的真实可靠，在实际会计工作中，填制原始凭证应注意以下几点：

（a）从外单位取得的原始凭证，必须盖有填制单位的公章；从个人取得的原始凭证，必须有填制人员的签名或者盖章。自制原始凭证必须有经办单位领导人或者其指定的人员签名或者盖章。对外开出的原始凭证，必须加盖本单位公章。只有这样，才能增强经办人员的责任心，明确经济责任。

（b）凡填有大写和小写金额的原始凭证，大写和小写金额必须相符。购买实物的原始凭证，必须有验收证明。支付款项的原始凭证，必须有收款单位和收款人的收款证明，这样可以避免以白条充抵实物和款项。

（c）一式几联的原始凭证，应当注明各联的用途，只能以一联作为报销凭证。在实际会计工作中尤其要注意的是，采用复写纸套写的原始凭证，要用双面复写纸，上下联要对齐，复写纸正面联数的内容要与复写纸背面联数的内容保持一致，存根联要妥善保管，避免弄虚作假，偷梁换柱。作废时应当加盖"作废"戳记，连同存根一起保存，不得撕毁。

（d）发生销货退回的，除填制退货发票外，还必须有退货验收证明；退款时，必须取得对方的收款收据或汇款银行的凭证，不得以退货发票代替收据，这样可以避免"假退货"。

（e）职工因公出差的借款凭证，必须附在记账凭证之后。收回借款时，应当另开收据或者退还借据副本，不得退还原借款收据。

（f）原始凭证不得涂改、挖补。发现原始凭证有错误的，应当由开出单位重开或者更正，更正处应当加盖开出单位的公章。

（3）凭证的内容必须完整，书写清楚。为确保原始凭证内容完整、手续完备，实际会计工作中应注意以下几点：

（a）年、月、日必须填齐，单位名称或者填制人姓名必须用全称，不得任意省漏。

(b) 除一式几联的原始凭证必须用圆珠笔复写外,其他原始凭证填制要用黑色墨水的中性水笔,不得任意采用铅笔或者红色墨水笔填写。

(c) 大小写金额数字要符合规格,正确填写。金额前要冠以人民币符号"￥"(用外币计价、结算的凭证,金额前应标明外币符号,如 HK＄、US＄等),货币符号与金额间不留空位,元以后要写到角、分,无角、分的,要以"0"补位,大写金额最后为"元"的应加写"整"或"正"字断尾,大写金额与小写金额必须保持一致。银行结算制度规定的结算凭证,预算的缴款凭证、拨款凭证,企业的发票、收据、提货单、运单、合同、契约,以及其他规定需要填写大写金额的各种凭证,必须有大写金额,不得只填小写金额。

(4) 凭证必须连续编号,及时填写。除已预先印定编号的凭证外,各种凭证必须连续编号,以便查验。一些事先印好编号的重要凭证作废时,在作废的凭证上应加盖"作废"戳记,连同存根一起保存,不得随意撕毁。所有或部分经办业务的人员,在经济业务发生或完成时,必须及时填制原始凭证,按规定的程序及时将原始凭证送交会计部门。

【问题与思考 4-1】

原始凭证上的金额如何书写?例如,"￥80 010.70"大写如何书写?"人民币壹拾元零肆分"如何写成小写金额?

(三) 原始凭证的审核

为了充分发挥会计的监督职能,企业接受的原始凭证必须经过财会人员的严格审核。只有审核无误的原始凭证,才能作为编制记账凭证和登记账簿的依据。因此,审核原始凭证是会计核算工作的第一步。

我国《会计法》第十七条规定:会计机构、会计人员对不真实、不合法的原始凭证,不予受理;对记载不准确、不完整的原始凭证,予以退回,要求更正、补充。由此可见,在实际会计工作中,会计人员对取得或者填制的原始凭证必须加以严格审核,审核无误后才能据以记账。原始凭证的审核是一项严肃而细致的工作,它不但要求审核人员有熟练的业务水平,而且必须履行会计人员职责,坚持制度,坚持原则,严格把关。

原始凭证审核主要包括以下几个方面。

1. 原始凭证的合法性、真实性审核

所谓合法性,就是指原始凭证反映的经济业务必须符合有关法律、法规、制度的规定,无违法乱纪行为;所谓真实性,就是指原始凭证的内容必须如实、客观地反映经济业务的本来面貌,不得歪曲事实、弄虚作假。如发现违反财经纪律和制度的情况,会计人员有权拒绝付款、报销或执行;对于弄虚作假、营私舞弊、伪造涂改凭证等违法乱纪行为,应立即扣留凭证,及时向领导汇报,以便进行严肃处理。

2. 原始凭证的正确性和完整性审核

所谓正确性,是指原始凭证的填制方法必须正确,数字计算必须准确无误;所谓完整性,是指原始凭证的内容必须完整,符合我国《会计基础工作规范》的规定,手续完备。对原始凭证内容填写不全,数字不正确,手续不完备的,要返回有关部门或人员,或重开、或更正、或补办。

四、记账凭证的填制和审核

(一) 记账凭证的填制内容

记账凭证是会计人员根据审核无误后的原始凭证或者汇总原始凭证填制的凭证,是直接登账的依据。在实际会计工作中,由于记账凭证所反映的经济业务内容不同,因而在具体格式上也有一些差异。但无论哪种形式的记账凭证,其作用一致,具备的内容也大体相同。

记账凭证的基本内容有:

(1) 记账凭证的名称。

(2) 填制凭证的日期和记账凭证的编号。

(3) 会计科目的名称、金额、方向。

(4) 经济业务摘要。

(5) 所附原始凭证张数。

(6) 制证、审核、记账、会计主管等有关人员的签章。此外,收款和付款记账凭证还应当由出纳人员签名或者盖章。

(二) 记账凭证的填制要求

记账凭证是根据审核无误的原始凭证或者汇总原始凭证填制的。记账凭证填制正确与否,直接影响整个会计核算过程。记账凭证的填制与原始凭证的填制有很多共同之处。例如,记录真实,内容完整,手续完备,书写清楚、规范,填制及时等。填制记账凭证时,应遵循如下基本要求:

(1) 正确、简明填写"摘要"栏。摘要应与原始凭证内容一致,能正确反映经济业务的主要内容,表述简短精练,应能使阅读的人通过摘要就能了解该项经济业务的性质、特征,判断出会计分录的正确与否,一般不必再去翻阅原始凭证或询问有关人员。

(2) 填制记账凭证时,应对记账凭证连续编号。采用通用记账凭证时,可按经济业务发生的顺序编号。使用专用记账凭证时,可采用"字号编号法",即收字第×

号、付字第×号和转字第×号。一笔经济业务需要填制两张以上记账凭证时，可采用"分数编号法"。但不得把不同类型的经济业务合并填制在一张记账凭证上，否则将混淆账户的对应关系。

（3）除结账和更正错误的记账凭证可以不附原始凭证外，其他记账凭证必须附有原始凭证。如果一张原始凭证涉及几张记账凭证，可以把原始凭证附在一张主要的记账凭证后面，并在其他记账凭证上注明附有该原始凭证的记账凭证的编号或者附原始凭证复印件。并且记账凭证的内容和金额，应和所附的原始凭证一致。

（4）记账凭证填制完经济事项后，如有空行，应自金额栏最后一笔金额数字下的空行处至合计数的空行处划线注销。

（5）记账凭证的日期要正确填写。收、付款凭证应按编制凭证的日期填写；转账凭证应按填制凭证的日期填写。

（6）填制凭证，字迹必须清晰、工整，并符合下列要求：

（a）阿拉伯数字应当按规范书写，不得连笔写。数字前面应当书写货币币种符号或货币名称简写。币种符号与阿拉伯数字之间不得留有空白。凡阿拉伯数字前写有币种符号的，数字后面不再写货币单位。

（b）所有以元为单位的阿拉伯数字，除表示单价等情况外，一律填写到角、分；无角、分的，角位和分位可写"00"，或者用符号"—"代替；有角无分的，分位写"0"，不得用符号"—"代替。

（c）汉字大写数字金额，一律按规定用正楷或者行书字体书写；不得任意自选简化字。大写数字到元或者角为止的，在"元"或"角"字之后应当写"整"字或"正"字；大写金额数字有分的，分字后面不写"整"字或"正"字。

（d）大写数字前未印有货币名称的，应当加填货币名称，货币名称与金额数字之间不得留有空白。

（e）阿拉伯数字中间有"0"的，汉字大写金额要写"零"字；阿拉伯数字中间连续有几个"0"时，汉字大写金额中可只写一个"零"字；阿拉伯数字元位是"0"，或者数字中间连续几个"0"，元位也是"0"，但角位不是"0"时，汉字大写金额可以只写一个"零"字，也可以不写"零"字。

（7）填制记账凭证时如果发生错误，应当重新填制。已经登记入账的记账凭证当年内发现错误的，可以用相应的更正法进行更正。

（8）实行会计电算化的单位，其机制记账凭证应当符合对记账凭证的一般要求，并应认真审核，做到会计科目使用正确，数字准确无误。打印出来的机制记账凭证上，要加盖制单人员、审核人员、记账人员和会计主管人员的印章或者签字，以明确责任。

（9）正确编制记账凭证并保证借贷平衡。必须根据国家统一会计制度的规定和经济业务的内容,正确使用会计科目和编制会计分录,记账凭证借、贷方的金额必须相等,合计数必须计算正确。

(10) 只涉及现金和银行存款之间收入或付出的经济业务,应以付款业务为主,只填制付款凭证,不填制收款凭证,以免重复。

记账凭证的编号方法:① 按月统一编号;② 分别收、付、转凭证编号;③ 分别现收、现付、银收、银付、转账凭证编号;④ 一笔业务需编制两张或两张以上记账凭证时,其凭证的总号用分数表示。

(三)记账凭证的填制方法

1. 专用记账凭证的填制方法

专用记账凭证包括收款凭证、付款凭证和转账凭证三种。

(1) 收款凭证的填制方法。收款凭证应由出纳人员填制,其填制依据是审核无误的现金或银行存款等货币资金收款业务的原始凭证或汇总原始凭证。"日期"栏填制收款凭证编制的日期;"编号"栏按现金或银行存款收款业务的顺序编号;"借方科目"在凭证的左上方,应填列"库存现金"或"银行存款"科目;"贷方科目"在凭证的表格栏内,填列与借方科目相对应的科目;"摘要"栏是经济业务的说明,填制时要求言简意赅;"账页"栏为该账户在账簿中的页码;"金额"栏填列相对应科目的金额数,"一级科目"中的金额数应与"贷方科目"栏中的一级科目同行,"二级或明细科目"中的金额数应与"贷方科目"栏中相对应的二级或明细科目同行,且二级或明细科目的金额之和应与一级科目的金额相等。

(2) 付款凭证的填制方法。付款凭证与收款凭证相比,格式基本相同。应由出纳人员根据审核无误的现金或银行存款等付款业务的原始凭证或汇总原始凭证填制。应注意的是,在付款凭证中,"贷方科目"在凭证的左上方,应填列"库存现金"或"银行存款"科目;"借方科目"在凭证的表格栏内,填列与贷方科目相对应的科目;"编号"栏根据现金或银行存款的付款业务顺序编号;其他栏目的填制方法与收款凭证的填制方法一致。

(3) 转账凭证的填制方法。转账凭证的会计科目均设置在凭证的表格栏内。转账凭证是会计人员根据有关转账业务的原始凭证或者汇总原始凭证填列的。"借方金额"栏的数字应与借方科目同行;"贷方金额"栏的数字应与贷方科目同行;"编号"栏应根据转账业务的顺序编号;其他内容与收款、付款凭证的填制方法相同。

在实际会计工作中,记账凭证如采用专用凭证的格式,在编制记账凭证时,不能填制多借多贷的会计分录,只能填制一借多贷或多借一贷的会计分录,因为多借多贷的会计分录不能清晰地反映各账户之间的对应关系,不利于查对账目。

2. 通用记账凭证的填制方法

采用通用记账凭证的经济单位,不再根据经济业务的内容分别设置收款凭证、付款凭证和转账凭证,而是将所有的经济业务填制在一种统一格式的记账凭证上。所有涉及现金和银行存款等货币资金收、付业务的记账凭证,由出纳员根据审核无误的原始凭证收付款后填制;涉及转账业务的记账凭证,由会计人员根据审核无误的有关转账业务的原始凭证或者汇总原始凭证填制。

在通用记账凭证中,经济业务所涉及的所有会计科目全部填列在凭证内。在借贷记账法下,借方科目在先,贷方科目在后,其填制方法与前述转账凭证的填制方法一致。

【问题与思考 4-2】

对已办妥收款或付款的凭证和所附的原始凭证,出纳人员要当即加盖什么戳记?

(四)记账凭证的审核

记账凭证是账簿登记的直接依据,一方面,对记账凭证进行审核,可以确保账簿记录和报表内容真实、准确,保证会计核算的质量;另一方面,由于记账凭证是根据审核无误的原始凭证填制的,对记账凭证进行审核,也是对原始凭证的复核,以切实做到证证相符。记账凭证的审核内容主要有以下几个方面。

1. 填制依据的真实性

记账凭证必须附有原始凭证,审核所附原始凭证是否手续健全,符合规定,记账凭证的内容与所附原始凭证的内容是否一致,特别是记账凭证的编制日期与原始凭证日期是否一致;汇总原始凭证的内容是否与记账凭证的内容一致。

2. 填写项目的齐全性

审核记账凭证的各项目是否填写齐全,如填制凭证的日期、摘要、会计科目的名称、金额、凭证编号、附件数、有关人员签章等。如有错误是否按规定更正,有关人员是否签章。

3. 使用会计科目的正确性

填写总账科目、明细科目必须准确,其名称要用全称而且保持前后一致,以保证登记账簿的正确。

4. 金额计算的正确性

审核反映经济业务内容的计量单位、数量、单价,计算其金额;加计各项经济业务的金额,审核其汇总金额。

5. 书写的清晰性

凭证的文字和数字,除复写凭证外按规定使用蓝色或黑色墨水的钢笔书写。书写要正确、清晰,不能污染、抹擦、刀刮和挖补。

在审核过程中若发现错误,应查明原因,及时更正。只有经过审核无误的记账凭证,才能作为登账的依据。

五、会计凭证的传递和保管

1. 会计凭证的传递

会计凭证的传递是指会计凭证从填制或取得之日起,经过审核、登记账簿、装订成册到整理归档时为止,在有关部门和有关人员之间按规定时间、程序传递和处理的过程。

按照我国《会计基础工作规范》第五十四条规定:各单位会计凭证的传递程序应当科学、合理,具体办法由各单位根据会计业务需要自行规定。由于各单位业务特点不同,会计凭证传递程序也就各异。会计凭证的传递程序,既要体现经济业务完成情况的信息传递,又要体现单位各有关部门和人员对经济业务的监督和控制过程。

制定会计凭证的传递过程,关键要考虑会计凭证传递中各环节的衔接,做到既完备严密,又简便易行,使会计凭证及时传递,不积压,尽量减少人力和物力。

2. 会计凭证的保管

会计凭证是一项重要的经济资料和会计档案。任何单位在完成经济业务手续和记账之后,应按规定的归档制度,妥善保管会计凭证,以便随时查验。按照规定,会计凭证的保管期限至少是10年,有些重要会计凭证甚至要永久保管。

会计凭证归档保管的主要方法和基本要求如下:

(1) 各种记账凭证,连同所附原始凭证,要分类按顺序编号,定期装订成册,并加具封面、封底。封面上应注明:单位名称、凭证种类、所属年月和起讫日期、起讫号码、凭证张数等,并由有关人员签名盖章,同时在装订处贴上封签,由主管人员盖章。

(2) 如果某些记账凭证所附原始凭证的数量过多,为了装订方便,也可另行装订保管,但应该在其封面及有关记账凭证上加注说明。

(3) 对重要原始凭证,为便于随时查阅,也可单独装订保管,但应编制目录,并在原记账凭证上注明另行保管,以便查核。

(4) 其他单位因有特殊原因需要使用会计凭证时,经本单位领导批准,可以复制,但应在专门的登记簿上进行登记,并由提供人员和收取人员共同签章。

(5) 会计凭证装订成册后,应由专人负责保管,年终应登记归档。重新启用时,应按规定手续办理。会计凭证的保管期限和销毁手续,应遵守会计制度的有关规定,任何人无权自行随意销毁。

第三节 过 账

对各项经济业务编制记账凭证后,要根据记账凭证上的会计分录将其登记到有关账户,这个登账的步骤称为过账。过账的载体是会计账簿。

一、账簿设置

(一)设置账簿的意义

会计账簿简称账簿。它是由具有一定格式、相互联系的账页所组成,用来序时、分类地全面记录一个企业、单位经济业务事项的会计簿籍。

在会计核算中,对每一项经济业务,都必须取得和填制会计凭证。但会计凭证数量很多,又很分散,而且只能分散地反映个别经济业务的内容,不能全面、连续、系统地反映和监督一个经济单位在一定时期内某类和全部经济业务的变化情况,且不便于日后查阅。因此,为了给经济管理提供系统的核算资料,就要采用登记账簿的方法,把大量分散的会计凭证核算资料,加以集中和归类整理,登记到账簿中去。

账簿的主要作用表现在以下几个方面:

(1)账簿是系统地归纳和积累会计核算资料的工具。通过账簿登记,可以把会计凭证提供的大量分散的核算资料,加以归类整理,以全面地、连续地、系统地反映企业的经济活动情况,这对于加强经济核算、提高企业经营管理水平具有重要作用。

(2)账簿是核算单位财务和经营成果、考核企业经营业绩、加强经济核算、分析经济活动的重要依据。根据账簿提供的总括核算资料和明细核算资料,可以计算出各项财务指标,正确地计算出费用成本和利润,据以考核费用成本计划和利润计划的完成情况,综合反映财务成果。结合有关资料,可以明确有关当事人的经济责任,分析企业经营过程中存在的问题,及时总结经验,以便加强企业管理。

(3)账簿可以为编制财务报表提供数据资料。企业定期编制的财务报表的主要依据来自账簿记录,账簿又是进行会计分析和会计检查的必要依据。因此,账簿的记录和设置正确、完整与否,直接影响财务报表的质量。

(二)账簿的种类

会计核算中应用的账簿很多,不同的账簿,其形式、用途、内容和登记方法各不相同。因此,为了更好地了解和使用各种账簿,必须对账簿进行必要的分类。账簿的分类一般有以下三种。

1)账簿按其用途分类,可以分为序时账簿、分类账簿、联合账簿和备查账簿序时账簿也称日记账。它是按照全部或某一类经济业务完成时间的先后顺序进行登记的账簿。在实际工作中，它是按照会计部门收到凭证的先后顺序，即按照凭证编号的顺序进行登记的。序时账簿要求逐日逐笔地连续记录全部经济业务的情况，有利于账实核对，从而保证完整性和正确性。序时账簿按其记录的内容不同，又可分为普通日记账和特种日记账。

分类账簿是对各项经济业务按照账户进行分类登记的账簿（简称分类账）。分类账簿按账簿反映内容详细程度不同，又可分为总分类账（简称总账）和明细分类账（简称明细账）。分类账簿是账簿体系的主体，是编制财务报表的主要依据。

联合账簿是指把日记账和分类账结合在一起的账簿。日记总账便是典型的联合账簿。

备查账簿也称辅助账。它是指对某些未能在日记账和分类账中进行登记的经济事项进行补充登记，以便查考的辅助账簿。例如，"租入固定资产登记簿"、"受托加工材料登记簿"等。

2) 账簿按其账页的格式分类，可以分为三栏式账簿、多栏式账簿、数量金额式账簿和平行式账簿

三栏式账簿是由三栏式账页组成的账簿，一般采用借方、贷方、余额三栏。如总分类账、"应付账款"等明细账就采用这种形式。

多栏式账簿是由多栏式账页组成的账簿，一般也采用借方、贷方、余额三栏，但在借方、贷方栏目下再分别设置若干专栏，以详细具体地记载某一小类经济业务的活动情况。如"制造费用""本年利润"等明细账就采用这种形式。

数量金额式账簿是由数量金额式账页组成的账簿，一般在借方、贷方、余额三栏下面分别设置数量、单价、金额三个小栏目，以具体反映这三者之间的关系。如"原材料"等明细账就采用这种形式。

平行式账簿也称横线登记式账簿。它是在同一张账页的同一行，记录某一项经济业务从发生到结束的有关内容。如"材料采购"等明细账就采用这种形式。

3) 账簿按外表形式分类，可以分为订本式账簿、活页式账簿和卡片式账簿

订本式账簿是在账簿未使用前就把许多账页装订在一起，并有固定编号的账簿。这种账簿，账页固定，既可避免账页散失，又可防止账页被抽换，比较安全。但订本式账簿也有其缺点，同一本账簿在同一时间内只能有一人登记，不能分工记账。当账页总数和账簿中各账户预留账页数同实际需要量不一致时，会造成账页不足，影响账户连续记录，或账页过多造成浪费。因此，这种账簿，一般适用于重要的、具有统驭性的总分类账、现金日记账和银行存款日记账等。

活页式账簿是把分散的账页装在活页夹内，并可以随时取放（增减）账页的账簿。这种账簿，账页可根据需要确定，登记方便，可同时由数人分工记账。但这种

账簿的账页容易散失和被抽换。因此,在使用时空白账页需连续编号,并在账页上加盖有关人员图章,以防弊端。会计年度终了,将其装订成册。活页式账簿一般适用于明细分类账。

卡片式账簿是将一定数量的卡片式账页装存于专设的卡片箱中,账页可以根据需要随时增添的账簿。这种账簿的优缺点与活页式账簿相同。在实际使用时,卡片上应连续编号并加盖有关人员图章,卡片箱应由专人负责保管。卡片式账簿一般适用于固定资产等的明细核算。

(三)会计账簿的基本内容

如前所述,由于现代企业经济业务复杂,需要反映的经济信息很多,企业设置的账簿不可能只有一本(一般有几本到几十本不等)。不同的账簿,其功能不同,构成要素也不同,但一般应具有以下基本内容:

(1)封面要标明单位、账簿名称及会计年度。

(2)扉页一般用于记载账簿的启用日期、截止日期、页数、册次、经管账簿人员一览表、会计主管人员签章、账户目录等。

(3)账页,是账簿的主体。一本账簿一般由几十到几百个账页联结而成,每个账页都有比较统一、事先印制好的格式,用来记录各项有关的经济业务。账页是一种由许多横线和竖线交织而成的表格。横线把账簿分隔成许多"行",记账时一般都是按行次顺序记录发生的每一笔经济业务;竖线把账簿分隔成许多"栏",每一栏记录一笔业务的某个要点(如时间、依据、摘要、数量等)。

尽管不同的账簿格式有差异,但基本上都包括下列内容:① 账户名称;② 日期栏;③ 凭证种类和编号栏;④ 摘要栏;⑤ 金额栏(根据需要可以设置为两栏式、三栏式、多栏式、数量金额式或复币式等);⑥ 总页次和分户页次。

(四)账簿设置原则

由上可知,会计账簿种类很多,格式不一,因此,各会计主体如何设置账簿以满足会计工作需要,成为会计制度设计的一个重要方面。各会计主体要设置哪些账簿以及格式如何确定,总的要求是在不违背会计法规和会计准则前提下,根据各会计主体管理的需要和经济活动的特点来确定。具体设置账簿时,一般应遵守以下原则。

1. 全面性原则

首先要保证全面地反映企业的经济活动和财务收支情况,为日常经营管理、编制财务报表和进行经营决策提供比较丰富的资料。因而设置账簿不能过少,过于简单。

2. 从实际出发的原则

由于各单位的经济业务各不相同,规模大小不一,管理方式各有特点,账簿设置也就各不相同。设置账簿应从实际出发,区别对待。经济活动频繁、规模大、会计人员多、分工细的企业,账簿设置可以细些、多些。而经济活动较少、业务简单、规模小、会计人员少、分工较粗的企业,账簿设置可以粗些、少些、相对简化些。至于具体设置哪些账户,则要根据单位所发生经济业务的特点及管理的要求来定。

3. 科学性原则

设置账簿时必须注意其科学性。要做到:① 既要有日记账簿,又要有分类账簿。② 既要有提供总括资料的账簿,又要有提供明细资料的账簿。③ 既要有会计账簿,又要有业务账簿和财产保管账簿。④ 设置账簿,既要注意便于会计人员之间记账工作的分工,又要注意会计人员之间的配合和相互监督,工作不重复,不脱节,可以互相牵制,同时明确岗位责任。

4. 简化原则

简化账簿设置就是要做到:① 账簿之间关系清晰明朗,账簿内容通俗易懂。② 尽量避免重复记录,减少无效劳动,节约会计费用。

二、账簿格式

(一)日记账的格式

日记账按其记录的内容不同,可分为普通日记账和特种日记账两种。

1. 普通日记账

普通日记账,是用来登记各企业全部经济业务的日记账。在账簿中,按照每日发生的经济业务的先后顺序,逐项编制会计分录,因而这种日记账又称通用日记账、分录日记账或分录簿。设置普通日记账的单位,一般不再单设特种日记账,以免重复。

(1)两栏式普通日记账。普通日记账最一般的格式是设有借方和贷方两个金额栏,格式和内容如表4-16所示。

表4-16 普通日记账(两栏式)

201×年		摘　　要	账户名称	借方	贷方	过账
月	日					
1	3	收到国家投资	银行存款 实收资本	300 000	300 000	√ √
	12	购入办公设备	固定资产 银行存款	10 000	10 000	√ √
	30	支付借款利息	财务费用 银行存款	300	300	

两栏式普通日记账的登记方法如下：

日期栏：将经济业务发生的日期记入该栏。年份记入日期栏的上端，月、日分两小栏登记，以后只在更换账页或年度、月份变动时，才再次填入年度和月份。

摘要栏：简要说明经济业务的内容。文字既要简练，又要说明问题。

借方栏：将应借会计科目记入"账户名称"栏，将其金额记入"借方"栏。

贷方栏：将应贷会计科目记入"账户名称"栏内紧接应借会计科目的下一行（缩进一格或两格），并将其金额记入"贷方"栏。

过账栏：每日将日记账中应借、应贷账户及其金额过入各分类账后，在"过账"栏内注明"√"符号，表示已经过账；或者在过账栏内注明该账户的账页号数，表示已过账。

由此可见，运用两栏式普通日记账可以逐日、序时地记录各项经济业务，确定每笔经济业务的会计分录，这些会计分录成为过入各分类账户的依据。一个规模较小、经济业务不多的企业，应用一本日记账就完全可以满足需要了。但在业务繁多的企业，应用一本日记账就不便于记账分工，难以比较清晰地反映各类经济业务的情况，且过入分类账时，需逐笔登记，工作量很大，因此这种日记账目前已很少使用。

（2）多栏式普通日记账的设置与登记。多栏式普通日记账是指在日记账中分设专栏，把经常重复的经济业务分栏登记，并进行汇总，一次过入分类账的一种普通日记账。企业在经营过程中，有许多经常重复发生的经济业务，如现金、银行存款等。在日记账中设置专栏，把这些同类业务在专栏里汇总，然后一次过入分类账，这样就可以大大减少过账的工作。其格式和内容如表4-17所示。

表4-17　普通日记账（多栏式）

201×年		摘要	库存现金		银行存款		材料采购借方	其他			过账
月	日		借方	贷方	借方	贷方		账户名称	借方	贷方	
4	1	提取现金	300			300					√
	2	购入原材料				2 000	2 000				√
	3	产品用原材料						生产成本	1 500		√
								原材料		1 500	√
	10	购买办公用品				200		管理费用	200		

这种日记账登记方法与上述两栏式日记账基本相同，仍需每天逐笔登记，只是对设有专栏的账户名称（如"库存现金""银行存款""材料采购"等），将其金额记入

它的专栏内,并需在月末结出合计数,将合计数过入总账。过账后则要把所记总账的页数写在专栏合计数的下面,表示已过账。对那些没有设置专栏的账户名称,则应记入"其他"栏下的账户名称栏内,并把借、贷方金额分别记入"借方"和"贷方"金额栏内。"其他"栏的分录要逐笔过账。

显然,多栏式普通日记账与两栏式日记账相比,节省了大量的过账工作。但多栏式日记账也只有一本日记账,不便于分工记账,也不能反映各类经济业务的来龙去脉。

2. 特种日记账

特种日记账,是用来登记某一类经济业务发生情况的日记账。一切经济单位都应设置现金日记账和银行存款日记账,用于序时核算现金和银行存款的收入、付出和结存情况,借以加强对企业货币资金的管理。除此之外,有的单位还设置转账日记账,有的商业企业还设置购货日记账和销货日记账。

(1) 现金日记账。现金日记账是出纳人员根据审核无误的现金收款凭证、现金付款凭证和银行付款凭证(记录从银行提取现金业务),按经济业务发生的先后顺序,逐日逐笔进行登记的账簿。其格式和内容如表 4-18 所示。

现金日记账登记方法如下:

日期栏:指记账凭证日期,应与现金实付日期一致。

凭证栏:指登记入账的收付凭证的种类和编号。如"现金收款凭证",简写为"现收";"银行付款凭证",简写为"银付"。凭证栏还应登记凭证的编号数,以便进行查账和核对。

摘要栏:摘要说明登记入账的经济业务的内容,文字简明扼要。

表 4-18 现金日记账(三栏式)

201×年		凭证		摘要	对方科目	收入	支出	结余
月	日	种类	编号					
1	1			上年结余				500
	3	现付	1	支付购入材料运费	材料采购		80	
	3	银付	1	提取现金备发工资	银行存款	20 000		
	3	现付	2	张欣预借差旅费	其他应收款		100	
	3	现收	1	王华报销差旅费	其他应收款	90		
	3			本日合计		20 090	180	20 410
	31			本日合计		210	150	520
	31			本月合计		29 480	29 460	520

对方科目栏：指现金收入的来源科目或现金支出的用途科目。如：从银行提取现金备发工资，其来源科目（即对方科目）为"银行存款"，其作用在于了解经济业务的来龙去脉。

收入、支出栏：指现金实际收付的金额。每日终了，应分别计算现金收入和现金支出的合计数，并结出余额，同时将余额与库存现金核对，做到"日清日结"。如账款不符，应查明原因，并记录备案。月终同样要计算本月现金收、付和结存的合计数，即通常所称"月结"。

（2）银行存款日记账。银行存款日记账是由出纳人员根据审核无误的银行存款收款凭证、银行存款付款凭证和现金付款凭证（记录将现金存入银行业务），按经济业务发生的先后顺序，逐日逐笔进行登记的账簿。其格式和内容如表 4-19 所示。

表 4-19　银行存款日记账（三栏式）

201×年		凭证		摘要	现金支票号数	转账支票号数	对方科目	收入	支出	余额
月	日	种类	编号							
1	1			上年结余						50 000
	3	银付	1	提取现金	302		库存现金		400	
	3	银付	2	支付购料款		120	材料采购		300	
	3	银收	1	收到货款			应收账款	1 000		
	3			本日合计				1 000	700	50 300
	31			本日合计				1 200	4 000	51 200
	31			本月合计				164 600	163 400	51 200

银行存款日记账的登记方法同现金日记账基本相同，需要说明的是：

现金支票号数和转账支票号数栏：指所记录的经济业务如果是以支票付款结算的，应在这两栏内填写相应的支票号数，以便与开户银行对账。

对方科目栏：指银行存款收入的来源科目或支出的用途科目。如收到货款，银行存款收入的来源科目（即对方科目）为"应收账款"科目，其作用在于了解经济业务的来龙去脉。

收入、支出栏：指银行存款实际收付的金额。每日终了，应分别计算银行存款收入和支出的合计数，结出余额，做到日清；月终应计算出银行存款全月收入、支出的合计数，做到月结。

（3）转账日记账。转账日记账是根据转账凭证登记除现金、银行存款收支业务以外的经济业务的一种序时账簿。设置转账日记账是为了便于反映转账业务的发生情况，但也有一些企业不单独设置转账日记账。转账日记账的格式，与表 4-17

所示的普通日记账基本相同。

(二) 分类账的格式

1. 总分类账

总分类账,简称总账。它是根据总分类科目开设账户,用来分类登记全部经济业务,提供各种资产、负债、所有者权益、费用、成本、收入、利润等总括核算资料的分类账簿。由于总分类账能够全面、总括地反映经济活动的情况,并为编制会计报表提供资料,因而任何单位都要设置总分类账。

总分类账一般采用订本式账簿,根据所采用的记账方法和会计核算形式的不同,一般有三栏式、多栏式等不同格式。

(1) 三栏式总分类账的格式。三栏式总分类账的格式有不反映对方科目和反映对方科目的三栏式总分类账的格式两种。

不反映对方科目的三栏式总分类账的格式和内容如表4-20所示。

表4-20 总 分 类 账(不反映对方科目)

会计科目：长期借款

201×年		凭证		摘要	借方金额	贷方金额	借或贷	余额
月	日	种类	编号					
1	1			上年结余			贷	25 000
	2	银付	1	归还银行借款	10 000		贷	15 000
	12	银收	1	向银行借款		80 000	贷	82 000
	31			本月发生额及余额	48 000	105 000	贷	82 000

反映对方科目的三栏式总分类账,是分别在借方和贷方金额栏中设有对方科目栏,以便直接从总分类账中了解经济业务的来龙去脉。其格式和内容如表4-21所示。

表4-21 总 分 类 账(反映对方科目)

会计科目：库存现金

201×年		凭证		摘要	借方		贷方		借或贷	余额
月	日	种类	编号		金额	对方科目	金额	对方科目		
1	1			上年结余					借	3 000
	2	现付	1	购办公用品			100	管理费用	借	2 900
	2	现收	1	销售产品	300	主营业务收入			借	3 200
1	31			本月发生额及余额	24 200		23 300		借	3 900

(2) 多栏式总分类账的格式。多栏式总分类账,把序时账簿和总分类账簿结合在一起,成为联合账簿,通常称为日记总账。它具有序时账和总分类账的双重作用,因而可以减少登账的工作量,提高工作效率,还能全面地反映经济业务的变化情况。经济业务较少的企业,可采用这种总分类账簿。其格式和内容如表 4-22 所示。

表 4-22 多栏式总分类账(日记总账)

201×年		凭证		摘要	发生额	____科目		____科目		____科目		____科目	
月	日	种类	编号			借	贷	借	贷	借	贷	借	贷

(3) 总分类账的登记。总分类账可以直接根据各种记账凭证逐笔登记;也可以将一定时期的各种记账凭证编制成科目汇总表或汇总记账凭证,再据以登记总账。具体登记方法则取决于所采用的会计核算形式。但不论采用哪种方法登账,每月应将当月已完成的经济业务全部登记入账,月末结出总分类账簿中各账户的本期发生额和期末余额,并与明细分类账核对相符后,作为编制会计报表的主要依据。

2. 明细分类账

明细分类账简称明细账。它是根据总分类科目设置,按所属二级或明细科目开设账户,用来分类登记某一类经济业务,提供明细核算资料的分类账簿。明细分类账一般采用活页式账簿,有的也可采用卡片式账簿,如固定资产明细账。由于反映的对象不同,明细分类账应根据对象的不同特点采用不同的格式。明细分类账的主要格式有以下几种:三栏式明细分类账、多栏式明细分类账、数量金额式明细分类账和平行式明细分类账等。

(1) 三栏式明细分类账。三栏式明细分类账账页的格式与三栏式总分类账的格式基本相同。它在账页内只设借方、贷方和金额三个金额栏,不设数量栏。这种格式适用于那些只需要对金额进行核算,而对数量不需要作进一步分析的明细分类账使用,如"应收账款""应付账款""长期借款""短期借款"等账户都可采用这种格式。

(2) 数量金额式明细分类账。数量金额式明细分类账,在账页内分别设有收入、发出和结存的数量栏和金额栏。这种格式适用于既要进行金额核算,又要进行数量核算的科目,如"原材料""库存商品"等账户的明细分类核算。其格式如表4-23所示。

表 4-23 明 细 分 类 账
(数量金额式账页)

会计科目　　　　　　　　　　　　　　　　　　　　　　　　　　　　第　页

年		凭证号数	摘要	收入			发出			结存		
月	日			数量	单价	金额	数量	单价	金额	数量	单价	金额

(3) 多栏式明细分类账。多栏式明细分类账的格式视经济业务和经营管理的需要而设置。它在一张账页上,按明细科目分设若干专栏,集中反映某一总账账户所属明细账户的增减变化情况。它适用于"主营业务收入""管理费用""财务费用""本年利润"等账户。按登记的经济业务不同,其账页格式又可分为借方多栏、贷方多栏和借、贷方均多栏三种。其格式如表 4-24、表 4-25 和表 4-26 所示。

表 4-24　多栏式明细分类账(借方多栏)
　　　生产成本　明细账

201×年		凭证		摘要	借方（项目）				贷方	余额
月	日	种类	编号		材料	工资	制造费用	合计		

表 4-25　多栏式明细分类账(贷方多栏)
　　　主营业务收入　明细账

201×年		凭证		摘要	借方	贷方（项目）			余额
月	日	种类	编号			产品销售	加工收入	合计	

表 4-26　多栏式明细分类账(借贷方均多栏)
　　　本年利润　明细账

201×年		凭证		摘要	借方(项目)		贷方(项目)		借或贷	余额
月	日	种类	编号			合计		合计		

(4)平行式明细分类账。平行式明细分类账的账页结构特点是:将前后紧密相关的经济业务在同一横行内进行详细登记,以检查每笔经济业务完成及变动情况。该种账页一般用于"材料采购"等明细分类账。材料采购明细分类账账页格式,如表4-27所示。

表4-27 材料采购明细分类账

材料名称或类别   第　页

年		凭证号数	摘要	借方金额			贷方金额	结余金额
月	日			买价	采购费用	合计		

三、记账规则

(一)会计账簿的启用规则

会计账簿是重要的经济档案,登记账簿应由专人负责。为了保证账簿记录的合法性、合理性和完整性,防止舞弊行为,明确记账责任,会计人员在启用新的账簿时,应在"账簿启用和经管人员一览表"(格式如表4-28所示)内详细填明:企业名称、账簿名称、账簿编号、账簿页数、启用日期等,并填明会计主管人员、记账人员姓名,加盖公章,由会计主管人员和记账人员签章。如记账人员更换时,应办理交接手续,在交接记录栏内填写交接日期和交接人员姓名(签章),以明确责任。

表4-28 账簿启用和经管人员一览表

账簿名称:_____　　　　　　　　　　　　　单位名称:_____
账簿编号:_____　　　　　　　　　　　　　账簿册数:_____
账簿页数:_____　　　　　　　　　　　　　启用日期:_____
会计主管(签章)　　　　　　　　　　　　　　记账人员(签章)

移交日期			移交人		接管日期			接管人		会计主管	
年	月	日	姓名	盖章	年	月	日	姓名	盖章	姓名	盖章

(二)会计账簿的登记规则

账簿启用后,就可以用来记账了。账簿是企业的基本财务信息资料库,又是编制财务报告的主要依据,因此账簿的登记必须做到内容完整、科目正确、摘要简明清楚、数据明确真实、字迹工整易认,并且不错记、不重记、不漏记。账簿的连记必须严格遵守以下规则：

(1) 为了保证账簿记录的真实、正确，必须根据审核无误的会计凭证登账。企业每日发生的经济业务，都要登记入账，记账的依据是会计凭证。

(2) 登记账簿应当及时、正确，一般应做到日清月结。各种账簿应当每隔多长时间登记一次，没有统一规定。但是，一般的原则是：总分类账要按照单位所采用的会计核算形式及时登账；各种明细分类账，要根据原始凭证、原始凭证汇总表和记账凭证每天进行登记，也可以定期(3天或5天)登记。但是现金日记账和银行存款日记账，应当根据办理完毕的收付款凭证，随时逐笔顺序进行登记，并计算登记本日收、付发生额及本日余额，最少每天登记一次，不得拖延。

(3) 登账时，必须用蓝、黑墨水书写，不得使用铅笔或圆珠笔(银行的复写账页除外)书写。红色墨水只能在结账、划线、改错和冲账以及表示余额为负时使用。

(4) 登账时，每一笔账都要写明日期、凭证号数、摘要和金额。登账后，要在会计凭证上注明所记账簿的页数，或画"√"，表示已登记入账。

(5) 登账时必须按编定的页次逐页、逐行连续登记，不得隔页、跳行登记。如发生跳行、隔页时，应在空行、空页处用红色墨水对角划掉，注明"此行空白"或"此页空白"的字样，并由记账人员签章。

(6) 在记账过程中，若账簿记录发生错误，不得涂改、挖补、刮擦更改字迹，应根据错误的具体情况，采用正确方法予以改正。

(7) 每登满一张账页时，应加计本页发生额合计数，并结出余额，填在账页最末一行，并在摘要栏内注明"转次页"字样，然后把发生额合计数和余额填在下一页的第一行内，并在摘要栏内注明"承前页"字样。

(8) 记账要保持清晰、整洁，记账文字和数字要端正、清楚，书写规范，一般应占账簿格距的1/2，以便留有改错的空间。

(9) 凡需结出余额的账户，应当定期结出余额。现金日记账和银行存款日记账必须每天结出余额。结出余额后，应在"借或贷"栏内写明"借"或"贷"的字样。没有余额的账户，应在该栏内写"平"字并在余额栏"元"位上用"0"表示。

(10) 订本式账簿，账页都连续编号，不得任意撕毁。活页式账簿也不得随便抽换账页。

(11) 总分类账与明细分类账要平行登记，即对同一项经济业务，根据会计凭证，既要在有关的总分类账中进行总括登记，同时还要在相应的明细分类账中进行明细登记。登记时要做到"同期""同向""等额"。

(三) 更正错账规则

由于记账差错的具体情况不同，更正错账的方法也不相同。常用的错账更正方法一般包括三种：划线更正法、红字更正法、补充登记法。

1. 划线更正法

划线更正法是指在错误的数字或文字上划红线来更正账户中的书写错误和计算错误的一种错账更正方法。在结账以前，如果发现账簿记录有错误，而记账凭证没有错误，仅属于记账时文字或数字上的笔误，应采用划线更正法。更正的方法是：先将错误的文字或数字用一条红色横线划去，表示注销；再在划线的上方用蓝黑字迹写上正确的文字或数字，并在划线处加盖更正人图章，以明确责任。但要注意划掉错误数字时，应将整笔数字划掉，不能只划掉其中一个或几个写错的数字，并保持被划去的字迹仍可清晰辨认。如将5 800错写成8 500，应将8 500整个数字全部用红线划去，再在红线上面空白处用蓝黑字予以更正。

2. 红字更正法

红字更正法也称红字冲销法。它是指在有错误的账户中通过用红字登记来冲销原错误数据的一种错账更正方法。它适用于更正由于记账凭证中应借、应贷的会计科目发生错误或已记金额大于应记金额的错误而导致的账簿记录错误。

(1) 记账以后，如果发现账簿记录的错误，是因记账凭证中的应借、应贷会计科目或记账方向有错误而引起的，应用红字更正法进行更正。更正的方法是：先用红字金额填写一张会计科目与原错误记账凭证完全相同的记账凭证，此凭证中的金额用红字书写，在"摘要"栏中写明"冲销错账"以及错误凭证的号数和日期，并据以用红字登记入账，以冲销原来错误的账簿记录；然后，再用蓝字或黑字填写一张正确的记账凭证，在"摘要"栏中写明"更正错账"以及冲账凭证的号数和日期，并据以用蓝字或黑字登记入账。

【例4-2】某企业购入行政管理部门办公用品2 700元，货款用银行存款支付。填制记账凭证时，误作如下会计分录，并已登记入账：

　　借：管理费用　　　　　　　　　　　　　　　　　　　2 700
　　　　贷：库存现金　　　　　　　　　　　　　　　　　　　2 700

发现上述错误更正时，应先用红字填制如下会计分录的记账凭证，并据以登记入账，冲销原错误记录：

　　借：管理费用　　　　　　　　　　　　　　　　　　　$\boxed{2\ 700}$
　　　　贷：库存现金　　　　　　　　　　　　　　　　　　　$\boxed{2\ 700}$

注：$\boxed{2\ 700}$表示红字，下同。

然后，再用蓝字填制一张正确的记账凭证，并登记入账。其分录为：

借：管理费用　　　　　　　　　　　　　　　　　　　　　2 700
　　　　贷：银行存款　　　　　　　　　　　　　　　　　　　　　2 700

（2）记账以后，如果发现记账凭证和账簿记录的金额有错误（所记金额大于应记的正确金额），而应借、应贷的会计科目没有错误，应用红字更正法进行更正。更正的方法是：将多记的金额用红字填制一张记账凭证，而应借、应贷会计科目与原错误记账凭证相同，在"摘要"栏写明"冲销多记金额"以及原错误记账凭证的号数和日期，并据以登记入账，以冲销多记的金额。

【例4-3】 某企业收到外单位前欠货款2 000元，存入银行。填制记账凭证时，误作如下会计分录，并已登记入账：

　　借：银行存款　　　　　　　　　　　　　　　　　　　　　20 000
　　　　贷：应收账款　　　　　　　　　　　　　　　　　　　　20 000

发现上述错误更正时，按多记金额18 000元用红字填制如下会计分录的记账凭证，并据以登记入账，冲销原多记金额：

　　借：银行存款　　　　　　　　　　　　　　　　　　　　　18 000
　　　　贷：应收账款　　　　　　　　　　　　　　　　　　　　18 000

3. 补充登记法

补充登记法是指在已记金额小于应记金额的账户中通过补充登记数据来更正错误的一种错账更正方法。它适用于更正由于记账凭证中应借、应贷的会计科目正确而已记金额小于应记金额的错误而导致的账簿记录错误。更正的方法是：将少记的金额用蓝字或黑字填制一张应借、应贷会计科目与原错误记账凭证相同的记账凭证，在"摘要"栏中写明"补充少记金额"以及原错误记账凭证的号数和日期，并据以登记入账，以补充登记少记金额。

【例4-4】 某企业基本生产车间完工甲产品一批，验收入库，生产成本20 000元，填制记账凭证时，误作如下会计分录并已登记入账：

　　借：库存商品　　　　　　　　　　　　　　　　　　　　　2 000
　　　　贷：生产成本——甲产品　　　　　　　　　　　　　　　2 000

发现上述错误更正时，按少记金额18 000元，补填一张如下会计分录的记账凭证，并登记入账，以补充少记金额：

　　借：库存商品　　　　　　　　　　　　　　　　　　　　　18 000
　　　　贷：生产成本——甲产品　　　　　　　　　　　　　　　18 000

错账查找方法:差数法、除二法、除九法。

(四)会计账簿的更换与保管规则

1. 会计账簿的更换

会计账簿的更换是指在会计年度终了,将上年旧账更换为次年新账。

更换新账的程序是:年度终了,在本年有余额的账户"摘要"栏内注明"结转下年"字样。在更换新账时,注明各账户的年份,在第一行"日期"栏内写明1月1日;"记账凭证"栏空置不填;将各账户的年末余额直接抄入新账余额栏内,并注明余额的借贷方向。过入新账的有关账簿余额的转让事项,不需要编制记账凭证。

在新的会计年度建账并不是所有的账簿都更换为新的。一般来说,现金日记账、银行存款日记账、总分类账、大多数明细分类账应每年更换一次。但是有些财产物资明细账和债权债务明细账,由于材料品种、规格和往来单位较多,更换新账,重抄一遍,工作量较大,因此,可以跨年度使用,不必每年更换一次。第二年使用时,可直接在上年终了的双线下面记账。各种备查簿也可以连续使用。

2. 会计账簿的保管

会计账簿是各单位重要的经济资料,必须建立管理制度,妥善保管。账簿管理分为平时管理和归档保管两部分。

(1)账簿平时管理的具体要求。各种账簿要分工明确,指定专人管理。账簿经管人员既要负责记账、对账、结账等工作,又要保证账簿安全。会计账簿未经领导和会计负责人或者有关人员批准,非经管人员不能随意翻阅查看会计账簿。会计账簿除需要与外单位核对外,一般不能携带外出;对携带外出的账簿,一般应由经管人员或会计主管人员指定专人负责。会计账簿不能随意交与其他人员管理,以保证账簿安全和防止任意涂改账簿等事情发生。

(2)旧账归档保管。年度终了更换并启用新账后,对更换下来的旧账要整理装订,造册归档。归档前旧账的整理工作包括:检查和补齐应办的手续,如改错盖章、注销空行及空页、结转余额等。活页账应撤出未使用的空白账页,再装订成册,并注明各账页号数。

旧账装订时应注意:活页账一般按账户分类装订成册,一个账户装订成一册或数册;某些账户账页较少,也可以合并装订成一册。装订时应检查账簿扉页的内容是否填写齐全。装订后应由经办人员及装订人员、会计主管人员在封口处签名或盖章。旧账装订完毕应编制目录和编写移交清单,然后按期移交档案部门保管。

各种账簿同会计凭证和财务报表一样,都是重要的经济档案,必须按照制度统一规定的保存年限妥善保管,不得丢失和任意销毁。根据《会计档案管理办法》的规定,总分类账、明细分类账、辅助账、日记账均应保存15年。其中,现金、银行存款日记账要保存25年,涉外和对私改造账簿应永久保存。保管期满后,应按照规定的审批程序报经批准后才能销毁。

本 章 小 结

会计循环是会计主体将一定时期发生的所有经济业务,依据一定的步骤和方法,加以记录、分类、汇总直至编制财务报表的会计处理全过程。会计循环一般由分录、过账、试算、调整、结账和编制报表六个步骤构成。

分录是会计分录的简称,它是对每项交易或事项指出应登记的账户、记账方向与金额的一种记录。会计分录按照所涉及账户的多少,可分为简单会计分录和复合会计分录两种。只涉及一个账户借方和另一个账户贷方的分录叫简单会计分录;而由两个以上(不含两个)对应账户所组成的分录称为复合会计分录。实际工作中,会计分录以及编制会计分录目录的依据体现在会计凭证上的。

会计凭证是指记录经济业务的发生和完成情况、明确经济责任的书面证明。它是登记账簿的重要依据。会计凭证按其填制程序和用途不同,可分为原始凭证和记账凭证两大类。原始凭证是在经济业务发生或完成时取得或填制的,用以证明经济业务的发生或完成情况的书面证明,它是会计核算的原始依据。记账凭证是会计人员根据审核无误后的原始凭证或汇总原始凭证填制的,其记载经济业务的简要内容,确定会计分录,是作为记账依据的会计凭证。

各项经济业务编制记账凭证后,要根据记账凭证上的会计分录将其登记到有关账户,这个登账的步骤称为"过账"。过账的载体是会计账簿。

会计账簿简称账簿。它是由具有一定格式、相互联系的账页所组成,用来序时、分类地全面记录一个企业、单位经济业务事项的会计簿籍。账簿按其用途分,可以分为序时账簿、分类账簿、联合账簿和备查账簿四类;按其账页的格式分,可以分为三栏式账簿、多栏式账簿、数量金额式账簿和平行式账簿等;按其外表形式分,可以分为订本式账簿、活页式账簿和卡片式账簿。

在过账过程中,由于种种原因,可能会出现错误。对过账错误,由于产生的具体情况不同,更正错账的方法也不相同。常用的错账更正方法一般包括三种:划线更正法、红字更正法、补充登记法。

复习思考题

1. 何为会计循环？会计循环包括哪些基本步骤？
2. 为什么要对原始凭证进行审核？其审核包括哪些内容？
3. 何谓记账凭证？记账凭证如何分类？
4. 何谓会计凭证传递？如何组织会计凭证的传递？
5. 设置和登记账簿在会计记录方法中处于何种地位？账簿与会计凭证的关系如何？
6. 如何对账簿进行分类？
7. 明细分类账依据账页格式如何进行分类？各种格式的明细账的适用范围是如何？
8. 简述更正错账的方法及其适用范围。

案例讨论题

（一）公司简介

HS化工有限公司有50余位员工，其下属厂有600余位员工。HS化工有限公司前身是HS化工厂，靠2 000元自筹资金起家，目前公司拥有流动资金8亿多元，铺开于市内500多处特约经销点。15年来，在没有任何外界资金投入的情况下，完全凭自己艰苦奋斗，在市场经济的风浪中搏击，发展为"国家无投资，银行无贷款，原料无分配（渠道）"，而"产品无积压，企业无利息债"的"五无企业"。现在的HS化工厂是一家拥有近10亿元自有资金的大型现代化涂料有限公司。

（二）会计部门岗位

（1）总会计师1人。监督整个财务科工作。

（2）公司财务科共9人。

财务科长(1人)：管理日常的会计工作，负责复核记账凭证，登记银行日记账，编制对外财务报表。

销售收款(2人)：其中，市内应收账款(1人)，登记应收账款明细账兼记分类账。

市外应收账款(1人)：登记应收账款明细账兼记总账。

材料采购(1人)：登记原材料明细账。

应付账款(1人)：登记应付账款明细账。

现金出纳(1人)：负责现金报销，登记现金日记账。

管理会计(1人)：负责内部管理报表的编制。

电算化(2人)：其中，操作员(1人)，负责输入文档资料、打印、复印；程序员(1人)，负责系统维护。

(3) 下属厂财务科共8人。

财务科长(1人)：负责成本核算及报告。

北新泾地区销售收款(1人)：收款并汇总至公司。

包装材料(1人)：登记包装材料明细分类账。

原材料(1人)：登记原材料收、付、存明细分类账。

成本核算(1人)：每月产成品成本的核算。

生产统计(1人)：负责成本核算及报告。

电算化(2人)：其中，操作员(1人)，负责输入文档资料、打印、复印；程序员(1人)，负责系统维护。

要求：讨论并为该公司设计一套完整的账簿体系(包括账簿的种类、用途、格式等)。

同 步 测 试 题

一、单项选择题

1. 会计凭证按(　　)分类,分为原始凭证和记账凭证。
   A. 填制程序和用途　　　　　　B. 取得来源
   C. 经济内容　　　　　　　　　D. 填制方式

2. "把现金500元存入银行"。这项业务应编制的记账凭证是(　　)。
   A. 收款凭证　　　　　　　　　B. 付款凭证
   C. 转账凭证　　　　　　　　　D. 原始凭证

3. 下列经济业务中,应填制转账凭证的是(　　)。
   A. 用银行存款偿还预付账款　　B. 收回应收账款
   C. 用现金支付工资　　　　　　D. 企业管理部门领用原材料

4. "应收账款"明细账的格式一般采用(　　)。
   A. 数量金额式　　　　　　　　B. 多栏式
   C. 订本式　　　　　　　　　　D. 三栏式

5. 不可以采用三栏式账页的有(　　)。
   A. 总账　　　　　　　　　　　B. 应付账款明细账
   C. 现金日记账　　　　　　　　D. 原材料明细账

二、多项选择题

1. 关于原始凭证的填制的说法中,正确的有(　　)。
   A. 原始凭证上填制的经济业务内容和数字必须真实可靠
   B. 原始凭证应在经济业务发生或完成时立即填制

C. 外来原始凭证必须盖有填制单位的公章

D. 加盖"作废"戳记的原始凭证,应连同其存根一起保管,不得撕毁

2. 单位的职工出差归来报销差旅费并交回剩余现金的事项,根据差旅费报销单和收据,应填制的记账凭证有(   )。

A. 现金付款凭证 B. 现金收款凭证
C. 银行收款凭证 D. 转账凭证

3. 属于自制原始凭证的有(   )。

A. 工资结算单
B. 限额领料单
C. 发料凭证汇总表
D. 购买货物时取得的增值税专用发票

4. "红字更正法"适用于(   )。

A. 记账前,发现记账凭证上的文字或数字有误
B. 记账后,发现原记账凭证上应借、应贷科目填错
C. 记账后,发现原记账凭证上所填金额小于应填金额
D. 记账后,发现原记账凭证上所填金额大于应填金额

5. 下列适用多栏式明细账的是(   )。

A. 生产成本 B. 制造费用
C. 材料采购 D. 应付账款

三、判断题

1. 所有的会计凭证都是登记账簿的直接依据。 (   )
2. 原始凭证是进行会计核算的原始资料。 (   )
3. 自制原始凭证都是一次凭证。 (   )
4. 记账凭证都是根据账簿记录填制的。 (   )
5. 总账只进行金额核算,提供价值标准,不提供实物指标;而明细账有的只提供价值指标,有的既提供价值指标,又提供实物指标。 (   )
6. 多栏式明细账格式适应有关费用、成本和收入、成果等科目。 (   )
7. 会计人员根据记账凭证登记时,误将2 000元记为200元,更正这种错误应采用红字更正法。 (   )
8. 在会计核算中,红笔一般只在划线、改错、冲账和表示负数金额时使用。 (   )
9. 三栏式账簿一般适用于费用、成本等明细账。 (   )
10. 采用划线更正法时,只要将账页中个别错误数码划上红线,再填上正确数码即可。 (   )

四、核算题

【核算题1】 某企业20×9年10月份发生下列经济业务:

(1) 收到投资人追加投资 100 000 元,存入银行存款户。
(2) 赊购经营用设备 10 万元。
(3) 以银行存款支付本月份办公用房租金 5 000 元。
(4) 向银行借入 2 年期借款 20 万元,存入银行。
(5) 从银行存款户中提取现金 25 000 元,准备发工资。
(6) 偿还银行半年期贷款 12 万元。
(7) 发放职工工资 25 000 元。
(8) 以银行存款购入办公家具 17 000 元。
(9) 销售产品收入 23 万元以及一辆卡车出租收入 1 万元,存入银行存款户。
(10) 生产产品领用材料 14 万元。
(11) 以银行存款支付办公用水电费 12 500 元。
(12) 上交上月所得税 3 万元。
(13) 职工出差借差旅费 3 000 元,以现金支付。
(14) 购买材料 8 万元,其中 5 万元以银行存款支付,其余暂欠。

要求:根据上述资料编制会计分录。

【核算题 2】 某企业银行存款日记账如表 4-29 所示。

表 4-29 银行存款日记账

日期	凭证号数	摘要	对方科目	借方	贷方	余额
(略)		期初余额				812 000
	(1)	提取现金	库存现金		20 000	792 000
	(2)	支付电话费	管理费用		5 000	787 000
	(3)	交纳税金	应交税费		8 000	779 000
	(4)	销售款存入银行	应收账款	200 000		979 000
	(5)	支付材料款	材料采购		150 000	829 000
	(6)	销售商品款项	主营业务收入	100 000		929 000
	(7)	支付货款	应付账款		100 000	829 000
	(8)	支付保险费	管理费用		20 000	809 000
	(9)	支付水电费	管理费用		20 000	789 000
	(10)	支付罚款	营业外支出		10 000	779 000

要求：根据上述日记账写出原记账时依据的会计分录及应编制何种记账凭证。

【核算题3】 某工厂某年7月份内发生以下各项经济业务：

(1) 生产车间从仓库领用各种原材料进行产品生产。用于生产A产品甲材料150千克，@10.50元，乙材料100千克，@16.50元；用于生产B产品甲材料120千克，@10.50元，乙材料80千克，@16.50元。

(2) 结算本月份应付职工工资，按用途归集如下：

A产品生产工人工资5 000元
B产品生产工人工资4 000元
车间职工工资2 000元
管理部门职工工资3 000元

(3) 职工福利费支出共1 960元，其中A产品生产工人福利费700元，B产品生产工人福利费560元，车间职工福利费280元，管理部门职工福利费420元。

(4) 计提本月份固定资产折旧，车间使用的固定资产折旧600元，管理部门使用的固定资产折旧300元。

(5) 以库存现金200元支付应由本月份车间负担的修理费。

(6) 车间报销办公费及其他零星开支400元，以现金支付。

(7) 车间管理人员出差报销差旅费237元，原预支300元，余额归还现金。

(8) 将制造费用总额如数转入"生产成本"账户，并按生产工时比例分配计入产品成本。A、B产品工时分别是5 000小时和4 000小时。

(9) 结算本月A、B两种产品的生产成本。本月A产品100件，B产品80件，均已全部制造完成，并已验收入库，按其实际成本入账。

要求：根据上列产品生产的经济业务填制记账凭证并据以登记"生产成本"和"管理费用"总账。

【核算题4】 某企业将账簿记录与记账凭证进行核对，发现下列经济业务的凭证内容和账簿记录有错误。

(1) 开出现金支票2 000元，支付管理部门办公费用。此项经济业务编制的记账凭证为：

借：管理费用 2 000
　　贷：库存现金 2 000

(2) 结转本月已销商品的成本54万元。此项经济业务编制的会计分录为：

借：主营业务成本 450 000
　　贷：库存商品 450 000

(3) 支付本月管理部门应负担的保险费12 000元。此项经济业务编制的会计分录为：

借：管理费用 210 000
　　贷：银行存款 210 000

(4) 分配本月应付工资,其中生产工人工资30万元,车间管理人员工资50 000元,企业管理部门人员工资10万元。此项经济业务编制的会计分录为:

借:生产成本　　　　　　　　　　　　　　　　300 000
　　制造费用　　　　　　　　　　　　　　　　 50 000
　　管理费用　　　　　　　　　　　　　　　　100 000
　　贷:应付职工薪酬——工资　　　　　　　　　450 000

根据该记账凭证,在登记"应付职工薪酬"总账时,将450 000元误写为540 000元。

(5) 结转本月发生的制造费用54 000元。此项经济业务编制的会计分录为:

借:本年利润　　　　　　　　　　　　　　　　 45 000
　　贷:制造费用　　　　　　　　　　　　　　　 45 000

要求:说明上述经济业务记账错误的类型,以及应采用的更正方法,并予以更正。

【延伸阅读】

九种虚假会计凭证形式

(一)伪造、篡改、不如实填写原始凭证

这是指行为人使用涂改等手法更改凭证的日期、摘要、数量、单价、金额等,或采用伪造印鉴、冒充签名、涂改内容等手法,来制造证明经济业务的原始凭证。如:某厂职工利用一张字迹模糊,只有小写金额没有大写金额的发票,在金额"50.12"元前添写"1",改为"150.12"元,同时按150.12元添加大写金额,在财务科顺利报销。

(二)白条顶库

所谓白条,是指行为人开具或索取不符合正规凭证要求的发货票和收付款项证据,以逃避监督或偷漏税款的一种舞弊手段。

(三)取得虚假发票

这种虚假发票包括两种情况:一种是发票本身是假的,另一种情况就是发票所记载的内容是虚假的。一些单位用假发票开支吃喝招待费用,形成公款吃喝风。比如:某公司一次就以运费名义开具假发票报销餐费2万余元。一些单位用假票滥发财物。又如:某单位办公室采购人员购进30万元商品,但由供货单位开具的发票金额为38万元,该单位付给供货单位38万元银行支票,该采购人员即从供货单位提取现金8万元占为己有,使公有财产化为私有,这种假发票的危害性不能不让人予以重视。

(四)自制假单据,虚开发票

虚开发票是指行为人在开具发票时,除在金额上采用阴阳术外,还开列虚假品名、价格、数量、日期等,以蒙混过关,便于报销。

（五）账证不符

在实际工作中，由于会计人员的疏忽大意造成账证不符的事件，如果出纳人员利用了这种粗心大意，便为假账提供了方便之门。如：某企业1998年6月份销售产品的现金收入共有305笔，总价值为457 500元，其中同为1 200元的现金销货发票就多达80张，会计人员在汇总收入时，少加了3张1 200元的发票（计3 600元），使记账凭证上的现金收入成为453 900元。出纳人员在月末清点现金时发现当月长款3 600元，于是便将这部分长款装入了自己的腰包。

（六）记账凭证上账户对应关系不正常

单位在经济活动中进行会计核算，记账凭证上所使用的会计科目和其所反映的具体经济业务内容，应符合财务会计制度的规定，但有些单位却经常使用一些往来科目以偷逃税款，隐瞒收入。如：审查某企业记账凭证时，有如下一张记账凭证：

摘要为：预收××单位货款

借：银行存款
　　贷：预收账款

待该企业商品销售后，又作分录为：

借：预收账款
　　贷：库存商品

以此来逃避税款，隐瞒收入。

（七）虚构经济业务，编造虚假记账凭证

有的单位为了享受国家税法规定的可用税前利润连续3年补亏的税收政策，编造虚假经济业务来体现亏损；也有的单位为了体现业绩而虚构一些经济业务来为大众呈现一种"虚盈实亏"的表面繁华景象。

如：对某企业的年终审查时，发现该企业12月31日编制了一张记账凭证。其内容为：

借：应收账款——××单位
　　贷：主营业务收入

经审查，该记账凭证后未附任何原始凭证，年底亦未结转产品销售成本，经延伸检查，该企业第二年年初即用红字将此笔分录冲销。可以断定，该企业此项账务处理是编造的虚假记账凭证，这是虚构经济业务，虚增产品销售收入、偷逃税金的行为。

（八）假账真做

无原始凭证而凭空填制记账凭证，或在填制记账凭证时，让其余额与原始凭证不符，并将原始凭证与记账凭证不符的凭证混杂于众多凭证之中。如：某企业为了骗取"百强企业"称号，将堆压在仓库中的产品虚列为销售，并授意财会部门凭空填制了收款凭证，煞有其事

地将几百万元的"销售"收入登记入账,借以虚增利润。

(九) 真账假做

故意用错会计科目或忽略某些业务中涉及的中间科目,来混淆记账凭证对应关系,打乱查阅人的视线。

资料来源 http://hi.baidu.com/rolaw888/blog/item/d83293daaff3d7d2b7fd485c.html。

第五章　平衡试算与账项调整

学习目标

- 理解平衡试算的概念及依据
- 掌握试算平衡表的编制方法以及账项调整的基础和内容
- 熟练编制试算平衡表和账项调整的基本账务处理

引　言

小吴是一位新上任的会计，年底决算前他遇到了一些专业问题，于是他在网上发了个帖子："请教各位，怎样解决登账后出现试算不平衡的问题？"

很快，他得到了许多热心同行的各种回答：

"试算不平衡，主要是你记录的数据不正确导致借贷方不平衡，查查看是哪个数不对。"

"怎么个不平？总账与明细账不平？还是总账与总账不平？"

"是年底结转后试算不平衡吗？"

"若是期初就不平，你把它的明细全部删除然后对该科目清零再重新录入一遍。"

"查看一下本期录入的数据有没有误，如果是总账不平衡，就要看看借贷是否反向了。凭证不会出现不平衡的情况，因为不平你电脑里保存不了。"

到底什么是试算平衡？它起什么作用？前面几位同行的提问与回答是否有科学依据？学习本章内容后，你将能得出正确结论。

第一节 平衡试算

一、试算的概念及依据

试算是基于会计平衡原理，在期末对所有账户的发生额和余额进行加总，以确定借贷是否相等，从而检查记账、过账过程是否存在差错的一种专门方法。所以，试算也叫试算平衡或称平衡试算。在实际会计工作中，试算平衡是通过编制试算表来完成的。

前已述及，借贷记账法的记账规则是"有借必有贷，借贷必相等"。其中，借贷必相等，指每一笔经济业务发生引起账户借方变动金额和贷方变动金额相等。如果将本期发生的全部经济业务的会计处理加总，所有账户本期借方发生额合计与所有账户本期贷方发生额合计也必定相等。这就形成借贷记账法的第一个试算平衡公式：

所有账户本期借方发生额合计＝所有账户本期贷方发生额合计

二、试算平衡公式及试算平衡表

在"资产＝负债＋所有者权益"恒等式的基础上，通过借贷记账法的记录，全部账户产生的数字上的平衡关系可形成以下三个等式：

期初余额：借方合计＝贷方合计

本期发生额：借方合计＝贷方合计

期末余额：借方合计＝贷方合计

将这三个等式表格化可检验某个会计期间所有账户所登记金额的这三种平衡关系，这种表式即为试算平衡表，也称"本期发生额及余额试算平衡表"。其基本格式如表 5-1 所示。

表 5-1 试算平衡表

账户名称	期初余额		本期发生额		期末余额	
	借方	贷方	借方	贷方	借方	贷方
库存现金						
银行存款						
应收账款						
原材料						

(续表)

账户名称	期初余额		本期发生额		期末余额	
	借方	贷方	借方	贷方	借方	贷方
库存商品						
固定资产						
短期借款						
应付账款						
应交税费						
实收资本						
资本公积						
盈余公积						
未分配利润						
合　计						

三、试算平衡表编制实例

● 金欣股份有限公司20×9年10月31日总分类账户余额如表5-2所示。

表5-2　总分类账余额表

20×9年10月31日　　　　　　　　　　　　　　　　金额单位：元

账户名称	借方余额	账户名称	贷方余额
库存现金	300	短期借款	10 000
银行存款	200 000	应付账款	100 000
应收账款	60 000	应交税费	50 300
原材料	200 000	实收资本	1 000 000
库存商品	300 000		
固定资产	400 000		

● 20×9年11月份发生下列经济业务：

（1）1日，购入原材料一批计40 000元，收到普通发票。开出转账支票支付进料款一部分计30 000元，其余未付。编制会计分录如下（不考虑增值税）：

　　借：原材料　　　　　　　　　　　　　　　　　　　40 000
　　　　贷：银行存款　　　　　　　　　　　　　　　　　　30 000
　　　　　　应付账款　　　　　　　　　　　　　　　　　　10 000

(2) 5日,向银行借款 50 000 元,存入银行。编制会计分录如下:

借:银行存款　　　　　　　　　　　　　　　　　　　50 000
　贷:短期借款　　　　　　　　　　　　　　　　　　　　　50 000

(3) 9日,收回客户前欠货款 40 000 元,存入银行。编制会计分录如下:

借:银行存款　　　　　　　　　　　　　　　　　　　40 000
　贷:应收账款　　　　　　　　　　　　　　　　　　　　　40 000

(4) 16日,从银行存款户开出转账支票,支付前欠供应单位货款 43 000 元。编制会计分录如下:

借:应付账款　　　　　　　　　　　　　　　　　　　43 000
　贷:银行存款　　　　　　　　　　　　　　　　　　　　　43 000

(5) 20日,从银行提取现金 800 元。编制会计分录如下:

借:库存现金　　　　　　　　　　　　　　　　　　　　800
　贷:银行存款　　　　　　　　　　　　　　　　　　　　　 800

(6) 28日,以银行存款交纳税款 50 000 元。编制会计分录如下:

借:应交税费　　　　　　　　　　　　　　　　　　　50 000
　贷:银行存款　　　　　　　　　　　　　　　　　　　　　50 000

● 将以上期初余额和本期发生额登入相关账户,并计算出各账户的期末余额(见图 5-1)。

库 存 现 金			银 行 存 款			
期初余额	300		期初余额	200 000	(1)	30 000
(5)	800		(2)	50 000	(4)	43 000
本期发生额	800	本期发生额 　—	(3)	40 000	(5)	800
期末余额	1 100				(6)	50 000
			本期发生额	90 000	本期发生额	123 800
			期末余额	166 200		

应 收 账 款			原 材 料			
期初余额	60 000		期初余额	200 000		
		(3) 40 000	(1)	40 000		
本期发生额	—	本期发生额　40 000	本期发生额	40 000	本期发生额	—
期末余额	20 000		期末余额	240 000		

库存商品				固定资产			
期初余额	300 000			期初余额	400 000		
本期发生额	—	本期发生额	—	本期发生额	—	本期发生额	—
期末余额	300 000			期末余额	400 000		

短期借款				应付账款			
		期初余额	10 000			期初余额	100 000
		(2)	50 000	(4)	43 000	(1)	10 000
本期发生额	—	本期发生额	50 000	本期发生额	43 000	本期发生额	10 000
		期末余额	60 000			期末余额	67 000

应交税费				实收资本			
		期初余额	50 300			期初余额	1 000 000
(6)	50 000			本期发生额	—	本期发生额	—
本期发生额	50 000	本期发生额	—			期末余额	1 000 000
		期末余额	300				

图 5-1　金欣股份有限公司经济业务相关账户

● 编制总分类账试算平衡表(见表 5-3)。

表 5-3　总分类账试算平衡表

编制单位：金欣股份有限公司　　　20×9 年 11 月 30 日　　　金额单位：元

账户名称	期初余额		本期发生额		期末余额	
	借方	贷方	借方	贷方	借方	贷方
库存现金	300		800		1 100	
银行存款	200 000		90 000	123 800	166 200	
应收账款	60 000			40 000	20 000	
原材料	200 000		40 000		240 000	
库存商品	300 000				300 000	
固定资产	400 000				400 000	
短期借款		10 000		50 000		60 000
应付账款		100 000	43 000	10 000		67 000
应交税费		50 300	50 000			300
实收资本		1 000 000				1 000 000
合计	1 160 300	1 160 300	223 800	223 800	1 127 300	1 127 300

四、试算平衡表的作用与局限

试算平衡表的主要作用就是用来检查记账过程中可能发生的错误。表5-3试算的结果，所有账户借方发生额合计等于贷方发生额合计、借方余额合计等于贷方余额合计，表明不存在明显的记账、过账差错。通过编制试算平衡表，可以发现这类记账过程中的差错，这无异于对记账过程又作了一次验算。此外，试算平衡表还可以作为进一步编制财务报表的基础。

需要注意的是，试算结果不平衡，一定是记账过程存在差错；但如果试算结果平衡了，并不等于记账过程不存在差错。如果发生一笔完整的经济业务被漏记账、漏登账、重复记账、重复登账，或出现多处差错，借、贷双方正好相互抵消，并不影响试算平衡，这些都是试算平衡表所无法检查出来的错误。

【问题与思考5-1】

财务经理张涛在检查会计王芸所编制的财务报表时发现，资产负债表的左右平衡，完全符合会计恒等式的原理。但他却仍然很认真地查看了王芸编制的试算平衡表和相关账簿记录，并运用他丰富的职业经验发现了其中的错误。而王芸却觉得很委屈：既然试算平衡表都未能查出不平衡的问题，那还能有什么错误呢？你能帮助王芸想想错误可能出现在哪里？如果王芸没有进行必要的期末账项调整，那么你又可以运用怎样的会计专门方法加以完整地反映呢？

第二节 账项调整

一、账项调整的意义

账项调整是指在会计报告期末按权责发生制要求对部分会计事项予以调整，以合理的反映各会计期间应有的收入和应负担的费用，使得各期的收入和费用能够在相关的基础上进行配比，以正确确定各期的盈亏。

根据权责发生制的原则，企业账簿中的日常经济业务的记录还不能确切反映本期的全部收入和费用。因为有一些经济业务不只影响一个会计期间的经营成果的确定，而是与两个或两个以上的会计期间的经营成果相联系。为了在权责发生制的基础上正确反映各会计期间的经营成果，就必须在编制财务报表和结账前，对这些有跨期影响的经济业务进行账项调整，以便确定本期的收入和费用，从而正确计量本期的经营成果。由于在确定收入和费用的同时，也要确认资产和负债，使期末账项的调整也关系到企业当期财务状况的正确性。因此，账项调整成为会计循环中具有重要意义的必要环节。

二、账项调整的内容

会计主体需要调整账项的内容,视主体规模的大小及相关经济业务发生的多少而定。通常的账项调整主要包括以下五类:应收收入,应计费用,预收收入,预付费用,估计项目。

(一)应收收入

尽管权责发生制是一种较为合理的账务处理基础,但会计主体在日常账务处理中不可能一直保持按权责发生制来确认收入和费用,平时的一些交易仍然依据现金收支行为的发生来记录。对收入而言,一般要等到现金收到时,才在会计系统中予以记录。因此,到会计期间终了时,往往有一些按权责发生制标准应该确认、但现金尚未收到的收入仍没有入账。这种应该确认、但现金尚未收取的收入,称为应计收入(accrued revenues)。在会计期间结束、编制报表之前,需要将这种未入账的应计收入计算入账,并按复式记账的要求予以记录,以使收入恰当地归属到应归入的会计期间。下面结合有关会计事项,说明账项调整的具体方法。

1. 应收利息

应收利息是最为典型的账项调整项目。通常会计主体账务处理中涉及的利息调整有两种类型:一是利息收入的调整;二是利息费用的调整。这里先介绍利息收入的调整。

【例5-1】 金欣股份有限公司12月1日售给胜利商场商品一批,计8 500元,收到该商场开出的利率12%、期限60天的商业汇票1张。到12月31日,金欣股份有限公司已持有该票据30天的利息收入,按照权责发生制,就应该确认为本年度的"应收利息"。作如下调整分录:

借:应收利息——胜利商场　　　　　　　　　　　　　85
　　贷:财务费用　　　　　　　　　　　　　　　　　　85
注:以上利息计算如下:8 500×12%×30÷360=85(元)。

2. 应收租金

对不以租赁业务为主营业务的企业来说,它可能会将暂时闲置的设备、会场等设施租出去,以取得租金收入。

【例5-2】 金欣股份有限公司将一个空置的仓库租给汉威公司,租期4个月,从20×7年12月至20×8年3月,期满时汉威公司将一次性支付租金8 000元。从权责发生制的观点出发,企业只要按要求履行了与该项收入有关的义务,就应该享有取得该项收入的权利。因此,仓库出租1个月以上的收入虽未收到现金,但企业已具有到期收取这项租金收入的权利,应按期登记入账。作如下调整分录:

借：其他应收款　　　　　　　　　　　　　　　　　　　　2 000
　　　　贷：其他业务收入——租金收入　　　　　　　　　　　　　　　2 000

（二）应计费用

会计主体之所以在期末会产生已经发生、但尚未入账、也未支付现金的应计费用，存在着与导致应计收入相同的原因，即在平时按现金收支来登记入账的账项时，对一些义务业已形成、但尚未到支付日期的项目，无法记作费用。因此，到了每期期末，应将未入账的费用调整入账。

对会计主体来说，费用发生后，会计主体就有支付现金的责任，从而形成了负债。所以，对未入账费用的账项调整，同时还要增加主体的负债。

应计利息费用与应计利息收入是一组对应的项目，它的发生情形与应收利息基本相同。下面举例说明。

【例5-3】 金欣股份有限公司12月1日售给胜利商场商品一批，计8 500元，收到该商场开出的利率12％、期限60天的商业汇票1张。到12月31日，按照权责发生制，胜利商场应该确认该票据30天的利息费用，计入本年度的"应付利息"。作如下调整分录：

　　借：财务费用　　　　　　　　　　　　　　　　　　　　　85
　　　　贷：应付利息——金欣股份有限公司　　　　　　　　　　　　　85

注：以上利息计算如下：$8\,500 \times 12\% \times 30 \div 360 = 85$（元）。

（三）预收收入

上述项目的一个共同特点是：现金收支行为的发生，在时间上晚于经济业务的发生。现实的经济生活中，还存在另一类现象，那就是：现金收支行为的发生，在时间上要早于实际经济活动的发生，这种现象就形成下面所要述及的预收和预付的交易或事项。

所谓预收收入，是指已经收到现金、但尚未交付产品或提供服务的收入。按照权责发生制，虽然企业已收到现金，但只要相应的义务未履行，这笔收入就不能算作会计主体已经实现的收入，在以后期间里，主体就必须履行相关的义务。预收收入上的义务要在后续期间里以商品交付的方式来履行。如果主体没有履行相应的义务，就不能将预收收入作为本期的收入入账；只要企业履行了部分的义务，就有权利将这部分的预收收入转为本期已实现的收入。因此，到每期的期末，都要对预收收入账项进行调整，将已实现的部分分配作为本期的收入，未实现的部分递延到下期。

【例5-4】 金欣股份有限公司与B公司签订合同，由金欣股份有限公司在20×7年12月到20×8年1月的期间里，向B公司提供50台彩电，每台5 000元，B公司于合同签订之日，一次性地预付全部货款250 000元。到20×7年12月31日，金欣股份有限公司已交付彩电 30 台,开出普通发票,这样,金欣股份有限公司于该会计期末应作如下调整分录：

借：预收账款——B公司　　　　　　　　　　　　150 000
　　贷：主营业务收入　　　　　　　　　　　　　　　　150 000

在这笔调整分录过账以后,预收的 250 000 元收入中,有 150 000 元已转作本期的收入,剩余的 100 000 元预收账款将递延到下期。

(四)预付费用

会计在经营过程中,因为各种原因,会出现大量的先支付、后受益的事项。这些支付在先、发生在后的费用,就是预付费用。如果所支付的费用其受益期不超过一个会计年度的,称为收益性支出,应在一个会计年度内按实际发生或受益情况,全部摊销完毕;如果受益的时间长于一个会计年度的,属于资本性支出,应该按它的可能受益年限分摊。下面举例说明受益期长于 1 年的预付费用的摊销。

【例 5-5】　金欣股份有限公司为所租办公用房于 20×0 年 12 月一次性支付未来 2 年的租金费用 48 000 元。可见该笔费用属于受益期长于 1 年的预付费用,需要在 20×1 年、20×2 年两个会计年度内平均分摊。编制如下会计分录：

20×0 年 12 月份支付时：

借：长期待摊费用　　　　　　　　　　　　　　　48 000
　　贷：银行存款　　　　　　　　　　　　　　　　　　48 000

20×1 年至 20×2 年的每一个月末,作同样的摊销调整分录：

借：管理费用　　　　　　　　　　　　　　　　　 2 000
　　贷：长期待摊费用　　　　　　　　　　　　　　　　2 000

(五)估计项目

在会计期末,企业需调整的账项除上述递延和应计项目之外,为了使费用与收入的配比符合权责发生制的要求,正确计算各期盈亏,还需要对其他一些账项进行调整。这些账项调整的金额均需要在调整期末进行估计。账项调整的估计项目主要包括计提固定资产折旧和计提坏账准备等。

1. 固定资产折旧

从经济意义上看,企业购买固定资产的支出,也是一种支付在先、受益在后的预付费用。由于固定资产的使用寿命一般长于 1 年,有的甚至达到十数年之久。因此,按照划分资本支出与收益支出的原则,固定资产上的支出作为一项资本性支出,它的收回通过折旧的方式分期进行。

固定资产折旧是指在固定资产使用寿命内,按照确定的方法对应计折旧额进行系统分摊。会计主体在购入固定资产时,一次性支付了大量的款项,若将主体所支付的款项全部计入当期的费用,显然不符合权责发生制的要求,因为固定资产能在较长的期限内提供服务,其购建成本应在使用年限内予以系统合理的分配,转作各期的费用。

在实际工作中,往往根据固定资产的预计使用年限、估计的残值以及固定资产的成本,采用一定的方法加以计算和确定。由于在确定折旧率时,需要会计人员估计固定资产的使用年限和残值,按月计提的折旧费用只能是一个估计数。

在日常的账簿记录中,只反映固定资产的购置、报废和出售,而不反映其价值的消耗和分摊,所以,需要在期末计算和确定本期折旧费用,并进行账项调整,记作当期费用。折旧费具体应记入哪一个账户,完全视固定资产的用途而定:厂房、机器设备等直接服务于产品制造的固定资产,其折旧费是生产费用的组成部分,则记入"制造费用"账户的借方;全厂行政和管理部门使用的固定资产,与产品制造没有密切的关系,一般不计入产品制造成本,而是记入"管理费用"账户的借方。

【例5-6】 金欣股份有限公司本期管理用固定资产应计提折旧5 000元,车间用固定资产应计提折旧6 000元,应作如下调整分录:

    借:管理费用   5 000
        制造费用   6 000
        贷:累计折旧   11 000

2. 坏账准备计提

会计主体因赊销产品或劳务而应向客户收取的款项,泛称为应收款项。它主要包括应收账款、应收票据和其他应收款等。应收款项可能因债务人无力偿还欠款,而使债权人因无法收回账款而遭受损失。无法收回的应收款项,称为坏账。坏账损失是会计主体的一项费用。

根据坏账准备计提的备抵法,需要在期末时采用一定的方法合理估计和计算会计主体可能发生的坏账损失,记入"坏账准备"账户贷方。如果实际发生坏账损失,则冲减"坏账准备"账户(记入该账户借方)。

【例5-7】 金欣股份有限公司于20×0年年末计算并计提"坏账准备"10 000元,作如下调整分录:

    借:资产减值损失   10 000
        贷:坏账准备   10 000

若金欣股份有限公司于第二年发生实际坏账损失4 000元,则作会计分录如下:

    借:坏账准备   4 000
        贷:应收账款   4 000

严格地说,预提固定资产修理费也是账项调整的估计项目,只是在习惯上将其列为应计费用。

【问题与思考5-2】

什么是试算平衡?什么情况下需要进行试算平衡?为什么要进行试算?用什么方法进行试算平衡?试算平衡的作用与局限分别有哪些?

相 关 链 接

账项调整的原因和依据

账项调整的原因和依据可以归于会计期间和权责发生制。确定会计期间是开展会计工作的重要前提条件,是会计的基本假设之一。企业产品销售收入的确认、费用的归集和摊配、成本的计算和结转、利润的确定和分配、税金的计算和交纳,都与会计期间直接联系。我国《企业会计准则——基本准则》第一章第七条规定:企业应当划分会计期间,分期结算账目和编制财务会计报告。

权责发生制是以权利或责任的发生与否为标准,来确认收入和费用。按照权责发生制,收入和费用的归属期间与现金收支行为的发生并没有必然的联系。因此,在会计期末结账之前,必须对相关账簿已记录的账项加以调整,以便合理地反映企业的经营成果。这也是权责发生制会计基础的必然结果。我国《企业会计准则——基本准则》第一章第九条规定:企业应当以权责发生制为基础进行会计确认、计量和报告。

资产减值准备

我国《企业会计准则第8号——资产减值》规范了资产减值的确认、计量和相关信息的披露。资产减值是指资产的可收回金额低于其账面价值。企业应当在资产负债表日(一般是会计年度的最后一天12月31日)判断资产是否存在可能发生减值的迹象。存在下列迹象的,表明资产可能发生了减值:

(1)资产的市价当期大幅度下跌,其跌幅明显高于因时间的推移或者正常使用而预计的下跌。

(2)企业经营所处的经济、技术或者法律等环境以及资产所处的市场在当期或者将在近期发生重大变化,从而对企业产生不利影响。

（续上）

(3) 市场利率或者其他市场投资报酬率在当期已经提高，从而影响企业计算资产预计未来现金流量现值的折现率，导致资产可收回金额大幅度降低。

(4) 有证据表明资产已经陈旧过时或者其实体已经损坏。

(5) 资产已经或者将被闲置、终止使用或者计划提前处置。

(6) 企业内部报告的证据表明，资产的经济绩效已经低于或者将低于预期，如资产所创造的净现金流量或者实现的营业利润（或者亏损）远远低于（或者高于）预计金额等。

(7) 其他表明资产可能已经发生减值的迹象。

资产账面价值的抵减，应当作为各单项资产（包括商誉）的减值损失处理，计入当期损益（资产减值损失）。

本 章 小 结

本章主要介绍了两部分内容：一是试算平衡；二是账项调整。这是会计主体在借贷记账法、过账的基础上为保证日常会计业务处理的正确性与完整性于期末所采用的专门会计方法。

试算平衡就是在期末对所有账户的发生额和（或）余额进行加总，以确定借贷是否相等，从而检查记账、过账过程是否存在差错的一种专门方法。试算平衡以借贷记账法为记账规则、资产、负债和所有者权益之间的平衡关系为基本依据。通过编制试算表，可以发现记账过程中的差错，还可以作为进一步编制财务报表的基础。但试算平衡也存在局限，它无法检验出一笔完整的经济业务被漏记账、漏登账、重复记账、重复登账，或出现多处差错，借、贷双方正好相互抵消等情况。

账项调整是指期末按权责发生制要求对部分会计事项予以调整的行为。通常的账项调整包括以下五类：应收收入；应计费用；预收收入；预付费用；估计项目。

复 习 思 考 题

1. 简述试算平衡的概念与依据。
2. 简述试算平衡的平衡公式与试算平衡的作用及局限。
3. 什么叫账项调整？账项调整与会计核算基础有何关系？
4. 账项调整的主要内容有哪些？试说明各项目的性质和处理方法。

案例讨论题

金欣股份有限公司于20×8年12月收到一笔200 000元的款项,该款项由A公司汇入用于购买甲产品。两公司购销合同约定,自20×9年1月至12月,金欣公司按季度分四批次销售甲产品给A公司。金欣公司采用的会计基础是权责发生制,对此业务它于20×8年12月作如下会计分录:

  借:银行存款   200 000
    贷:主营业务收入   200 000

A公司也采用权责发生制,于20×8年12月作如下账务处理:

  借:材料采购   200 000
    贷:银行存款   200 000

以上两个公司的会计处理是否正确?错误在哪里?20×9年两公司又应如何进行账项调整?

同步测试题

一、单项选择题

1. 试算平衡的基本目的是(　　)。
  A. 检验日常业务会计处理的完整性
  B. 检验日常业务会计处理的正确性
  C. 为过账作准备
  D. 为编制试算平衡表作准备

2. 试算平衡的基本依据是(　　)。
  A. 资产、负债和所有者权益之间的平衡关系
  B. 借贷会计分录
  C. 收付实现制
  D. 过账

3. 账项调整的会计核算基础是(　　)。
  A. 现金收付制   B. 权责发生制
  C. 历史成本原则   D. 重要性原则

4. 账项调整中的应计利息费用一般形成会计主体的(　　)。
  A. 资产   B. 所有者权益
  C. 负债   D. 收入

5. 账项调整的估计项目中,固定资产折旧(　　)。

A. 不符合权责发生制原则 B. 是一种资本性支出
C. 是一个固定不变的精确数字 D. 将转作各期的费用

二、多项选择题

1. 在编制试算平衡表时,账户记录出现错误但又不影响借、贷双方平衡的有(   )。

   A. 某项业务在有关账户中全部被漏记
   B. 某项业务在有关账户中全部被重复记录
   C. 应借、应贷账户相互颠倒
   D. 借、贷方账户都多记相同金额

2. 试算平衡表的编制正是基于全部账户产生的平衡关系有(   )。

   A. 期初余额借方合计＝期初余额贷方合计
   B. 本期发生额借方合计＝本期发生额贷方合计
   C. 期末余额借方合计＝期末余额贷方合计
   D. 期初余额合计＝期末余额合计

3. 账项调整的内容主要包括(   )。

   A. 应收收入 B. 应计费用
   C. 预收收入 D. 预付费用和估计项目

4. 下列说法中,正确的有(   )。

   A. 凡是收取一项收入的权利已经具备,不论企业是否取得这项收入的现金,都应该确认为收入
   B. 只要主体已承担某项费用的义务,即使与该项义务相关联的现金支出行为尚未发生,也应入账并确认为费用
   C. 按照权责发生制,收入和费用的归属期间与现金收支行为的发生有必然的联系
   D. 权责发生制确认收入、费用的标准客观公正,能够恰当地反映某一会计期间主体的经营成果

5. 下列账项调整业务将形成资产类项目的有(   )。

   A. 预收收入 B. 应收租金
   C. 应计费用 D. 预付费用

三、判断题

1. 所谓试算平衡,就是为了保证会计业务的完整性,在期末对所有账户的发生额和(或)余额进行加总,以确定借贷是否相等,从而检查记账、过账过程是否存在差错的一种专门方法。(   )

2. 试算结果不平衡,一定是记账过程存在差错。(   )

3. 如果试算结果平衡了,并不等于记账过程不存在差错。(   )

4. 账项调整是基于收付实现制进行调整的。（　　）

5. A公司12月1日售给B商场商品一批，A公司收到该商场开出的利率12%、期限60天的商业汇票1张。到12月31日，按照权责发生制，B商场应该确认该票据30天的利息费用，计入本年度资产"应收利息"中。（　　）

四、核算题

【核算题1】 金欣股份有限公司20×9年8月31日总分类账户余额如表5-4所示。

表5-4　总分类账余额表

20×9年8月31日　　　　　　　　　　　　　金额单位：元

账户名称	借方余额	账户名称	贷方余额
库存现金	800	短期借款	5 300
银行存款	26 000	应付账款	7 500
应收账款	3 000	实收资本	70 000
原材料	13 000		
固定资产	40 000		

20×9年9月份发生下列经济业务：

(1) 3日，将现金600元存入银行。

(2) 6日，购入材料一批，收到普通发票，材料已验收入库，开出转账支票支付材料款4 500元。

(3) 10日，收到购货单位还来货款3 000元，存入银行。

(4) 14日，购入材料一批8 400元，收到普通发票，材料已验收入库，开出转账支票支付货款一部分，计4 800元，其余暂欠。

(5) 20日，开出转账支票，一张偿还银行借款5 000元，一张支付前欠供货单位货款800元。

(6) 29日，国家投资全新运输卡车1辆，价值46 000元，已验收使用。又投资流动资金40 000元，存入银行。

要求：

(1) 开设总分类账户，并登记期初余额。

(2) 为9月份经济业务编制记账凭证，登记总分类账，并计算各账户的发生额和余额。

(3) 根据总分类账户资料编制9月份总分类账试算表。

【核算题2】 康达股份有限公司试算如表5-5所示。

表 5-5　康达股份有限公司试算表

金额单位：元

账户名称	借方余额	贷方余额
库存现金	525	
银行存款	3 227	
库存商品	1 457	
预付账款	200	
固定资产	20 443	
持有至到期投资	3 500	
应付账款		2 960
应付票据		13 000
实收资本		10 042
主营业务收入		38 200
管理费用	26 800	
财务费用	200	
合计	56 352	64 202

该试算表不平衡，经检查，存在下列各项错误：

(1) 银行存款余额多计了1 000元。
(2) 一笔收款为210元的现金，在过账时误记为120元。
(3) 一项金额为2 000元的持有至到期投资被误记到"实收资本"账户的贷方。
(4) "财务费用"账户的余额为1 200元，在编制试算表时，错为200元。
(5) 一项金额为450元的"应收账款"借项，漏登入该账户。
(6) 一笔310元的库存商品退回，按130元记入"库存商品"账户的贷方。
(7) "应付票据"账户多计3 000元。
(8) 按保险政策要求，应将200元的保险费登记到"预付账款"账户的贷方。
(9) 试算表上漏登了"销售费用"账户，该账户余额为1 060元。
(10) 应付账款账户贷方少计710元。

要求：

根据上述资料，为该公司编制一张正确的试算表。

【核算题3】 佳兴股份有限公司201×年12月份需要调整的有关项目如下：

(1) 1月份曾预付本年度财产保险费9 600元。
(2) 上年度预收货款中有26 000元本月已实现销售，开出普通发票。

(3) 1月1日将100 000元存入银行,期限3年,年利率12%;请计提本月份银行存款的应计利息。

(4) 计提本月份办公设备折旧费7 700元。

(5) 本月1日与明光公司签订合同,将部分闲置的办公场所出租给该公司,期限从当年12月至次年11月,并预收半年租金计55 000元。

(6) 经计算本月应付员工薪金为5 560元。

要求:根据上述资料,编制必要的调整分录。

第六章　会计核算基本方法的应用

学习目标

- 了解制造业的主要经济业务
- 掌握生产过程业务中费用的概念
- 掌握权益资金筹集业务和负债资金筹集业务的核算,以及固定资产购置业务和材料采购业务的核算
- 掌握生产费用的归集与分配业务的核算,以及主营业务和其他业务收支的核算
- 理解财务成果的含义,掌握利润的构成与计算
- 掌握净利润形成过程和企业利润分配业务的核算

引　言

　　20×8年,王先生投资10万元开设了一家公司,因为公司业务较少,再加上为了减少办公费用,他决定不请会计,自己记账。20×8年年末,公司设立时没有发生业务,除了记录银行存款10万元之外,没有其他账簿记录。20×9年,该公司以存款支付了各种办公费用28 000元,购置了计算机等设备20 000元,支付房屋租金15 000元,支付工资25 000元,取得业务收入88 000元,王先生只是记了银行存款日记账,企业现在的账面余额也是10万元。他认为没有赚钱所以就没有交税。20×9年12月15日,税务局检查认为该公司账目混乱,有偷税嫌疑。请问你是如何看待这件事的?王先生在什么地方错了?对于该公司发生的这些业务该如何进行账务处理。学习本章以后,你将会找到这些问题的答案。

由于各种企业、单位的工作任务和经济活动的性质并不相同,其生产经营活动也各有特点,账户的设置也不可能完全一致。就总体来说,在各种企业、单位中,制造业企业的生产经营活动能够比较典型地反映一个企业的生产经营活动的全过程,因此本章以制造业企业为例,通过其生产经营活动全过程的会计处理来说明账户及借贷记账法的具体运用。

第一节 资金筹集的会计处理

工业生产企业为了进行生产经营活动,必须拥有一定数量的资金,企业的资金包括所有者权益资金和负债资金,其来源主要有投资者投入和向银行及其他金融机构借入两个方面。投资者投入的资金可以是库存现金、银行存款,也可以是固定资产、无形资产等;举债筹资可以是向金融机构借入短期借款或长期借款,也可以通过发行债券等途径获得资金。

一、投资者投入资金的会计处理

(一)账户设置

1."实收资本"账户

本账户是所有者权益类账户,用来核算投资者按规定投入企业的资本。股份有限公司的投资者投入的资本称为"股本"。企业实际收到投资人投入的库存现金、银行存款等资产时,登记在本账户的贷方,投资人按规定收回投资时登记在本账户的借方,余额在贷方表示投入企业的资本总额。一般情况下,除企业将资本公积、盈余公积转作资本外,"实收资本"数额不能随意变动。本账户应按投资者设置明细分类账,进行明细分类核算。

2."资本公积"账户

本账户是所有者权益类账户,用来核算企业收到投资者出资额超出其在注册资本或股本中所占份额的部分。企业接受投资者投资时其出资额超出其注册资本所占份额的部分记入本账户的贷方,企业依法减少资本公积时记入本账户的借方,余额在贷方反映企业资本公积的累积数。本账户应当分别"资本溢价(股本溢价)""其他资本公积"进行明细核算。

(二)会计处理

1.投资人投入货币资金的会计处理

投资人投入货币资金,一方面使企业货币资金增加,另一方面增加了投资人的权益即股本。

【例6-1】 20××年1月1日,金鑫企业收到红星公司投资人民币20万元存入银行。

会计部门根据银行转来的收账通知后,应编制如下会计分录:

借:银行存款   200 000
　　贷:实收资本——红星公司   200 000

2. 投资人用非货币资金投资的会计处理

投资人以实物资产投资的,使企业增加了实物资产,同时增加了投资人的权益。

【例6-2】 新兴有限责任公司收到光华公司投入的原材料30万元和设备一台50万元。

会计部门根据有关原始凭证,应编制如下会计分录:

借:原材料   300 000
　　固定资产   500 000
　　贷:实收资本——光华公司   800 000

3. 投资人出资额超过章程或协议规定份额的会计处理

【例6-3】 A、B两个投资者签订协议共同出资成立甲公司,注册资本100万元。协议规定双方占有股权的份额各为50%,但实际出资额A为50万元,B为60万元,款收到存入银行。

会计部门根据银行转来的收账通知后,应编制如下会计分录:

借:银行存款   1 100 000
　　贷:实收资本——A投资人   500 000
　　　　　　　——B投资人   500 000
　　　　资本公积——资本溢价   100 000

二、借入资金的会计处理

(一)账户设置

1. "短期借款"账户

本账户是负债类账户,用来核算企业向银行或其他金融机构等借入的期限在1年以下(含1年)的各种借款。本账户贷方登记借入的各种短期借款,借方登记偿还的短期借款数额。期末余额在贷方,表示企业尚未偿还的短期借款的本金。本账户可按借款种类、贷款人和币种进行明细核算。

2. "长期借款"账户

本账户是负债类账户,用来核算企业向银行或其他金融机构等借入的期限在1年以上(不含1年)的各种借款。本账户贷方登记借入的各种长期借款,借方登记偿还的长期借款数额。期末余额在贷方,表示企业尚未偿还的长期借款。本账户可按贷款种类和贷款单位进行明细核算。

(二) 会计处理

【例 6-4】 企业从银行借入到期一次还本付息、偿还期限为 6 个月、年利率为 6% 的借款 200 000 元。企业收到借款存入银行。

会计部门根据银行的收款通知,应编制如下会计分录:

借:银行存款　　　　　　　　　　　　　　　　　　　200 000
　　贷:短期借款　　　　　　　　　　　　　　　　　　　　200 000

【例 6-5】 企业从银行借入到期还本分期付息、偿还期限为 3 年、年利率为 6% 的借款 1 000 000 元。企业收到借款存入银行。

会计部门根据银行的收款通知,应编制如下会计分录:

借:银行存款　　　　　　　　　　　　　　　　　　1 000 000
　　贷:长期借款　　　　　　　　　　　　　　　　　　　1 000 000

资金筹集过程总分类核算图见图 6-1。

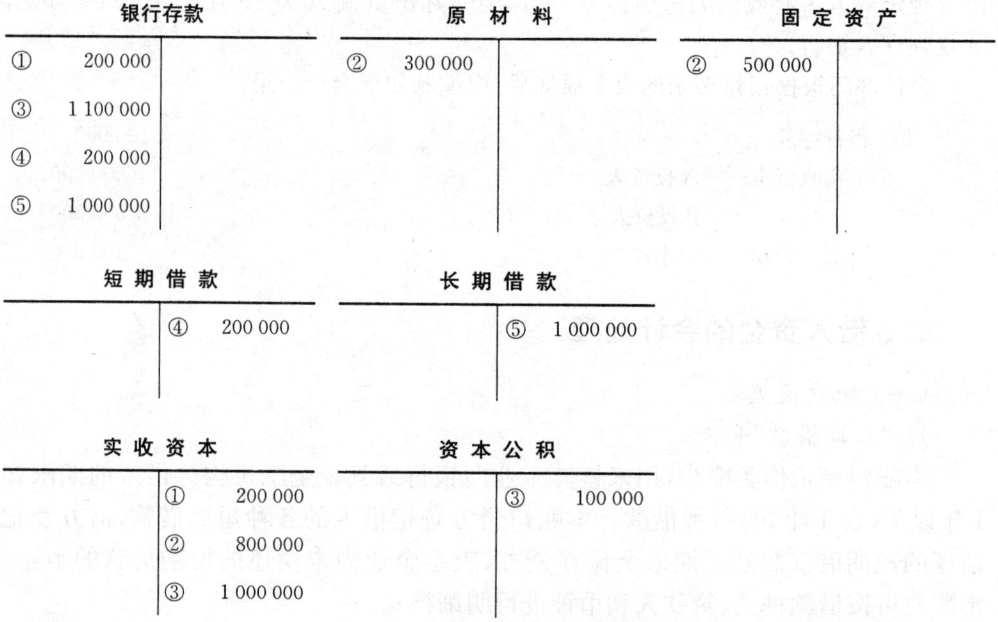

```
         银行存款                     原  材  料                  固 定 资 产
①   200 000              ②   300 000               ②   500 000
③ 1 100 000
④   200 000
⑤ 1 000 000


         短 期 借 款                   长 期 借 款
                     ④   200 000                  ⑤ 1 000 000


         实 收 资 本                   资 本 公 积
                     ①   200 000                  ③   100 000
                     ②   800 000
                     ③ 1 000 000
```

图 6-1　资金筹集过程总分类核算图

【问题与思考6-1】
华南公司2010年初创时收到长江公司投入材料一批,该批材料账面价值100 000元,公允价值120 000元,如果上述价值都不包含17%的增值税,请讨论华南公司收到该笔投资时如何进行账务处理?

第二节 采购业务的会计处理

一、材料采购的会计处理

企业为了实现产品生产,必须要采购材料。因此,材料货款的结算、采购费用支付、材料采购成本的计算、材料验收入库等均为供应过程的主要经济业务。

(一)账户设置

1."在途物资"账户

本账户是资产类账户,用来核算企业购入的材料、商品等物资的采购成本。企业外购材料的采购成本,包括购买价款、相关税费、运输费、装卸费、保险费以及其他可归属于存货采购成本的费用。本账户借方登记材料的采购成本,贷方登记已验收入库的材料采购成本。期末余额一般在借方,表示尚未运达企业或已运达企业但尚未入库的在途材料的实际成本。本账户可按供应单位和物资品种设置明细分类账。

2."原材料"账户

本账户是资产类账户,用来核算企业库存原材料的收入、发出、结存情况。本账户借方登记已验收入库材料的实际成本,贷方登记发出材料的实际成本。期末余额一般在借方,表示库存材料的实际成本。本账户应按原材料的类别、品种、规格分别设置明细分类账。

3."应付账款"账户

本账户是负债类账户,用来核算企业因购买材料、商品和接受劳务供应而应付给供应单位的款项。本账户借方登记应付账款的偿还数,贷方登记应付未付款项的数额。期末余额一般在贷方,表示企业尚未偿还的款项。本账户可按供应单位设置明细分类账。

4."应付票据"账户

本账户是负债类账户,用来核算企业因购买材料、商品和接受劳务供应等而开出的商业汇票,包括银行承兑汇票和商业承兑汇票。本账户的借方登记应付票据的已偿付金额,贷方登记企业开出的应付票据的金额。期末余额一般在贷方,表示尚未偿付的应付票据款。企业应设置应付票据备查簿来登记每一票据的详细资料,包括签发日期、金额、收款人、付款日期等。本账户可按债权人进行明细核算。

5. "应交税费"账户

本账户是负债类账户,用来核算企业应交纳的各种税金,包括增值税、消费税和所得税等。本账户借方登记实际交纳的各种税金,贷方登记应交纳的各种税金。期末余额如在借方,表示为多交或尚未抵扣的税费,期末余额如在贷方,表示企业尚未交纳的税费。

本账户按税种设置明细分类账。其中,"应交税费——应交增值税"账户核算企业应交和实交增值税的结算情况,借方登记增值税的进项税额,贷方登记增值税的销项税额。一般纳税人①从销项税额中抵扣进项税额后向税务部门交纳增值税。本账户的期末借方余额反映多上交或尚未抵扣的增值税,期末贷方余额反映企业尚未交纳的增值税。

6. "预付账款"账户

本账户是资产类账户,用来核算企业按照购货合同的规定预付给供应单位的款项。本账户借方登记预付及补付的款项,贷方登记购进货物所需支付的款项及退回多余的款项。期末余额在借方,表示尚未结算的预付款项,期末余额在贷方,表示尚未补付的款项;本账户可按供应单位设置明细分类账。

(二) 会计处理

在购进材料时,一般会发生购入材料已付款但尚未验收入库、材料验收入库的同时支付货款、材料已验收入库但货款尚未支付、支付材料采购费用、结转材料采购成本等经济业务。现举例说明企业采购材料业务的会计核算。假定汇丰企业201×年6月份发生如下经济业务。

(1) 第一种情况:先收料后付款。

【例6-6】 2日,企业从三宏公司购入甲种材料2 000千克,每千克5元,增值税进项税额1 700元。材料已收到并验收入库,但款项尚未支付。增值税率为13%。

会计部门根据从供应单位取得的发票,应编制如下会计分录:

借:在途物资——甲材料   10 000
    应交税费——应交增值税(进项税额)   1 300
  贷:应付账款——三宏公司   11 300

【例6-7】 3日,企业开出转账支票支付甲材料的运费1 000元,按照税法规定以9%计算允许抵扣的增值税进项税额100元。

会计部门根据转账支票存根、收到运杂费单据,应编制如下会计分录:

---

① 《中华人民共和国增值税暂行条例》将纳税人按其经营规模及会计核算健全与否分为一般纳税人和小规模纳税人。一般纳税人使用增值税专用发票,实行税款抵扣制度,适用基本税税率为13%、低税税率为9%。小规模纳税人一般只能使用增值税普通发票,实行按征收率计算的简易征管办法,购进货物或应税劳务不得抵扣进项税额,只设置"应交税费——应交增值税"二级账,不再设置明细账或专栏。本章在没有特殊说明的情况下,设定企业为一般纳税人。

借：在途物资——甲材料　　　　　　　　　　　　　　　　　1 000
　　应交税费——应交增值税(进项税额)　　　　　　　　　　　90
　　贷：银行存款　　　　　　　　　　　　　　　　　　　　　1 090

【例 6-8】 3 日,结转上述入库材料的采购成本。

会计部门根据材料入库单,应编制如下会计分录：

借：原材料——甲材料　　　　　　　　　　　　　　　　　 11 000
　　贷：在途物资——甲材料　　　　　　　　　　　　　　　 11 000

(2) 第二种情况：先付款后收料。

【例 6-9】 10 日,企业从宏达公司购入乙材料 1 000 千克,每千克 20 元,宏达公司代垫运费为 500 元,增值税进项税额 2 645 元(2 600+45)。材料尚在运输途中,全部款项用银行转账支票付讫。

会计部门根据从供应单位取得的发票、代垫运费单据和转账支票的存根,应编制如下会计分录：

借：在途物资——乙材料　　　　　　　　　　　　　　　　 20 500
　　应交税费——应交增值税(进项税额)　　　　　　　　　 2 645
　　贷：银行存款　　　　　　　　　　　　　　　　　　　　 23 145

【例 6-10】 15 日,上述乙材料到达企业并验收入库,结转入库乙材料采购成本。

会计部门根据材料入库单,应编制如下会计分录：

借：原材料——乙材料　　　　　　　　　　　　　　　　　 20 500
　　贷：在途物资——乙材料　　　　　　　　　　　　　　　 20 500

(3) 第三种情况：收料的同时支付货款。

【例 6-11】 20 日,企业从星光公司购入丙材料 200 千克,每千克 25 元,运费为 100 元,增值税进项税额 659 元(650+9)。全部款项以转账支票付讫,材料已到,企业验收入库。

会计部门根据从供应单位取得的发票、运费单据、转账支票存根和材料验收入库单,应编制如下会计分录：

借：在途物资——丙材料　　　　　　　　　　　　　　　　　5 100
　　应交税费——应交增值税(进项税额)　　　　　　　　　　 659
　　贷：银行存款　　　　　　　　　　　　　　　　　　　　 5 759

可同时编制结转丙材料成本的会计分录为：

借：原材料——丙材料　　　　　　　　　　　　　　　　　　5 100
　　贷：在途物资——丙材料　　　　　　　　　　　　　　　 5 100

上例中,会计部门根据从供应单位取得的发票、运费单据、转账支票存根和材料验

收入库单等,也可以只编制一笔会计分录:

  借:原材料——丙材料   5 100
    应交税费——应交增值税(进项税额)   659
   贷:银行存款   5 759

(4) 第四种情况:采用预付款项购货。

【例 6-12】 21 日,企业以银行转账支票预付恒通公司采购甲材料款 10 000 元。

会计部门根据转账支票存根,编制如下会计分录:

  借:预付账款——恒通公司   10 000
   贷:银行存款   10 000

【例 6-13】 25 日,企业收到恒通公司发来的甲材料,发票标明的价款为 30 000 元,增值税额为 3 900 元,甲材料已验收入库。

会计部门根据取得的发票,编制如下会计分录:

  借:在途物资——甲材料   30 000
    应交税费——应交增值税(进项税额)   3 900
   贷:预付账款——恒通公司   33 900

可同时根据材料入库单,编制如下会计分录:

  借:原材料——甲材料   30 000
   贷:在途物资——甲材料   30 000

上例中,会计部门根据取得的发票,也可编制如下会计分录:

  借:原材料——甲材料   30 000
    应交税费——应交增值税(进项税额)   3 900
   贷:预付账款——恒通公司   33 900

【例 6-14】 28 日,企业开出转账支票补付恒通公司的货款 24 800 元。

会计部门根据转账支票存根,编制如下会计分录:

  借:预付账款——恒通公司   24 800
   贷:银行存款   24 800

二、材料采购成本的计算

  材料采购成本的计算就是将采购过程中所发生的材料的买价和有关采购费用,按一定种类的材料进行归集和分配,确定各种材料的实际成本。外购材料的采购成本的主要内容包括材料的买价和各种采购费用。其中,买价即供应单位开来的发票金额;采购费用包括:① 运杂费(包括运输费、装卸费、包装费、保险费)。② 运输途中的合理损耗。③ 入库前挑选整理费。④ 购入材料应负担的税金和其他费用等。

材料采购过程中发生的采购费用,有的是专为采购某种材料而发生的,有的是为了采购几种材料发生的。凡是发生的买价可直接记入各货物的采购成本账户;发生的采购费用,能分清负担者的也直接记入各自的采购成本账户,若不能分清负担对象的共同性采购费用,则需按买价、重量、体积等分配标准比例分配记入各对象的采购成本账户中。

$$分配率=采购费用总额÷分配标准总量$$
$$分配额=分配率×各种材料的分配标准量$$

现假定汇丰公司201×年6月份发生如下经济业务:

【例6-15】 20日,企业从三江公司购入甲、乙两种材料,发票上标明甲材料的价款为30 000元,乙材料的价款为20 000元,增值税额为6 500元。材料未到,全部款项以商业承兑汇票付讫。

会计部门根据取得的发票,应编制如下会计分录:

借:在途物资——甲材料　　　　　　　　　　　　　　　30 000
　　　　　　——乙材料　　　　　　　　　　　　　　　20 000
　　应交税费——应交增值税(进项税额)　　　　　　　　 6 500
　　贷:应付票据　　　　　　　　　　　　　　　　　　56 500

【例6-16】 21日,企业开出转账支票支付上述甲、乙材料的运费2 000元,增值税进项税额为180元。企业规定按甲、乙两种材料的买价分配采购费用。

会计部门编制的材料采购费用分配表如表6-1所示。

表6-1　汇丰企业采购费用分配表

201×年6月21日　　　　　　　　　　　　　　　　金额单位:元

项目 材料名称	分配标准 (买价)	分配率	分配金额	备注
甲材料	30 000		1 200	
乙材料	20 000		800	
合计	50 000	0.04	2 000	

复核(签章):　　　　　　　　　　　　　　　制表(签章):

注:分配率=$\frac{2\ 000}{30\ 000+20\ 000}$=0.04

甲材料应承担的运杂费=30 000×0.04=1 200(元)

乙材料应承担的运杂费=20 000×0.04=800(元)

会计部门根据转账支票存根、收到的运杂费单据和上述采购费用分配表，应编制如下会计分录：

　　借：在途物资——甲材料　　　　　　　　　　　　1 200
　　　　　　　　　——乙材料　　　　　　　　　　　　 800
　　　　应交税费——应交增值税（进项税额）　　　　 180
　　　　贷：银行存款　　　　　　　　　　　　　　　2 180

【例 6-17】 30 日，月末结转上述入库材料的采购成本。

会计部门根据材料入库单，编制如下会计分录：

　　借：原材料——甲材料　　　　　　　　　　　　　31 200
　　　　　　　　——乙材料　　　　　　　　　　　　 20 800
　　　　贷：在途物资——甲材料　　　　　　　　　　31 200
　　　　　　　　　　——乙材料　　　　　　　　　　20 800

值得注意的是，在实际工作中，已验收入库材料的采购成本结转的程序有两种：一是在每批材料验收入库并计算出材料的实际采购成本后，逐批结转其实际采购成本；二是已验收入库材料的实际成本不是逐批结转，而是到月末汇总计算出各种材料的实际采购成本后，一并结转，这样只需要在月末编制一笔材料成本结转的会计分录，因而可简化材料成本的结转工作。

三、机器设备采购的会计处理

为了进行产品生产，企业除了采购材料以外，还必须建造厂房、购置机器设备等，因此购置机器设备等也成了供应过程的主要经济业务。

（一）账户设置

1. "在建工程"账户

本账户属于资产类账户，用来核算企业期末各项未完工程及尚未安装的设备的实际成本，包括交付安装的设备价值、未完建筑安装工程已经耗用的材料、工资和费用支出、预付出包工程的价款等可收回金额。本账户借方登记购入的需要安装的机器设备的价款、包装费、运输费和安装费等，贷方登记安装完工交付使用时实际支付的成本。期末余额在借方，表示期末企业尚未完工工程成本及尚未安装的设备的成本。

2. "固定资产"账户

本账户是资产类账户，用来核算企业固定资产原始价值（原价）的增减变动和结存情况。固定资产的成本也称为原始价值，简称原价或原值。外购固定资产的成本，包括购买价款、相关税费、使固定资产达到预定可使用状态前所发生的可归属于该项资产的运输费、装卸费、安装费和专业人员服务费等。本账户借方登记固定资产原始价值的增加额,贷方登记固定资产原始价值的减少额。期末余额在借方,表示期末企业现有固定资产的原始价值。本账户按固定资产类别和项目设置明细账,进行明细分类核算。

(二)会计处理

【例 6-18】 企业购入一台不需要安装的设备,增值税专用发票上注明的价款 10 000 元,增值税税款 1 300 元,运杂费、包装费 600 元。该设备已交付使用。

会计部门根据从供应单位取得的发票,编制如下会计分录:

借:固定资产   10 600
　　应交税费——应交增值税(进项税额)   1 300
　　贷:银行存款   11 900

【例 6-19】 企业购入一台需要安装的设备,增值税专用发票上注明的设备买价 20 000 元,增值税进项税额 2 600 元,包装费 200 元,运费 100 元,安装设备时,领用甲材料 200 元,支付工资 1 000 元。设备已安装完毕交付使用。

(1)购入设备时,会计部门根据从供应单位取得的设备发票和包装及运费发票,应编制如下会计分录:

借:在建工程   20 300
　　应交税费——应交增值税(进项税额)   2 600
　　贷:银行存款   22 900

(2)设备安装时,会计部门根据仓库领料单及工资结算单,编制如下会计分录:

借:在建工程   1 200
　　贷:原材料   200
　　　　应付职工薪酬   1 000

(3)安装完毕交付使用时,会计部门根据交付使用单,编制如下会计分录:

借:固定资产   21 500
　　贷:在建工程   21 500

采购过程总分类核算图见图 6-2。

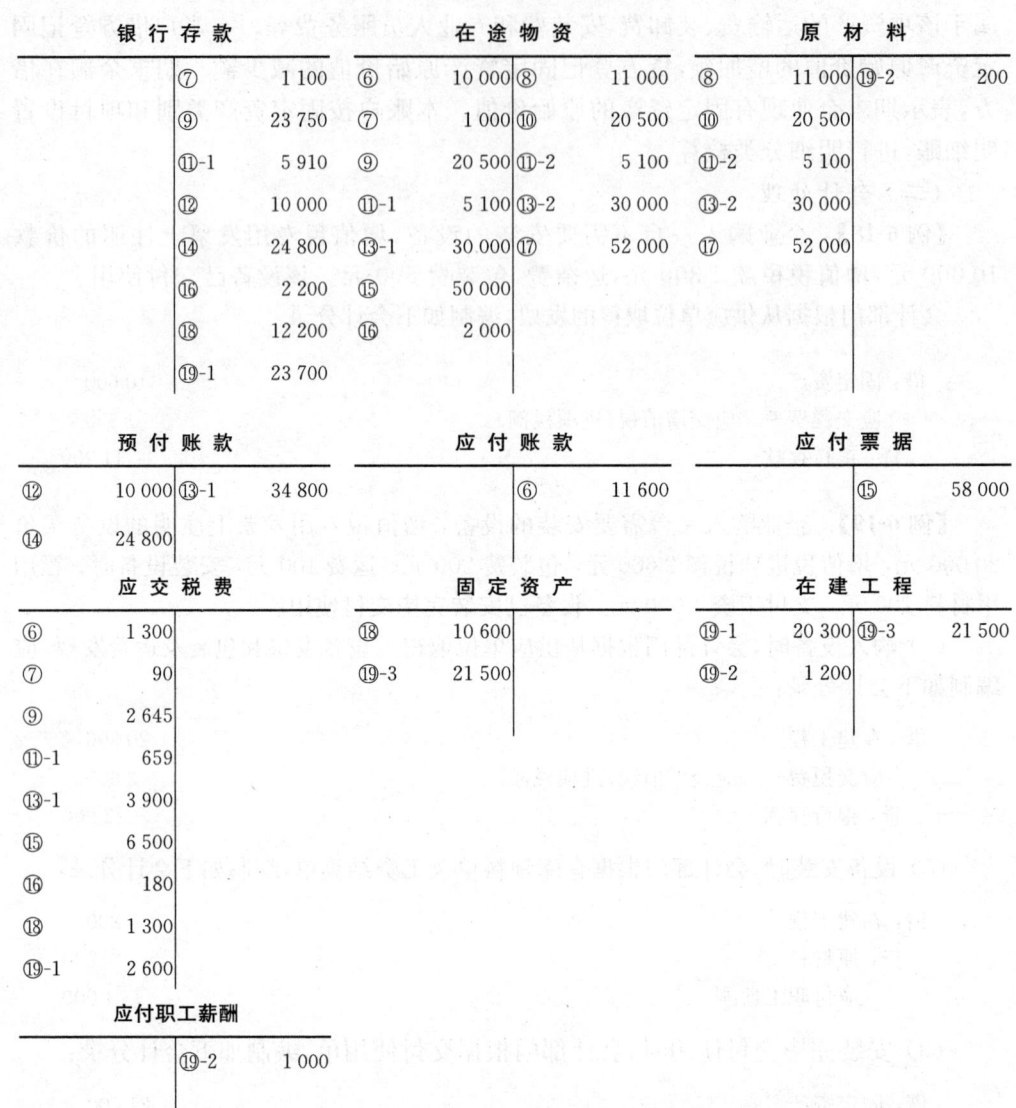

图 6-2 采购过程总分类核算图

【问题与思考 6-2】

华南企业购入一批原材料,价款 232 000 元,其中含进项税额 32 000 元,发生材料运输费 1 000 元,装卸费 150 元,采购人员工资 2 000 元,途中不合理损耗 2 000 元。试问:上述业务中哪些费用能够构成材料的采购成本?哪些不能构成材料的采购成本?该批材料的总成本是多少?

第三节　产品生产的会计处理

生产过程是工业企业资金循环的重要环节,在生产过程中,工人借助于劳动资料对劳动对象进行加工,制成劳动产品。所以,生产过程既是产品制造过程,又是物化劳动(劳动资料和劳动对象)和活劳动的消耗过程。

在生产过程中所发生的各种耗费,称为生产费用,主要包含:生产产品所消耗的原材料、辅助材料、燃料和动力,生产工人的工资及福利费,厂房和机器设备等固定资产的折旧费,以及管理和组织生产、为生产服务而发生的各种费用。这些费用,要按一定种类的产品进行归集和分配,以计算产品的生产成本。为此,生产过程核算的主要任务是:核算与监督生产费用的发生和分配,产品生产的品种、数量和质量;计算产品成本,考核生产资金定额和成本计划的执行情况;反映生产过程中的问题,总结经验,降低成本,提高效益。

一、生产过程的会计处理

生产过程中主要是对涉及生产费用的支出、归集、分配和核算产品的实际成本等主要经济业务。

（一）账户设置

1. "生产成本"账户

本账户是成本类账户,同时按照其经济内容划分又属于资产类账户,用来归集和分配产品生产过程中发生的各项费用,以正确计算产品成本。本账户借方登记应计入产品成本的各项费用,贷方登记完工入库产品的生产成本。期末余额一般在借方,表示尚未完工的产品(在产品)的实际生产成本。"生产成本"账户之所以属于资产类账户,就是因为该账户的期末余额表示在产品成本,而在产品属于存货,是资产的重要组成部分。本账户可以按产品的品种设置明细分类账,进行明细分类核算。

2. "制造费用"账户

本账户是成本类账户,同时按照其经济内容划分又属于资产类账户,用来归集和分配企业制造部门为生产产品和提供劳务而发生的各项间接费用。本账户借方登记企业在制造过程中发生的各项间接费用,贷方登记月末分配结转的应由各种产品承担的制造费用。月末本账户一般无余额。"制造费用"账户之所以属于资产类账户,是因为制造费用是生产成本的组成部分,如果该账户期末有余额,表示在产品成本。本账户应按不同车间、部门和费用项目设置明细分类账,进行明细分类核算。

3. "应付职工薪酬"账户

本账户是负债类账户,用来核算企业根据有关规定应付给职工的各种薪酬。本账户借方登记本期实际支付的职工薪酬,贷方登记本期应付职工的各种薪酬。期末余额一般在贷方,表示企业应付未付的职工薪酬。本账户可按"工资""职工福利""社会保险费""住房公积金""工会经费""职工教育经费""非货币性福利"等进行明细核算。

4. "累计折旧"账户

本账户是资产类账户,它是"固定资产"账户的一个调整账户,用来核算企业固定资产发生的累计折旧。账户的贷方登记固定资产计提的折旧额,借方登记已提固定资产折旧的减少数或转销数额。本账户期末余额在贷方,表示现有固定资产已提的累计折旧。本账户可按固定资产的类别或项目进行明细核算。

5. "库存商品"账户

本账户是资产类账户,用来核算企业生产完工并验收入库的产品的实际成本。账户的借方登记已经完工验收入库的各种产品的实际生产成本,贷方登记已经出库的各种产品的实际生产成本。本账户期末余额在借方,表示库存产成品的实际成本。本账户应按库存商品的品名、种类和规格设置明细分类账,进行明细分类核算。

6. "管理费用"账户

本账户是费用类账户,用来核算企业为组织和管理企业生产经营所发生的管理费用,包括企业在筹建期间内发生的开办费、董事会和行政管理部门在企业的经营管理中发生的或者应由企业统一负担的公司经费(包括行政管理部门职工工资及福利费、物料消耗、低值易耗品摊销、办公费和差旅费等)、工会经费、董事会费(包括董事会成员津贴、会议费和差旅费等)、聘请中介机构费、咨询费(含顾问费)、诉讼费、业务招待费、技术转让费、矿产资源补偿费、研究费用、排污费等。企业生产车间(部门)和行政管理部门等发生的固定资产修理费用等后续支出,也在本账户核算。本账户借方登记企业发生的各项管理费用,贷方登记期末转入"本年利润"账户的金额。本账户期末结转后无余额。本账户应按照费用项目设置明细账,进行明细分类核算。

(二) 会计处理

现假定汇丰公司201×年6月份发生如下经济业务:

【例6-20】 企业本月从仓库领用甲、乙、丙材料各一批,用以生产A、B两种产品和其他一般耗用。会计部门根据转来的领料凭证汇总后,编制"材料耗用汇总表"如表6-3所示。

表 6-3　汇丰公司材料凭证汇总表

201×年 6 月 30 日

项目	甲材料		乙材料		丙材料		金额合计
	数量（千克）	金额（元）	数量（千克）	金额（元）	数量（千克）	金额（元）	
生产 A 产品耗用	1 000	6 000	600	1 200	2 000	16 000	23 200
生产 B 产品耗用	1 000	6 000	300	700	1 000	8 000	14 600
小　计	2 000	12 000	900	1 800	3 000	24 000	37 800
车间一般耗用	500	3 000			100	800	3 800
行政管理部门耗用			100	200			200
合　计	2 500	15 000	1 000	2 100	3 100	24 800	41 800

复核（签章）：　　　　　　　　　　　　　　　　　　　　制表（签章）：

会计部门根据上述材料凭证汇总表，应编制如下会计分录：

借：生产成本——A 产品　　　　　　　　　　　　　　　23 200
　　　　　　——B 产品　　　　　　　　　　　　　　　14 600
　　制造费用　　　　　　　　　　　　　　　　　　　　 3 800
　　管理费用　　　　　　　　　　　　　　　　　　　　　 200
　　贷：原材料　　　　　　　　　　　　　　　　　　　 41 800

【例 6-21】　月末，企业根据考勤记录和有关资料计算职工工资和职工福利（本例不考虑职工薪酬的其他方面），并编制"职工薪酬费用分配汇总表"如表 6-4 所示。

表 6-4　职工薪酬费用分配汇总表

201×年 6 月 30 日　　　　　　　　　　　　　　　　　金额单位：元

项目	工资	职工福利	合　计
生产 A 产品工人	15 000	2 100	17 100
生产 B 产品工人	20 000	2 800	22 800
小　计	35 000	4 900	39 900
车间管理人员	5 000	700	5 700
行政管理人员	10 000	1 400	11 400
合　计	50 000	7 000	57 000

复核（签章）：　　　　　　　　　　　　　　　　　　　　制表（签章）：

会计部门根据上述"职工薪酬费用分配汇总表"，应编制如下会计分录：

借：生产成本——A产品	15 000
——B产品	20 000
制造费用	5 000
管理费用	10 000
贷：应付职工薪酬——工资	50 000
借：生产成本——A产品	2 100
——B产品	2 800
制造费用	700
管理费用	1 400
贷：应付职工薪酬——职工福利	7 000

【例6-22】 10日，企业开出现金支票50 000元从银行提取现金，准备用于发放职工工资。

会计部门根据现金支票存根，应编制如下会计分录：

| 借：库存现金 | 50 000 |
| 贷：银行存款 | 50 000 |

【例6-23】 10日，企业以现金50 000元发放职工工资。

会计部门根据"职工薪酬费用分配汇总表"，应编制如下会计分录：

| 借：应付职工薪酬——工资 | 50 000 |
| 贷：库存现金 | 50 000 |

【例6-24】 30日，以银行存款支付行政管理部门的办公费、水电费1 600元。

会计部门根据支票存根、水电费发票，应编制如下会计分录：

| 借：管理费用 | 1 600 |
| 贷：银行存款 | 1 600 |

【例6-25】 30日，企业按照规定计提本期固定资产的折旧10 400元，其中生产车间折旧为6 000元，行政管理部门折旧为4 400元。

会计部门根据固定资产折旧计算表，应编制如下会计分录：

借：制造费用	6 000
管理费用	4 400
贷：累计折旧	10 400

二、产品生产成本的计算

产品的生产成本就是指产品在其生产过程中所发生的各种生产费用。计入产品成本的生产费用按其用途不同，可进一步划分为若干个项目，这些项目作为产品成本的构成内容,会计上称为成本项目。成本项目的内容具体可分为直接材料、直接人工和制造费用等。

(1) 直接材料。它是指直接用于产品生产,构成产品实体的原材料、主要材料、燃料以及有助于产品形成的辅助材料等。

(2) 直接人工。它是指直接从事产品生产人员的工资及提取的福利费。

(3) 制造费用。它是指直接或间接用于产品生产,但不便于直接计入产品成本,因而没有专设成本项目的费用。这些费用是企业内部各生产单位为组织和管理生产所发生的,主要包括:生产车间管理人员及其他非生产人员的工资等职工薪酬,车间发生的机物料消耗、车间固定资产折旧、车间的水电费、办公费、季节性的停工损失等。

在计算产品成本时,一般将产品生产过程中发生的各项生产费用,按产品的名称或类别分别进行归集和分配,以便分别计算各种产品的总成本和单位成本。由于直接材料和直接人工费用都是直接用于产品生产的费用,在发生时能够分清是为哪种产品的生产而耗用,应由哪种产品来承担,因而一般可以直接计入各种产品生产成本中;而制造费用在其发生时,一般不能分清应由哪种产品承担,因而不能直接归属某种产品,而应先归集,然后再按一定标准分配后计入各种产品成本中。如果某个企业只生产单一的一种产品,制造费用在其发生时不需要分配而直接记入该产品生产成本明细账。

现仍以[例 6-20]和[例 6-21]的有关资料为例,说明产品生产成本的一般计算方法。假设 A 产品月初在产品的总成本为 5 900 元,其中直接材料为 3 000 元,直接人工为 1 700 元,制造费用为 1 200 元。B 产品无期初余额。

【例 6-26】 30 日,按生产工人工资为比例将本期发生的制造费用,分配转入"生产成本"账户。

会计部门依据[例 6-20]和[例 6-21]的有关资料先登记"制造费用"账户,如表 6-5 所示,以确定本期制造费用总额。

表 6-5 制造费用总分类账

金额单位:元

201×年		凭证种类	摘 要	借 方	贷 方	借/贷	余 额
月	日						
6	(略)	(略)	耗用材料	3 800		借	3 800
			车间管理人员工资	5 000		借	8 800
			计提车间管理人员福利费	700		借	9 500
			计提车间固定资产折旧	6 000		借	15 500
			分配转出制造费用		15 500	平	0

会计部门再依据制造费用账户归集的金额编制制造费用分配表分配制造费用,如表 6-6 所示。

表 6-6 制造费用分配表

201×年 6 月 30 日

产品名称	生产工人工资(元)	分 配 率	分配金额(元)
A 产品	15 000		6 643.5
B 产品	20 000		8 856.5
合 计	35 000	0.4429	15 500

复核(签章): 制表(签章):

注:分配率 = $\dfrac{15\,500}{15\,000 + 20\,000} \approx 0.4429$

A 产品应承担的制造费用 = 15 000 × 0.4429 = 6 643.5(元)

B 产品应承担的制造费用 = 15 500 - 6 643.5 = 8 856.5(元)

会计部门根据"制造费用分配表",应编制如下会计分录:

借:生产成本——A 产品　　　　　　　　　　　　　　　6 643.50
　　　　　　——B 产品　　　　　　　　　　　　　　　8 856.50
　　贷:制造费用　　　　　　　　　　　　　　　　　　15 500.00

会计期末会计部门依据[例 6-20]、[例 6-21]和[例 6-26]的有关资料分别登记 A、B 产品的"生产成本"账户,如表 6-7、表 6-8 所示,以确定本期各产品的生产成本。在期末没有在产品的情况下,"生产成本"账户归集的某产品的生产费用就是该产品本期完工产品的生产成本;在期末有在产品的情况下,即期末既有完工产成品又有在产品的情形,需要采用一定的方法将本期归集的某产品的生产费用在该产品的完工产成品和期末在产品之间分配。其计算公式为:

期初在产品成本 + 本期生产费用 = 本期完工产品成本 + 期末在产品成本

表 6-7 生产成本明细账

产品名称:A 产品　　　　　　　　　　　　　　　　　　　　　金额单位:元

201×年		凭证种类	摘　要	成 本 项 目			合 计
月	日			直接材料	直接人工	制造费用	
6	1		期初余额	3 000	1 700	1 200	5 900
	(略)	(略)	生产领用原材料	23 200			29 100
			分配生产工人工资及福利费		17 100		46 200
			分配结转制造费用			6 643.5	52 843.5
			本月合计	26 200	18 800	7 843.5	52 843.5
			结转完工产品成本	26 200	18 800	7 843.5	

表 6-8 生产成本明细账

产品名称：B产品　　　　　　　　　　　　　　　　　　　　　　　金额单位：元

201×年		凭证种类	摘要	成本项目			合计
月	日			直接材料	直接人工	制造费用	
6	(略)	(略)	生产领用原材料	14 600			14 600
			分配生产工人工资及福利费		22 800		37 400
			分配结转制造费用			8 856.5	46 256.5
			本月合计	14 600	22 800	8 856.5	46 256.5
			结转完工产品成本	14 600	22 800	8 856.5	

【例 6-27】 30 日，期末生产 A、B 产品分别为 100 件和 80 件，A、B 产品全部完工并已验收入库，结转入库产品的生产成本。

会计部门根据完工产品入库单，应编制如下会计分录：

借：库存商品——A产品　　　　　　　　　　　　　52 843.50
　　　　　　——B产品　　　　　　　　　　　　　46 256.50
　贷：生产成本——A产品　　　　　　　　　　　　52 843.50
　　　　　　——B产品　　　　　　　　　　　　　46 256.50

生产过程总分类核算图如图 6-3 所示。

库存现金		银行存款		原材料	
㉒ 50 000	㉓ 50 000	㉒	50 000	⑳ 41 800	
			㉔ 1 600		

累计折旧		库存商品		应付职工薪酬	
	㉕ 10 400	㉗ 99 100		㉓ 50 000	㉑-1 50 000
					㉑-2 7 000

生产成本		管理费用		制造费用	
⑳ 37 800	㉗ 99 100	⑳ 200		⑳ 3 800	㉖ 15 500
㉑-1 35 000		㉑-1 10 000		㉑-1 5 000	
㉑-2 4 900		㉑-2 1 400		㉑-2 700	
㉖ 15 500		㉔ 1 600		㉕ 6 000	
		㉕ 4 400			

图 6-3 生产过程总分类核算图

【问题与思考6-3】

华南企业本月只生产A、B两种产品,表6-9是月末时计入两种产品的有关费用情况。请你分析:华南企业的做法有什么不妥?为什么?

表6-9 华南企业月末产品的有关费用

金额单位:元

发生的有关费用	产品名称	
	A产品	B产品
生产工人工资	30 000	25 000
生产工人福利费	7 700	
消耗材料	80 000	70 000
生产管理部门人员工资		5 000
生产管理部门人员福利费	700	
企业管理部门人员工资	6 000	3 000
本月购买产品质量检测设备支出	4 000	4 000
本月实际支出的生产设备大修理费用	30 000	30 000
本月计提的生产设备折旧	5 000	
产品展销发生的展览费支出		2 700

第四节 产品销售的会计处理

产品销售过程是企业经营过程的最后阶段。企业在销售过程中,一方面把产品发运给购买单位,并支付包装费和运杂费等销售费用;另一方面要按规定的价格办理货款结算,收回货款,实现销售收入。

销售过程是工业生产企业资金循环的第三阶段,也是企业再生产过程的最后一个阶段。在销售过程中,企业将产品销售出去并收回货币,以补偿生产产品的资金耗费,保证再生产正常进行的资金需要。因此,这是资金周转最重要的一个过程。如果企业生产出来的产品销售不出去或者不能销售完,那么成品资金就不能顺利地转化为货币资金,通过生产过程增值的价值就得不到实现。

企业在销售过程中,还会发生各种费用,如包装费、运输费、装卸费、保险费、展览费、广告费、商品维修费,以及为销售本企业产品而专设的销售机构的职工薪酬、业务费、折旧费等销售费用,应计入当期损益。

销售商品取得的收入,扣除增值说以外的税金及附加,补偿已销商品的销售成本及期间费用后的余额,即为营业利润或亏损。

为此,销售过程的主要任务是:准确核算商品销售收入,核算与监督销售货款结算情况,准确计算税金及附加,确定销售业务成果。

一、账户设置

1."主营业务收入"账户

本账户是损益类账户,用来核算企业在销售商品、提供劳务及让渡资产使用权等日常活动中所产生的收入。本账户贷方登记企业销售产品或提供劳务时实现的销售收入,借方登记因销售退回而冲减的销售收入和期末转入"本年利润"账户的数额。本账户期末结转后一般无余额。本账户可按主营业务的种类进行明细核算。

2."主营业务成本"账户

本账户是损益类账户,用来核算企业因销售商品、提供劳务或让渡资产使用权等日常活动而发生的实际成本。本账户借方登记企业本期因销售商品、提供劳务或让渡资产使用权等日常活动而发生的实际成本,贷方登记期末转入"本年利润"账户的已销售产品的生产成本。本账户结转后一般无余额。本账户可按主营业务的种类进行明细核算。

3."税金及附加"账户

本账户是损益类账户,用来核算企业经营活动发生的消费税、城市维护建设税、资源税、房产税、土地使用税、车船使用税、印花税、教育费附加等相关税费。本账户借方登记企业应负担的各项税金及附加,贷方登记期末转入"本年利润"账户的各种税金及附加。本账户期末结转后一般无余额。

4."应收账款"账户

本账户是资产类账户,用来核算企业因销售商品、产品、提供劳务等,应向购货单位或接受劳务单位收取的款项。本账户借方登记由于销售产品或提供劳务而发生的应收款项,贷方登记企业已经收回的款项。本账户期末余额一般在借方,表示企业尚未收回的应收账款。本账户应按照债权人设置明细账,进行明细核算。

5."应收票据"账户

本账户是资产类账户,用来核算企业因销售商品、产品、提供劳务等而收到的商业汇票,包括银行承兑汇票和商业承兑汇票。本账户借方登记应收票据的增加,贷方登记到期收回的票据应收款项。期末余额一般在借方,表示尚未到期的票据应收款项。企业应设置应收票据备查簿登记应收票据的详细资料。

6."预收账款"账户

本账户是负债类账户,用来核算企业按照合同规定向购货单位预收的款项。本账户贷方登记企业收到的预收款项,借方登记销售实现时与购货单位结算的款项。期末贷方余额,反映企业向购货单位预收的款项;期末借方余额,反映企业应由购货单位补付的款项。预收账款情况不多的企业,也可以将预收的款项直接记入"应收账款"账户的贷方,不设"预收账款"账户。本账户应按购货单位设置明细账,进行明细核算。

7."销售费用"账户

本账户是损益类账户,用来核算企业销售商品和材料、提供劳务的过程中发生的各种费用,包括保险费、包装费、展览费和广告费、商品维修费、预计产品质量保证损失、运输费、装卸费等以及为销售本企业商品而专设的销售机构(含销售网点、售后服务网点等)的职工薪酬、业务费、折旧费等经营费用。企业发生的与专设销售机构相关的固定资产修理费用等后续支出,也在本账户核算。本账户借方登记企业在销售商品过程中发生的运输费、装卸费、包装费、保险费、展览费和广告费等各项销售费用。贷方登记期末转入"本年利润"账户的数额。本账户期末结转后一般无余额。本账户可按费用项目设置明细分类账,进行明细分类核算。

二、会计处理

制造业企业在销售阶段发生的主要有确认销售收入、结转销售成本、办理款项结算、归集有关费用、计算销售税金等业务。现按不同经济业务,举例说明。

假定汇丰公司20××年6月份发生如下经济业务。

【例6-28】 5日,向新宜公司出售A产品100件,每台不含增值税的售价1 060元,计货款106 000元,增值税额为13 780元,产品已发出,货款尚未收到。

会计部门根据增值税专用发票记账联,应编制如下会计分录:

　　借:应收账款——新宜公司　　　　　　　　　　　　　119 780
　　　贷:主营业务收入　　　　　　　　　　　　　　　　　106 000
　　　　　应交税费——应交增值税(销项税额)　　　　　　 13 780

【例6-29】 5日,由于A产品为应纳消费税的产品,其适用的消费税税率为10%,计算上述已销A产品应交纳的消费税。

会计部门根据税金计算表,应编制如下会计分录:

　　借:税金及附加　　　　　　　　　　　　　　　　　　 10 600
　　　贷:应交税费——应交消费税　　　　　　　　　　　　 10 600

【例6-30】 5日,以现金支付销售A产品的运杂费500元。

会计部门根据取得的运输发票,应编制如下会计分录:

　　借:销售费用　　　　　　　　　　　　　　　　　　　　 500
　　　贷:库存现金　　　　　　　　　　　　　　　　　　　　 500

【例6-31】 10日,行政管理人员王明出差预借差旅费800元,以现金付讫。

会计部门根据审核批准的该管理人员填制的借款单,应编制如下会计分录:

借:其他应收款——王明　　　　　　　　　　　　　　　800
　贷:库存现金　　　　　　　　　　　　　　　　　　　　800

【例6-32】 15日,行政管理人员王明出差回来,报销差旅费600元,余款交回现金200元。

会计部门根据差旅费报销单和借款结算单据,应编制如下会计分录:

借:管理费用　　　　　　　　　　　　　　　　　　　　600
　库存现金　　　　　　　　　　　　　　　　　　　　　200
　贷:其他应收款——王明　　　　　　　　　　　　　　800

【例6-33】 15日,根据销货合同预收恒通公司购货款10 000元。已存入银行。

会计部门根据银行收账通知,应作如下会计分录:

借:银行存款　　　　　　　　　　　　　　　　　　　10 000
　贷:预收账款——恒通公司　　　　　　　　　　　　10 000

【例6-34】 20日,企业向恒通公司发出B产品100件,每件不含增值税售价为500元。发票上注明的货款为50 000元,增值税额为6 500元。

会计部门根据增值税专用发票记账联,应编制如下会计分录:

借:预收账款——恒通公司　　　　　　　　　　　　　56 500
　贷:主营业务收入　　　　　　　　　　　　　　　　50 000
　　应交税费——应交增值税(销项税额)　　　　　　　6 500

【例6-35】 25日,向恒通公司收取余款计48 500元,已存入银行。

会计部门根据银行收账通知,应作如下会计分录:

借:银行存款　　　　　　　　　　　　　　　　　　　48 000
　贷:预收账款——恒通公司　　　　　　　　　　　　48 000

【例6-36】 26日,企业向三江公司销售B产品50件,每件不含增值税售价为500元。增值税专用发票上注明的货款为25 000元,增值税额为3 250元,企业收到三江公司开出并承兑的商业承兑汇票一张,金额为29 000元。

会计部门根据增值税专用发票记账联,应编制如下会计分录:

借:应收票据——恒通公司　　　　　　　　　　　　　28 250
　贷:主营业务收入　　　　　　　　　　　　　　　　25 000
　　应交税费——应交增值税(销项税额)　　　　　　　3 250

【例6-37】 30日,结转本月销售的A产品和B产品的销售成本,本月共销售A产品 100 件，B 产品 150 件，A 产品的单位成本为 860 元/件，B 产品的单位成本为 320 元/件。

会计部门根据产品发出汇总表，应编制如下会计分录：

借：主营业务成本 134 000
　贷：库存商品——A 产品 86 000
　　　　　　　——B 产品 48 000

【例 6-38】 30 日，计算本期应交纳的城市维护建设税 1 050 元，应交纳的教育费附加为 600 元。

会计部门根据税金计算表，应编制如下会计分录：

借：税金及附加 1 650
　贷：应交税费——应交城市维护建设税 1 050
　　　　　　　——应交教育费附加 600

【例 6-39】 10 日，企业出售一批不需用的原材料 10 000 元，增值税税率 13%，款项尚未收到。

会计部门根据增值税专用发票的记账联，应编制如下会计分录：

借：应收账款 11 300
　贷：其他业务收入 10 000
　　　应交税费——应交增值税（销项税额） 1 300

【例 6-40】 10 日，企业结转上述已售原材料的成本 6 500 元。

会计部门根据原材料出库单，编制如下会计分录：

借：其他业务成本 6 500
　贷：原材料 6 500

销售过程总分类核算图如图 6-4 所示。

库存现金		银行存款		应收账款	
㉜　　200	㉚　　500	㉝　10 000	㉟　48 000	㉘　122 960	㊴　11 600
㉛　　800					

应收票据		其他应收款		原材料	
㊱　29 000		㉛　　800	㉜　　800		㊵　6 500

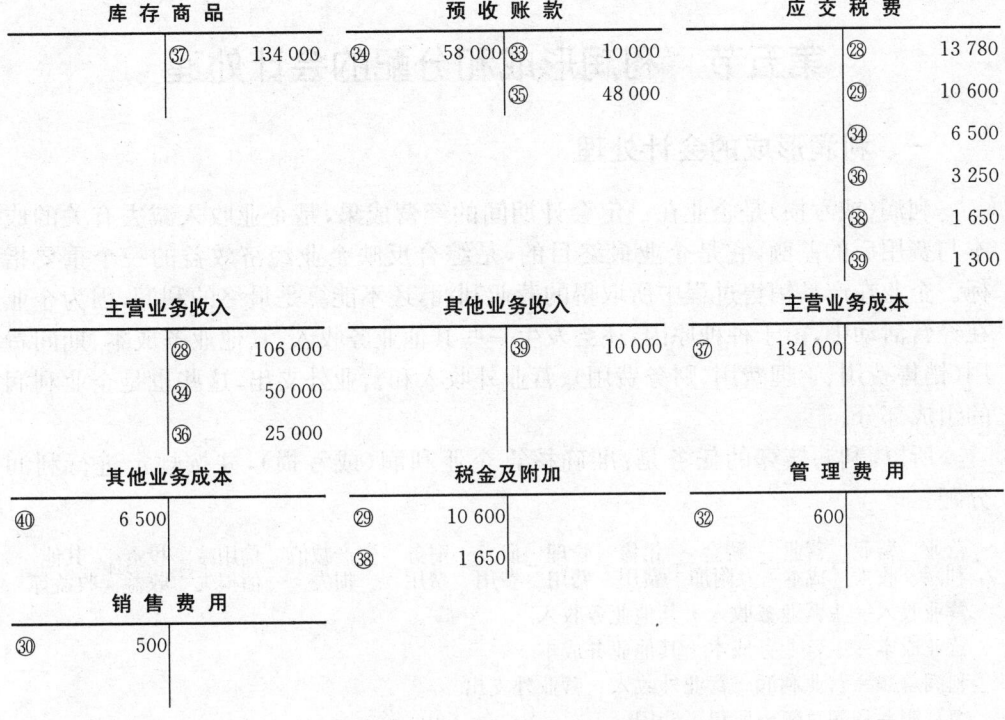

图 6-4 销售过程总分类核算图

【问题与思考 6-4】

华南公司与某客户签订了价值 200 万元的产品,增值税额 32 万元,合同约定 20×9 年 3 月 20 日交货。20×9 年 1 月 10 日华南公司收到某客户交来的预交定金 100 万元,会计张某当时就作了如下账务处理:

借:银行存款	1 000 000
应收账款	1 260 000
贷:主营业务收入	2 000 000
应交税费——应交增值税	260 000

张某对上述账务处理说明了以下理由:他认为这 100 万元是由于销售产品而引起的,应作销售收入处理。请问:张某的说法是否有错误?如果有错,那么正确的做法应该是怎样的?

第五节 利润形成和分配的会计处理

一、利润形成的会计处理

利润(或亏损)是企业在一定会计期间的经营成果,是企业收入减去有关的成本与费用后的差额,它是企业最终目的,是综合反映企业经济效益的一个重要指标。企业在产品销售过程中所取得的营业利润,还不能算是最终的利润,因为企业在经营活动中,由于种种原因,还会发生一些其他业务收入、其他业务成本、期间费用(销售费用、管理费用、财务费用)、营业外收入和营业外支出,这些也是企业利润的组成部分。

所以,利润核算的任务是:准确核算企业利润(或亏损),并按规定进行利润分配。

营业利润 = 营业收入 − 营业成本 − 税金及附加 − 销售费用 − 管理费用 − 研发费用 − 财务费用 − 资产减值损失 − 信用减值损失 + 投资收益 + 其他收益等

营业收入 = 主营业务收入 + 其他业务收入

营业成本 = 主营业务成本 + 其他业务成本

利润总额 = 营业利润 + 营业外收入 − 营业外支出

净利润 = 利润总额 − 所得税费用

(一)账户设置

1."其他业务收入"账户

本账户是损益类账户,用来核算企业确认的除主营业务活动以外的其他经营活动实现的收入,包括出租固定资产、出租无形资产、出租包装物和商品、销售材料等实现的收入。本账户贷方登记企业日常活动中除主营业务收入以外的其他销售或其他业务的收入,借方登记期末转入"本年利润"账户的数额。本账户期末结转后一般无余额。本账户可按其他业务收入的种类设置明细账,进行明细核算。

2."其他业务成本"账户

本账户是损益类账户,用来核算企业确认的除主营业务活动以外的其他经营活动所发生的支出,包括销售材料的成本、出租固定资产的折旧额、出租无形资产的摊销额、出租包装物的成本或摊销额等。本账户借方登记因企业除主营业务成本以外的其他销售或其他业务所发生的成本,贷方登记期末转入"本年利润"账户的数额。本账户期末结转后一般无余额。本账户可按其他业务成本的种类设置明细账,进行明细核算。

3."营业外收入"账户

本账户是损益类账户,用来核算企业发生的各项营业外收入,主要包括非流动资产处置利得、政府补助、捐赠利得等。本账户贷方登记企业取得的各项营业外收入，借方登记期末转入"本年利润"账户的数额。本账户期末结转后无余额。本账户应按营业外收入项目设置明细账，进行明细核算。

4."营业外支出"账户

本账户是损益类账户，用来核算企业发生的各项营业外支出，包括非流动资产处置损失、公益性捐赠支出、非常损失、盘亏损失等。本账户借方登记企业发生各项营业外支出的实际发生数，贷方登记期末转入"本年利润"账户的数额。本账户期末结转后无余额。本账户应按营业外支出项目设置明细账，进行明细核算。

5."本年利润"账户

本账户是所有者权益类账户，用来核算企业实现的净利润（或发生的净亏损）。本账户贷方登记期末将主营业务收入、其他业务收入、营业外收入等转入的数额，借方登记期末将主营业务成本、营业税金及附加、其他业务成本、管理费用、财务费用、销售费用、营业外支出、所得税费用等转入的数额。本账户期末余额如在贷方，表示企业自年初至本期末累计实现的净利润数额，期末余额在借方，则表示企业自年初至本期末累计发生的净亏损数额。年度终了，企业应将本年实现的净利润（或亏损总额）转入"利润分配"账户，结转后本账户无余额。

6."所得税费用"账户

本账户是损益类账户，用来核算企业按规定从当期利润总额中减去的所得税费用。本账户的借方登记企业发生的所得税费用，贷方登记期末转入"本年利润"账户的数额。本账户期末结转后无余额。

(二) 主要经济业务会计处理

财务成果是企业生产经营活动的最终成果，即利润或亏损（简称利润）。利润是综合反映企业经营管理水平的一个重要指标。企业在产品销售过程中取得的销售成果，还不是最终的财务成果，因为企业在经营活动中，由于种种原因，还会发生一些其他业务收入、其他业务成本、期间费用（管理费用、财务费用、销售费用）、营业外收入、营业外支出等，这些收支都是财务成果的组成部分。

现以汇丰公司20××年4月发生的经济业务为例来说明财务成果的核算。

【例6-41】 15日，企业对违反本企业管理规定的职工王某罚款130元，会计部门收到王某交来现金。

会计部门根据有关管理部门的罚款通知单，应编制如下会计分录：

借：库存现金 130
　　贷：营业外收入 130

【例6-42】 20日，企业开出现金支票，向某小学捐款10 000元。

会计部门根据现金支票存根,应编制如下会计分录:

  借:营业外支出   10 000
    贷:银行存款   10 000

【例6-43】 30日,企业结转本期实现的各项收入和成本费用到"本年利润"账户。本期实现的主营业务收入为106 000元,主营业务成本为47 494元,税金及附加10 600元,其他业务收入2 800元,其他业务成本2 000元,管理费用11 314元,财务费用300元,销售费用1 000元,营业外收入130元,营业外支出10 000元。

  借:主营业务收入   106 000
    其他业务收入   2 800
    营业外收入   130
    贷:本年利润   108 930
  借:本年利润   82 708
    贷:主营业务成本   47 494
    税金及附加   10 600
    其他业务成本   2 000
    管理费用   11 314
    财务费用   300
    销售费用   1 000
    营业外支出   10 000

  企业的利润总额=108 930-82 708=26 222(元)

【例6-44】 30日,假定企业的所得税税率为25%,本期企业的应纳税所得额就是企业本期的利润总额,计算企业本期应交纳的企业所得税,并结转所得税费用。

  企业应交纳的所得税额计算公式为:

    应纳所得税额=应纳税所得额×所得税税率=26 222×25%=6 555.5(元)

  会计部门根据税金计算表,应编制如下会计分录:

  借:所得税费用   6 555.50
    贷:应交税费——应交所得税   6 555.50

同时,结转企业的所得税费用。

  借:本年利润   6 555.50
    贷:所得税费用   6 555.50

依据上例,企业本期的净利润为19 666.5元(26 222-6 555.5)。

二、利润分配的会计处理

(一)利润分配的程序

依据《中华人民共和国公司法》的规定,公司分配当年税后利润时,应当提取利润的10%列入公司法定盈余公积。如果公司以前年度发生亏损的,在依规定提取法定盈余公积之前,应当先用当年利润弥补亏损。公司从税后利润中提取法定盈余公积后,经股东会或者股东大会决议,还可以从税后利润中提取任意盈余公积。公司弥补亏损和提取盈余公积后所余税后利润,可向投资者分配利润。值得说明的是,按《公司法》的规定,公司提取的盈余公积的用途是用于弥补公司的亏损、扩大公司生产经营或者转为增加公司资本。

(二)账户设置

1. "利润分配"账户

本账户是所有者权益类账户,用来核算企业利润的分配(或亏损的弥补)和历年分配(或弥补)后的积存余额。本账户年度终了,企业应将全年实现的净利润,自"本年利润"账户转入本账户,如为净亏损,则转入本账户的借方;当年对净利润的分配登记在本账户的借方。本账户年末余额,反映企业历年积存的未分配利润(或未弥补亏损)。余额在贷方,表示历年累计未分配的利润;余额在借方,则表示历年累计的未弥补的亏损。本账户应当设置的明细账户包括:"提取法定盈余公积""提取任意盈余公积""应付现金股利或利润""转作股本的股利""盈余公积补亏"和"未分配利润"等。期末将"利润分配"账户下的其他明细账的余额转入本账户的"未分配利润"明细账。结转后,除"未分配利润"明细账之外,本账户的其他明细账应无余额。

2. "盈余公积"账户

本账户是所有者权益类账户,用来核算企业从净利润中提取的盈余公积。本账户贷方登记企业提取的盈余公积数额,借方登记用盈余公积弥补亏损的数额。本账户期末余额在贷方,表示盈余公积的结余数额。本账户应当设置的明细账包括:法定盈余公积、任意盈余公积等明细账进行明细核算。

3. "应付股利"账户

本账户是负债类账户,用来核算企业经董事会或股东大会,或类似机构决议确定分配的现金股利或利润。企业分配的股票股利,不通过本账户核算。本账户贷方登记企业向投资者分配的利润,借方登记实际向投资者支付的利润。本账户期末余额在贷方,反映已分配给投资者但尚未支付的利润总额。本账户可按投资者进行明细核算。

(三)主要经济业务会计处理

现以汇丰公司201×年发生的经济业务为例来说明利润分配的核算。

【例6-45】201×年,汇丰公司实现的净利润为500 000元,年初未分配利润的余额为零。年终将"本年利润"账户的贷方余额 500 000 元,转入"利润分配"账户。

借:本年利润　　　　　　　　　　　　　　　　　　500 000
　　贷:利润分配——未分配利润　　　　　　　　　　　　　500 000

【例 6-46】 201×年,汇丰公司董事会决定按当年实现的净利润的 10% 提取法定公积 50 000 元。

借:利润分配——提取盈余公积　　　　　　　　　　　50 000
　　贷:盈余公积——法定盈余公积　　　　　　　　　　　　50 000

【例 6-47】 201×年,汇丰公司股东大会批准决定,向投资者分配利润 300 000 元。

借:利润分配——应付现金股利　　　　　　　　　　　300 000
　　贷:应付股利　　　　　　　　　　　　　　　　　　　　300 000

【例 6-48】 利润分配结束后,应将"利润分配"账户其他明细账户的余额结清,转入"利润分配——未分配利润"明细账户,以便结出年末未分配利润总额。汇丰公司利润分配完后,应作如下会计分录:

借:利润分配——未分配利润　　　　　　　　　　　350 000
　　贷:利润分配——提取法定盈余公积　　　　　　　　　　 50 000
　　　　　　　——应付现金股利　　　　　　　　　　　　300 000

依[例 6-45]和[例 6-48],汇丰公司 201×年年末未分配利润的余额为 150 000 元(500 000－350 000)。

利润及利润分配经济业务总分类核算图如图 6-5 所示。

库存现金		银行存款			应交税费	
㊶ 130		㊷ 10 000			㊹-1 6 555.5	

应付股利		本年利润			盈余公积	
	㊼ 300 000	㊸-2 82 708	㊸-1 108 930			㊻ 50 000
		㊹-2 6 555.5				
		㊺ 500 000				

利润分配		主营业务收入			其他业务收入	
㊻ 50 000	㊺ 500 000		㊸-1 106 000			㊸-1 2 800
㊼ 300 000	㊽ 350 000					
㊽ 350 000						

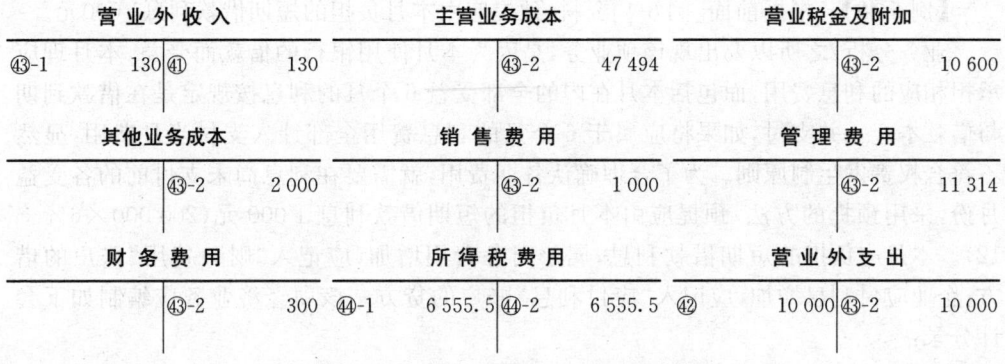

图 6-5 利润及利润分配总分类核算图

【问题与思考 6-5】

某会计师事务所接受委托对大华公司 20×4 年度财务报表进行审计。假定经项目组注册会计师审查后发现下列情况：

(1) 大华公司当年结转主营业务成本为 61 683 万元，而实际应结转 61 022 万元。

(2) 大华公司 12 月 6 日支付了 11 万元的 2005 年度广告费，均已计入当年的期间费用。

试分析大华公司上述会计处理中存在的问题及对当年利润的影响。

第六节 资金退出的会计处理

一、资金退出业务的内容

企业核算除了前面所述的主要业务核算以外，在资金使用过程中，还有一些资金流出的事项，如向国家交纳各种税金、支付到期的借款本息，以及支付投资人投资利润或现金股利时，这些资金将退出企业的生产经营活动。

二、主要经济业务会计处理

（一）偿还短期借款本金和利息

在本章第一节中曾述及企业向银行及其他金融机构借入款项的核算，而这里介绍归还借款和本金的核算。

借：短期借款（借款本金）
　　应付利息（已经计提的利息）
　　财务费用（尚未计提的利息）
贷：银行存款

【例6-49】 根据前面[例6-4]资料,预提应由本月负担的短期借款利息1 000元。

业务分析:之所以要出现该项业务,是因为本月使用银行的借款而受益,本月理应承担相应的利息费用,而包括本月在内的全部受益6个月的利息按规定是在借款到期与借款本金一并支付,如果将应属于6个月的利息费用全部计入支付当月费用,显然不符合权责发生制原则。为了合理确认各期费用,就需要在利息尚未支付前的各受益月份,采用预提的方法,预提应由本月负担的短期借款利息1 000元(200 000×6%÷12)。本月应负担的短期借款利息,属于财务费用增加,应记入"财务费用"账户的借方;企业应付利息增加,应记入"应付利息"账户的贷方。该项经济业务应编制如下会计分录:

借:财务费用　　　　　　　　　　　　　　　　　　　　　　1 000
　　贷:应付利息　　　　　　　　　　　　　　　　　　　　　1 000

1~5月,每月末计提利息费用时的会计处理同本月份。如果借款到期日为6月末,当月应负担的利息不必预提,于支付时直接计入财务费用。到期一次还本付息时,需支付206 000元,其中6 000元为6个月的利息,前5个月的利息计5 000元已分别预提并已记入"应付利息"账户的贷方,现在已支付了利息,"应付利息"这项负债应减少5 000元,应记入"应付利息"账户的借方;还有1 000元利息属于最后1个月应负担的,是支付当月财务费用的增加,应记入"财务费用"账户的借方;至于200 000元本金的偿还,使短期借款减少,应记入"短期借款"账户的借方;另外,银行存款减少了206 000元,应记入"银行存款"账户的贷方。该项经济业务应编制如下会计分录:

借:短期借款　　　　　　　　　　　　　　　　　　　　　　200 000
　　应付利息　　　　　　　　　　　　　　　　　　　　　　5 000
　　财务费用　　　　　　　　　　　　　　　　　　　　　　1 000
　　贷:银行存款　　　　　　　　　　　　　　　　　　　　　206 000

需要说明的是,如果企业的短期借款利息按月支付,或者利息是在借款到期归还本金时一并支付且数额不大,可以在实际支付或收到银行的计息通知时,直接计入当期损益。

【例6-50】 汇丰企业6个月前向某银行借入的一笔短期借款到期,按约定用银行存款一次付清本金、利息。该笔短期借款本金100 000元,年利率9%。因利息数额不大,借款到期前没有按月预提利息,利息在实际支付时,直接计入当期损益。

业务分析:应支付的利息为4 500元(100 000×9%÷12×6)。偿还了短期借款本金,使负债短期借款减少100 000元,应记入"短期借款"账户的借方;支付了短期借款利息,使财务费用增加4 500元,应记入"财务费用"账户的借方;另外,短期借款本金、利息是以银行存款支付的,使银行存款减少104 500元,应记入"银行存款"账户的贷方。

此项经济业务应编制如下会计分录:

```
借：短期借款                              100 000
    财务费用                                4 500
    贷：银行存款                                   104 500
```

（二）税费的上交

制造企业从事商品生产经营活动，必须依法向国家交纳有关税费。主要包括增值税、消费税、所得税、房产税、城镇土地使用税、车船税、城市维护建设税、教育费附加等。以货币资金（银行存款）交纳了有关税费后，这一部分资金退出企业生产经营的资金周转。

【例6-51】 汇丰企业以银行存款向税务部门交纳有关税费计1 629 380元。其中，增值税665 380元，消费税336 000元，所得税528 000元，城市维护建设税70 000元，教育费附加30 000元。

业务分析：以银行存款交纳了有关税费后，使应交的有关税费减少1 629 380元（665 380＋336 000＋528 000＋70 000＋30 000），应记入"应交税费"账户的借方；另外，以银行存款交纳了税费，使银行存款减少1 629 380元，应记入"银行存款"账户的贷方。

此项经济业务应编制如下会计分录：

```
借：应交税费——应交增值税（已交税额）              665 380
            ——应交消费税                        336 000
            ——应交所得税                        528 000
            ——应交城市维护建设税                  70 000
            ——应交教育费附加                     30 000
    贷：银行存款                                       1 629 380
```

（三）股利（利润）的支付

为了增强公司股东的投资信心，满足股东分享公司收益的愿望，公司在实现净利润等条件下，拿出适量的资金向股东分派红利是必要的。当然，公司在什么时候、分派多少现金股利应由公司权力机构决定。在公司权力机构作出现金股利分配决定到实际向公司股东支付现金股利前，资金并没有离开企业，而在实际支付后，资金才退出企业。

【例6-52】 汇丰企业以银行存款向公司股东支付现金股利50 000元。

业务分析：以银行存款向公司股东支付现金股利后，使应付股利减少50 000元，应记入"应付股利"账户的借方；另外，以银行存款支付了股利，使银行存款减少50 000元，应记入"银行存款"账户的贷方。

此项经济业务应编制如下会计分录：

```
借：应付股利                               50 000
    贷：银行存款                                    50 000
```

资金退出总分类核算图如图 6-6 所示。

银行存款

借方	贷方
	㊾-2　206 000
	㊿　104 500
	(51)　1 629 380
	(52)　50 000

短期借款

借方	贷方
㊾-2　200 000	
㊿　100 000	

应付利息

借方	贷方
㊾-2　5 000	㊾-1　1 000

应付股利

借方	贷方
(52)　50 000	

应交税费

借方	贷方
(51)　1 629 380	

财务费用

借方	贷方
㊾-1　1 000	
㊾-2　1 000	
㊿　4 500	

图 6-6　资金退出总分类核算图

【问题与思考 6-6】

张同学在学习时认为以银行存款向员工支付工资和以银行存款向国家交纳税金都属于资金退出企业的业务核算。你认为张同学的看法是否正确？为什么？

第七节　其他业务的会计处理

企业的日常业务活动过程，除了前面介绍的筹资、采购、生产、销售、利润及资金退出的核算外，还可能涉及对外投资、对外捐赠等业务。

一、对外投资的会计处理

（一）账户设置

1.“交易性金融资产”账户

“交易性金融资产”账户是资产类账户，用来核算企业为交易目的所持有的债券投资、股票投资、基金投资等交易性金融资产的公允价值。本账户的借方登记取得交易性金融资产的价值，贷方登记出售交易性金融资产的公允价值。本账户期末余额表示企业持有的交易性金融资产的公允价值。本账户可按交易性金融资产的类别和种类设置明细分类账。

2.“长期股权投资”账户

本账户是资产类账户，用来核算企业持有的合并形成的或以支付现金、非现金资产等其他方式形成的各种股权性质的投资。本账户借方登记取得各种长期股权投资的价值，贷方登记实际收回长期股权投资的价值，如有差额应记入“投资收益”账户的贷方（收益）或借方（损失）。本账户期末借方余额表示长期股权投资的成本。本账户可按被投资单位设置明细分类账。

（二）会计处理

【例 6-53】 企业购入面值 100 元的 1 年期债券 1 000 张，年利率为 6%，以银行存款支付。

会计部门根据有关结算凭证，应编制会计分录如下：

借：交易性金融资产	100 000
贷：银行存款	100 000

如果 1 年到期收回本利 106 000 元（其中本金 100 000 元，利息 6 000 元），债券利息属于投资收益，应在"投资收益"账户核算。应作会计分录如下：

借：银行存款	106 000
贷：交易性金融资产	100 000
投资收益	6 000

【例 6-54】 企业将闲置一辆汽车取得 A 单位长期股权投资，该汽车原值 150 000 元，已提折旧 30 000 元。

会计部门根据相关凭据，应编制会计分录如下：

借：固定资产清理	120 000
累计折旧	30 000
贷：固定资产	150 000
借：长期股权投资	120 000
贷：固定资产清理	120 000

二、固定资产出售和报废的会计处理

（一）账户设置

"固定资产清理"账户，本账户借方登记转入固定资产清理的净值和发生的清理费用、承担的相关税费等，贷方登记清理固定资产的变价收入和应由保险公司或过失人承担的损失等；期末余额反映尚未清理完毕固定资产的净值以及清理净收入（清理收入减去清理费用）。

（二）会计处理

【例 6-55】 某公司将固定资产出售，原值为 50 000 元，累计折旧为 30 000 元，清理过程中用现金支付清理费用 150 元，取得出售收入 2 000 元存入银行。

会计部门根据以上资料，应编制会计分录如下：

（1）注销固定资产原值和累计折旧：

借：固定资产清理	20 000
累计折旧	30 000
贷：固定资产	50 000

(2) 支付清理费用：

　　借：固定资产清理　　　　　　　　　　　　　　　　　　　　150
　　　　贷：库存现金　　　　　　　　　　　　　　　　　　　　　150

(3) 收取价款：

　　借：银行存款　　　　　　　　　　　　　　　　　　　　　2 000
　　　　贷：固定资产清理　　　　　　　　　　　　　　　　　　2 000

(4) 结转固定资产清理净损失：

　　　　固定资产清理净损失＝2 000－20 000－150＝－18 150(元)

　　借：营业外支出　　　　　　　　　　　　　　　　　　　18 150
　　　　贷：固定资产清理　　　　　　　　　　　　　　　　　18 150

【问题与思考 6-7】

企业对外投资与对外捐赠两者有什么不同？

本 章 小 结

　　本章在讲述复式记账的原理——会计基本等式的基础上，以工业企业为例，对工业企业的主要经济业务，即：资金的筹集过程、采购过程、产品生产过程、产品销售过程、利润形成和分配过程、资金退出及其他业务等进行了详细的介绍，对复式记账法的具体运用进行了更深一步的阐述。

　　可供企业运用的资金来源主要是两方面：一是投资者投入的资金；二是向债权人借入的款项。投资者投入的资本金，在会计上称为"实收资本"；向企业提供借款的债权人主要是银行或非银行金融机构；企业取得的借款分为短期借款和长期借款。

　　采购过程的基本内容包括：企业与供货单位或其他有关单位签订购销合同，并按合同的规定办理款项的结算。其中除了要支付所购货物的价款和增值税以外，还要支付与购进货物有关的运输费、装卸费、保险费、包装费等各种采购费用。本章阐述了不同的货款结算方式需要按不同的方法进行账务处理，对于由数种材料共同负担的费用还需要按买价、重量、体积等分配标准比例分配计入各对象的采购成本账户中。

　　生产业务主要涉及产品制造成本的归集和核算以及为组织管理生产经营所发生的与产品生产无直接关系的管理费用、财务费用等的核算。产品成本的构成包含直接材料、直接人工和间接的制造费用。本章详细地介绍了生产过程中领用材料、结算工资及福利费用和分配制造费用的核算，同时介绍了产品成本在完工产品和期末在产品之间的分配。

　　销售业务是指从产品完工并验收入库、形成库存商品开始，至将库存商品出售给买方为止的全部业务。销售业务主要涉及销售收入的核算,不同货款结算方式按不同方法进行账务处理。同时,销售业务还包括销售成本、销售费用及销售税金的核算。

财务成果阶段分为利润的形成和利润的分配两部分。利润是企业在一定会计期间的经营成果,包括营业利润、利润总额和净利润。企业当期取得的净利润加上上年初留存收益的未分配利润形成可供分配的利润。可供分配的利润应当按规定进行分配。

本章最后还介绍了资金退出及其他业务的会计核算内容。

复习思考题

1. 企业通常的筹资渠道有哪些?需要利用哪些账户进行筹资业务的核算?
2. 工业企业的经济业务主要包括哪些?举例说明如何进行生产业务核算。
3. 期间费用与间接费用的主要区别是什么?
4. 什么是固定资产折旧?对固定资产折旧业务如何在账户上进行登记?
5. 怎样理解"利润分配"账户的结构?

案例讨论题

赵某从钱某处购得一家汽车修理公司。合同规定,赵某用现金支付部分购买款项。其余所欠款项由赵某用公司每年净利润25%偿还,并规定以公正合理的方式计算净利润。但是,赵某并不清楚净利润的基本计算方法。第一年营业期满后,赵某在计算净利润时,采用了如下规则:从客户手中收到现金时才确认为收入;只要公司支付了现金就确认为当年的费用。为此,赵某对以下收入和费用进行了处理:

(1) 为吸引客户,办理刷车优惠卡预收现金15 000元,全部确认为本年的收入(据统计,其中只有5 000元提供了刷车服务)。

(2) 有两位客户尚拖欠本年汽车修理款36 000元,未能确认为本年收入。

(3) 购买修理用材料、配件等本年共支出11万元,全部确认为本年的费用(后经盘点发现,还有7 000元配件和材料积压在仓库)。

(4) 购买二手车一辆,双方协商价格50 000元,暂付25 000元。该车购买时预计尚可使用5年。已经支付的25 000元全部确认为本年的费用。

(5) 购买修理用设备15 000元,也全部确认为本年的费用。

(6) 公司所得税税率为25%。

要求:

(1) 如果你是钱某,你同意赵某对本年收入和费用的上述会计处理吗?为什么(即指出赵某的上述会计处理违背的具体会计规范)?

(2) 说明每一项业务正确的会计处理方法。

(3) 赵某采用上述会计处理方法得到的净利润数额与实际数相比,是大还是小?按其一定比例计算的应当支付钱某的欠款数额是多还是少?

同步测试题

一、单项选择题

1. 企业领用库存材料生产产品反映的资金运动是(　　)。
   A. 货币资金转化为储备资金　　　　B. 储备资金转化为成品资金
   C. 储备资金转化为生产资金　　　　D. 生产资金转化为成品资金

2. 某企业某日向甲公司同时购入A、B两种材料,其中,A材料400千克,单价50元,买价20 000元,增值税额2 600元;B材料100千克,单价100元,买价10 000元,增值税额1 300元。用银行存款支付了A、B两种材料的共同运费、保险费等杂费1 500元,其余款项暂欠。运杂费按买价比例分配。则其中B材料的成本为(　　)元。
   A. 21 000　　　　B. 20 900　　　　C. 10 500　　　　D. 10 300

3. 某企业只生产一种产品,本月底成本资料如下:月初在产品成本为8 000元,本月生产该产品耗用材料50 000元,生产工人工资8 000元,车间管理人员工资2 000元,并支付了生产工人福利费1 120元,车间管理人员福利费280元,车间水电、折旧等费用合计4 600元,预付车间半年保险费1 200元(含本月),月末在产品生产成本4 200元。则该车间本月完工产品生产成本总额为(　　)元。
   A. 68 600　　　　B. 69 600　　　　C. 70 000　　　　D. 71 000

4. 企业医务室购买药品及支付医务人员工资,应借记(　　)账户。
   A. "营业外支出"　　　　　　　　B. "管理费用"
   C. "制造费用"　　　　　　　　　D. "应付职工薪酬"

5. 下列账户中,会与"本年利润"账户发生对应关系的是(　　)。
   A. "应交税费"　　　　　　　　　B. "盈余公积"
   C. "应付股利"　　　　　　　　　D. "利润分配"

二、多项选择题

1. 材料的采购成本项目应包括(　　)两项。
   A. 挑选整理费　　　　　　　　　B. 材料买价
   C. 采购费用　　　　　　　　　　D. 采购人员工资

2. 下列各项税金中,应记入"税金及附加"项目的有(　　)。
   A. 土地增值税　　　　　　　　　B. 增值税
   C. 消费税　　　　　　　　　　　D. 城市维护建设税

3. 有关费用类账户中,说法正确的有(　　)。

A. 借方登记费用金额的增加
B. 贷方登记费用金额的减少
C. 账户结构与资产类账户基本相同
D. 借方登记费用的减少或转销

4. 下列各项费用中,属于"制造费用"的有(　　)。
A. 机物料消耗　　　　　　　　B. 车间管理人员工资
C. 管理部门人员工资　　　　　D. 生产直接耗用材料

5. 下列各项中,对企业营业利润产生影响的有(　　)。
A. 资产减值损失　　　　　　　B. 税金及附加
C. 营业外收入　　　　　　　　D. 投资收益

三、判断题

1. 按权责发生制原则,凡是当期已经实现的收入和已经发生或应当负担的费用,都应当作为当期的收入和费用;凡是不属于当期的收入和费用,不应当作为当期的收入和费用。但款项已在当期收付的除外。(　　)

2. 成本是以产品为对象进行归集的资金耗费。(　　)

3. 企业一般应设置"预收账款"账户,核算企业按照购销合同规定,向购货单位预先收取的款项;对于预收货款业务不多的企业,可以不设置"预收账款"账户,其所发生的预收账款,通过"应付账款"账户核算。(　　)

4. 为了编制报表,小张会计请示了主管之后,确认了一笔产品销售收入;而产品销售成本的结转则递延至下年完成。(　　)

5. 财务成果是企业生产经营活动的最终成果,即利润或亏损。(　　)

四、核算题

【核算题1】　甲公司发生下列经济业务:
(1) 收到某单位投入一批原材料,总成本200 000元。
(2) 向银行借入3个月期借款100 000元存入银行。
(3) 向银行借入3年期借款800 000元存入银行。
(4) 从银行存款中支付本季度短期借款利息32 000元,本季度前两个月已预提短期借款利息21 000元。
(5) 计提长期借款利息90 000元,其中固定资产在建期间的借款利息70 000元,固定资产完工交付使用并已办理竣工手续后的利息20 000元。
(6) 以银行存款偿还短期借款50 000元,长期借款100 000元。
(7) 收到某公司投入本企业商标权一项,投资双方确认的价值为200 000元。
(8) 按规定将盈余公积30 000元转作资本金。
(9) 接受外商捐赠汽车一辆,价值120 000元。
要求:根据上述资料编制会计分录。

【核算题 2】 某企业 20×9 年 7 月内发生的有关材料采购的经济业务：

(1) 采购员张三预支差旅费 500 元，以现金支付。

(2) 购进下列原材料，增值税税率 13%，材料已验收入库，货款以商业承兑汇票结算：

甲材料	1 600 千克	单价 10 元	计 16 000 元
乙材料	800 千克	单价 16 元	计 12 800 元
应交增值税	4 896 元		合计 33 696 元

(3) 以银行存款支付上述材料运费 480 元，以现金支付运达仓库的装卸费 240 元，计甲材料 480 元，乙材料 240 元。

(4) 上述材料按实际成本入账，计甲材料 16 480 元，乙材料 13 040 元。

(5) 商业汇票到期，以银行存款支付上述材料款 33 696 元。

(6) 从外地购入材料 11 100 元，计甲材料 550 千克，单价 10 元，乙材料 350 千克，单价 16 元，增值税税率 13%，货款以银行存款支付，材料未到。

(7) 上述材料已到，以现金支付运费 180 元，以银行存款支付装卸费 540 元，计甲材料 440 元，乙材料 280 元。

(8) 上述材料按实际成本 11 820 元转账，计甲材料 5 940 元，乙材料 5 880 元。

要求：根据上述资料，编制会计分录。

【核算题 3】 企业生产甲、乙两种产品，甲产品期初在产品成本为 8 000 元，本月发生材料费用 42 000 元，生产工人工资 7 200 元，月末在产品成本 5 200 元，完工产品数量 500 件；乙产品没有期初在产品，本月发生的材料费 34 800 元，生产工人工资 4 800 元，月末没有在产品，完工产品数量 300 件，本月共发生制造费用 6 000 元。

要求：计算甲、乙完工产品总成本和单位成本（制造费用按生产工人工资比例分配），并编制结转完工产品成本的会计分录。

【核算题 4】 某企业 20×9 年 7 月内发生的经济业务内容如下：

(1) 生产车间从仓库领用各种原材料进行产品生产，用于生产 A 产品甲材料 150 千克，每千克 10.50 元，乙材料 100 千克，每千克 16.50 元；用于生产 B 产品甲材料 120 千克，每千克 10.50 元，乙材料 80 千克，每千克 16.50 元。

(2) 结算本月份应付职工工资，按用途归集如下：

A 产品生产工人工资	5 000 元
B 产品生产工人工资	4 000 元
车间职工工资	2 000 元
管理部门职工工资	3 000 元

(3) 计提本月份固定资产折旧，车间使用的固定资产折旧 600 元，管理部门使用的固定资产折旧 300 元。

(4) 车间报销办公费及其他零星开支 400 元，以现金支付。

(5) 车间管理人员出差报销差旅费237元,原预支300元,余额归还现金。
(6) 将制造费用3 717元如数转入"生产成本"账户。
(7) 本月A产品100件,B产品80件,均已全部制造完成,并已验收入库,按实际成本19 782元入账。

要求:根据上列经济业务编制会计分录。

【核算题5】 某企业20×9年7月内发生销售经济业务内容如下:
(1) 向甲工厂出售A产品500件,每件单价60元,增值税税率13%,货款已收到,存入银行。
(2) 向乙公司出售B产品300件,每件单价150元,增值税税率13%,货款尚未收到。
(3) 按出售的两种产品的实际销售成本转账(A产品每件45元,B产品每件115元)。
(4) 以银行存款支付上述A、B两种产品在销售过程中的运输费800元,包装费200元。
(5) 按规定计算和登记B产品应交纳的消费税(按销售售价计算的20%消费税率)。
(6) 向丙工厂出售材料物资100千克,每千克12元,货款1 404元(含税)已收到,存入银行。
(7) 按出售的材料物资实际销售成本转账(每千克10元)。

要求:根据上列各项经济业务编制会计分录

【核算题6】 某工厂10月份发生下列经济业务:
(1) 销售A产品10件,单价1 920元,货款19 200元,销项税额2 496元,款项已存入银行。
(2) 销售B产品150件,单价680元,计102 000元,销项税额13 260元,款项尚未收到。
(3) 用银行存款支付销售费用计1 350元。
(4) 预提本月银行借款利息1 200元。
(5) 结转已销产品生产成本,A产品12 476元,B产品69 000元。
(6) 计算应交城市维护建设税1 100元,教育费附加610元。
(7) 销售丙材料200千克,单价26元,计5 200元,货款已存入银行,其采购成本为4 900元。
(8) 盘盈一台设备,其重置完全价值8 000元,估计折旧额5 200元。
(9) 以现金260元,支付延期提货的罚款。

要求:
(1) 月末将"主营业务收入""其他业务收入""营业外收入"账户结转"本年利润"

账户。

(2) 月末将"主营业务成本""税金及附加""其他业务成本""销售费用""管理费用"(账户余额为 7 600 元)、"财务费用""营业外支出"结转到"本年利润"账户。

(3) 计算并结转本月应交所得税,税率为 25%。

(4) 将本月实现的净利润转入"利润分配"账户。

(5) 按税后利润的 10% 提取盈余公积。

第七章 财务报表编制

学习目标

- 了解财务报表构成以及主要财务报表的结构内容
- 理解结账和财产清查的含义以及财务报表的概念和作用
- 掌握结账的程序与财产清查的流程和要点及其账务处理
- 掌握资产负债表、利润表、现金流量表和所有者权益变动表的编制方法

引 言

王芳、李丽等五人是大学同学,毕业后合伙组建了一个贸易公司,平时由其他4人负责业务,王芳负责会计处理等内部事务。公司成立10个多月的时候,李丽等人想要知道这段时间的经营情况如何,就请王芳把所记录的账册给大家看看并介绍一下。王芳把这10个月的凭证、账簿等等全部搬了出来,把李丽等4人吓了一跳:仅仅10个月的会计资料就堆了一桌子,哪里来得及看! 更不可能一下子就能看出是否盈利! 王芳听了大家的要求,就从资料里取出几张装订在一起的表格,说:"假如大家想尽快了解企业是否盈利,看这几张纸就行了;假如想了解详细情况,就要耐心地读这一桌子的资料了。"大家一听就糊涂了:桌上一堆资料的内容,怎么看了几张纸就能了解呢? 王芳跟大家解释:这几张纸是每个月结账之后编制的财务报表,是近期会计资料的浓缩,通过它,可以最快地了解企业的财务状况、经营成果等信息。这时,李丽提出一个问题:"这一桌子的资料,要把它们浓缩到几张纸上,会不会出现差错?"王芳笑着解释说:"不会的,因为我们在每次编表之前,都要反复核对,还要进行结账等工作,确保报表内容与账簿一致。"

王芳所讲的结账和提供财务报表等工作是在每个会计期间结束的时候,会计工作者们必须做的一项工作。本章介绍的就是这部分内容。

第一节 财务报表概述

一、财务报表的意义

财务报表是财务会计报告的重要组成部分,是反映企业某一特定日期财务状况和某一会计期间经营成果、现金流量的书面文件,是会计部门提供财务会计信息资料的一种重要手段。所以,编制财务报表是财务会计工作的一项重要内容。

在一定会计期间结束的时候,企业需要向外部信息使用者提供有关的会计信息以便于他们了解企业,作出相关的决策。但是反映在会计凭证和会计账簿上的信息比较分散,不够集中和简练,难以满足外部信息使用者的需要,也难以满足单位内部加强经营管理的需要。因此,企业有必要在日常核算的基础上,根据信息使用者的需要,定期对日常会计核算资料进行加工处理和分类,提供比较简练而又完整的信息。承担这一任务的主要载体是财务报表,它是企业向外部信息使用者提供有关企业会计信息的主要工具,也是外部信息使用者了解企业信息的桥梁和通道。

财务报表的目标就是要向财务报表使用者提供与企业财务状况、经营成果和现金流量等有关的会计信息,反映企业管理层受托责任的履行情况,有助于财务报表使用者作出经济决策。

财务报表所提供的资料,对不同的信息使用者可以发挥不同的作用。企业外部的投资人可以根据报表提供的信息,对企业未来的发展作出预测,从而决定是否对该单位进行投资;银行等其他债权人可以据此考查企业资金的使用情况,分析对该企业的债权的物质保证程度,决定是否继续对其发放贷款等;主管部门可以用其信息考核所属单位的经营业绩以及各项经济政策贯彻执行情况,而汇总所属单位财务报表资料,还可以在一定范围内反映国民经济计划执行情况,为国家宏观管理提供依据等等。企业内部的信息使用者也可以利用财务报表考核各项指标的完成程度,分析、评价经营管理中的成绩和不足。对其他利害相关人来说,财务报表还可以提供企业财务状况和偿债能力,作为投资、贷款和贸易的决策依据。

二、财务报表构成

(一)财务报表的基本构成

财务报表包括资产负债表、利润表、现金流量表、所有者权益变动表,另外还有报表的附注。资产负债表、利润表、现金流量表、所有者权益变动表和附注以及其他应当披露的报告如社会责任报告等合起来被通称为财务会计报告。由于财务报

表一般根据会计期间编制,会计期间分为年度、半年度、季度和月份等,因而相应的财务报表也包括年度报表、半年度报表以及季报和月报等。一般把短于1年的报表都称为中期报表。企业至少应当按年编制财务报表,年度报表应包括上述各项内容,中期报表如需对外提供的,则至少应当包括资产负债表、利润表、现金流量表和附注。小企业编制的财务报表也可以不包括现金流量表和所有者权益变动表。财务报表附注是报表的重要组成部分,是对财务报表中未能充分反映的重要事项的进一步说明,其所反映的主要内容在会计准则中也有明确的规定。因此,编制财务报表是对会计核算工作的全面总结,也是及时提供合法、真实、准确、完整会计信息的重要环节。

(二)财务报表的分类

财务报表的内容比较丰富,提供的对象较多,因而可以根据不同标准进行分类,以区别其性质和内容。常见的分类标准有反映内容、提供对象、编报时期以及编报单位等。

按财务报表反映的经济内容分,财务报表可分为四种类型:① 反映一定时期企业资产、负债和所有者权益等财务状况的报表,如资产负债表。② 反映一定时期内企业经营成果的财务报表,如利润表。③ 反映一定时期内企业财务状况变动情况的财务报表,如现金流量表。④ 反映一定时期内构成所有者权益的各组成部分当期的增减变动情况的报表,如所有者权益变动表。这四类报表还可以按照所反映的内容特点划分为静态报表和动态报表,前者是指综合反映某一时点企业资产、负债和所有者权益的报表,主要指资产负债表;后者指反映企业一定时期内资金耗费和资金收回的报表,包括利润表、现金流量表和所有者权益变动表等。

按财务报表提供的对象分,财务报表可分为对外提供的财务报表和内部财务报表。对外提供的财务报表主要有资产负债表、利润表、现金流量表、所有者权益变动表及附注,其格式和内容由财政部规定,根据《企业会计准则》的要求编制;内部财务报表是为了满足企业内部管理的需要,其内容由企业自行规定。

按财务报表编报的时期分,财务报表可分为年度财务报表和中期财务报表。年度财务报表包括资产负债表、利润表、现金流量表、所有者权益变动表及附注,且必须对外提供;中期财务报表包括日报、周报、月报、季报、半年报等,其内容比较灵活,主要是供内部管理使用,如果季报和半年报需对外提供,则按照要求提供。

按财务报表编报的单位分,财务报表可分为个别报表、汇总报表和合并财务报表。其中:个别报表是指根据账簿记录进行加工后编制,以反映个别企业的财务状况和经营成果。汇总报表是指企业主管部门或上级机关,根据所属单位报送的个别报表,连同本单位财务报表简单汇总编制的报表,如某市商业局对所属商场的报表加以简单汇总而制成的报表。合并财务报表是由母公司编制的,在母子公司个别报表基础上,对企业集团内部交易进行相互抵消后编制的财务报表,以反映企业集团综合的财务状况和经营成果,其合并范围应是母公司实质上能够控制的子公司,如果一个企业拥有被投资单位半数以上的表决权,能决定其财务和经营政策,并能从其经营活动中获取利益,则称该被投资单位是其子公司。

本章仅介绍单个企业对外提供的报表的编制方法。

三、财务报表的编制要求

财务报表的编制应当遵循一些要求,这些要求主要包括两个方面:一是基本要求;二是质量要求。

(一)财务报表列报的基本要求

基本要求主要包括三个方面:列报基础、重要性判断和正常经营周期。其中,列报基础的含义是:① 企业应在持续经营基础上编制财务报表。② 如果企业正式决定或被迫在当期或将在下一个会计期间进行清算或停止营业的,应采用其他基础编报财务报表,并需要在附注中披露未以持续经营为基础列报的原因。

重要性是判断项目是否单独列报的重要标准,如果某项目单个看不具有重要性,则可与其他项目合并列报;如具有重要性,则应当单独列报。它的判断标准是:① 判断项目性质的重要性应考虑项目的性质是否属于企业日常活动等因素。② 判断金额大小的重要性,应通过单项金额占资产总额、负债总额、所有者权益总额、营业收入总额、营业成本总额、净利润等直接相关项目金额的比重加以确定。

正常经营周期是判断流动资产、流动负债的重要标准,它通常是指企业从购买用于加工的资产起至实现现金或现金等价物的期间。正常营业周期通常短于1年,也有长于1年的,比如造船企业制造用于销售的大型船舶。如果正常营业周期不能确定的,应当以1年(12个月)作为正常营业周期。

(二)财务报表列报的质量要求

财务报表编制的质量要求,主要包括以下五点。

1. 数字真实

财务报表提供的信息是通用信息,是不同使用者集团都能同时得到并为各自进行决策所共同需要的,因此要求企业根据真实、正确、完整的会计资料,按照国家统一的会计制度规定编制财务报表,以保证财务报表的真实性。真实可靠是财务报表信息的主要质量特征。为了保证报表数字的可靠性,编制报表前必须做好以下工作:

(1)认真对账,检查相关的会计核算是否按照相关的制度规定进行,检查是否存在因会计差错、会计政策变更等原因需要调整前期或者本期相关项目,并核对会计账簿记录与会计凭证的内容、金额等是否一致,记账方向是否相符。

(2) 认真进行财产清查,对有关财产物资进行盘点和清查,对往来款项及银行存(借)款进行清查核对,以达到账证相符、账账相符、账实相符、账款相符。

(3) 按期结账。结账前,本期所有已经发生的经济业务、期末账项调整业务、转账业务全部登记入账。按照规定的结账日结账,结出有关账簿记录的余额和发生额,并核对各会计账簿之间的余额。不允许为赶制报表而提前结账。

(4) 在对账、结账和财产清查的基础上,通过编制总分类账户本期发生额试算平衡表以验证账目有无错漏,为正确编制财务报表提供可靠的数据。

在财务报表编制完成之后,还必须认真复核,进一步核对账表数字是否相符,不同报表中同一指标的数字是否相符,以确保报表数字的真实性。

2. 内容完整

财务报表必须按照国家规定的报表种类、格式和内容来编制,不能遗漏任何报表和项目。不同会计期间应编报的各种财务报表,必须编报齐全;应填列的报表项目,无论是表内项目,还是补充资料,都必须填列齐全;如果有的项目无数字填列,应在金额栏用一横线划去,以表示此项目无数字填报。报表中需要加以说明的项目,应在报表附注中用文字简要说明,以便报表使用者理解和利用。

3. 计算准确,说明清楚

报表中项目的金额主要来自日常的账簿记录,但又并不是账簿数字的简单转抄,有时需要对有关账户的余额进行分析整理后才能填列,而且报表项目之间也存在着一定的数量勾稽关系。所以要采用正确的计算方法,保证计算结果准确。而计算准确程度的确定,应以是否能最大限度满足报表使用者经济决策的需要为标准,同时还应考虑成本效益原则,会计信息资料所产生的效益应当超过提供资料的成本,因此计算准确还要有用、合理。

另外,而且报表中有些需要加以说明的项目,要在财务报表附注中用简要的文字和数字加以说明,对报表中主要指标的构成和计算方法,本报告期发生的特殊情况,如经营范围变化、经营结构变更以及本报告期经济效益影响较大的因素都必须加以说明。

4. 编报及时

会计信息发挥作用的时间是有限的,如果不能及时报送,则会失去效用。因此应当按规定的期限和程序,及时编制,及时报送,以利于使用者及时了解编报单位的财务状况和经营成果,也便于有关部门及时汇总。要保证报表的报送及时,必须加强日常的会计核算工作,认真做好记账、算账、对账、财产清查等各项准备工作,同时要加强与企业内部各部门的配合及会计人员的配合。

5. 指标可比

企业在不同时期的报表指标和同类型企业之间的报表指标,口径应该尽可能一致,以便于使用者比较企业不同时期的财务状况和经营成果,或者比较不同企业的财务状况和经营成果。如果需要变动,应该把变动和变动的影响在报表附注中加以披露,以便于信息使用者了解同一企业在不同时期和不同企业在同一时期的财务状况和经营成果的差异究竟是否完全是由于经营而造成的。

第二节 财务报表编制前的基础工作

为了使财务报表反映的内容客观、真实、准确,企业在编制财务报表前,必须要做好有关的基础工作。如:要进行账证核对和账账核对以保证账簿记录的正确和完整;要对财产物资、货币资金和往来款项等进行核查或核对,以保证账实相符;要把各种账簿记录结算清楚以保证为编制报表及时提供所需的各项数据资料等。这些工作用会计术语表示为对账、结账和财产清查等。

一、对账与结账

(一)对账

对账就是核对账目。它是指在会计核算中,为保证账簿记录正确可靠,对账簿中的有关数据进行检查和核对的工作。在会计工作中,由于种种原因难免发生记账、计算等差错,也难免出现账实不符的现象。为了确保账簿记录的正确、完整、真实性,在有关经济业务入账之后,必须进行账簿记录的核对。对账工作是为保证账证相符、账账相符和账实相符的一项检查性工作。

对账分为日常核对和定期核对两种。日常核对是指会计人员平时对账簿记录与会计凭证的核对。定期核对是指在期末结账前,对凭证、账簿记录等进行的核对。对账工作一般分三个方面:一是账证核对;二是账账核对;三是账实核对。

1. 账证核对

账证核对是指将账簿记录与会计凭证相核对,这是保证账账相符、账实相符的基础。账证核对工作,主要在平时通过编制凭证和记账中的"复核"环节进行的。在结账时,对主要内容有疑问的,还应进行重点抽查与核对。

2. 账账核对

账账核对是指各种账簿之间有关数字应核对相符,主要包括:

(1)总分类账中,全部账户的借方余额合计数应同贷方余额合计数相符。

(2)总分类账中,"库存现金""银行存款"账户的余额数应同相对应的日记账余额数核对相符。

(3)总分类账中,各账户的期末余额,与所属明细分类账户月末余额之和核对相符。

(4)会计部门有关财产物资的明细分类账的余额,与财产物资保管部门或使用部门相应的明细账(卡)核对相符。

以上各种账簿间,可以直接进行核对,对内容较多的可以通过编表进行核对。

3.账实核对

账实核对是在账账核对的基础上,将各种财产物资的账面余额与实存数额相核对。主要包括:现金日记账账面余额与现金实际库存数额相核对;银行存款日记账账面余额与开户银行对账单相核对;各种材料、物资明细分类账账面余额与材料、物资实存数额相核对;各种应收、应付款明细分类账账面余额与有关债务债权单位的对账单相核对。账实核对,一般要结合财产清查进行。财产清查的内容与方法等将在下节单独说明。

(二)结账

结账是指把一定时期内发生的经济业务在全部登记入账的基础上,将各种账簿记录结出"本期发生额"和"期末余额"的工作。

各会计期间内所发生的经济业务,于该会计期间全部登记入账并对账以后,即可通过账簿记录了解经济业务的发生和完成情况,但管理上需要掌握各会计期间的经济活动情况及其结果,并相应编制各会计期间的财务报表。而根据会计凭证将经济业务记入账簿后,还不能直观地获得所需的各项数字资料,必须通过结账的方式,把各种账簿记录结算清楚,提供所需的各项信息资料。

结账的具体程序和方法如下。

1.在结账前,应先检查本期所发生的各类经济业务是否都已填制会计凭证并登记入账

对已经发生的债权债务、所有者权益、费用,已实现的收入,已完工的产品成本,已查明的财产物资的盘盈、盘亏等,都应在结账前全部登记入账。为了准确计算当期的经营成果和成本,企业应当采取权责发生制原则进行处理。按会计制度规定和成本计算要求,结转各收入、成果账户和费用、成本账户,计算本期的产品生产成本、商品销售成本、营业成本和期间成本,并确定本期的财务成果。另外,还要按国家税法和有关规定,结转本年利润及利润分配账户。

2.结账时,应分别结出各种日记账、总分类账、明细分类账的本期发生额和期末余额,并按规定在账簿上作出结账的手续

(1)月度结账时,在各账户的最后一笔数字下,结出本月借方发生额、贷方发生额和期末余额,在摘要栏内注明"本月发生额及期末余额"字样,并在下端画一通栏红线。对需要逐月结转累计发生额的账户,在计算本月发生额及期末余额后,应

在下一行增加"本年累计发生额",然后再在下端画一通栏红线。

(2)季度结账时,在各账户本季度最后一个月的月结下面(需按月结出累计发生额的,应在"本月累计"下面)画一通栏红线,表示本季结束;然后在红线下结算出本季发生额和季末余额,并在摘要栏内注明"第×季度发生额及余额"或"本季合计"字样,最后,在下面画一通栏红线,表示完成季结工作。

(3)年度结账时,应将全年发生额的合计数填制于12月份结账记录的下面,在摘要栏内注明"全年发生额及年末余额"字样,并在下端画一通栏双红线,表示"封账"。年度结账后,根据各账户的年末余额,过入新账簿,结转下年度,如表7-1所示。

表7-1 会 计 科 目

20××年		凭证号	摘　　要	借方	贷方	借或贷	余额
月	日						
1	1		年初余额			借	70 000
12	31		本月发生额及期末余额	50 000	30 000	借	90 000
	31		本季累计发生额及期末余额	190 000	170 000	借	90 000
	31		本年累计发生额及期末余额	590 000	370 000	借	290 000
			结转下年			借	290 000

注:----表示红线;双横线表示双红线;波浪线表示省略。

【问题与思考7-1】

张三在一家公司的会计部门实习,期末结账前,主办会计李四请张三协助处理对账工作,张三核对了总分类账与各明细账之后,向李四汇报说对账工作已全部完成。问:李四的工作完成了吗?

二、财产清查

(一)财产清查的意义

财产清查是对各项财产物资进行实地盘点和核对,查明财产物资、货币资金和结算款项的实有数额,确定其账面结存数额和实际结存数额是否一致,以保证账实相符的一种会计专门方法。财产清查的目的是要解决账实不符的问题。造成账存数与实存数发生差异的原因较多,一般有以下几种情况:① 在收发物资中,由于计量、检验不准确而造成品种、数量或质量上的差错。② 财产物资在运输、保管、收发过程中,在数量上发生自然增减变化。③ 在财产增减变动中,由于手续不齐或计算、登记上发生错误。④ 由于管理不善或工作人员失职,造成财产损失、变质或短缺等。⑤ 贪污盗窃、营私舞弊造成的损失。⑥ 自然灾害造成的非常损失。⑦ 未达账项引起的账账、账实不符等。

上述种种原因都会影响账实的一致性。因此,运用财产清查手段,对各种财产物资进行定期或不定期的核对或盘点,具有十分重要的意义:

(1) 保护财产的安全和完整。通过财产清查,可以查明企业单位的财产物资、商品是否完整,有无缺损、霉变现象,以建立和健全各种责任制,切实保证财产的安全和完整。

(2) 保证会计信息资料的真实性。通过财产清查,可以查明各项财产物资的实有数,确定实有数额和账面数额的差异,以进一步加强财产物资的管理,确保会计信息资料的真实可靠。

(3) 挖掘财产物资潜力,提高物资使用效率。通过财产清查,可以查明各项财产物资的储备和利用情况,以便采取不同措施,积极利用和处理,提高物资使用效率。

(4) 保证财经纪律和结算纪律的执行。通过对财产物资、货币资金及往来账款的清查,可以查明单位有关业务人员是否遵守财经纪律和结算制度,查明各项资金使用是否合理等,从而使工作人员更加自觉地遵纪守法,自觉维护和遵守财经纪律。

(二) 财产清查的种类

1. 财产清查按清查范围的不同,可分为全面清查和局部清查

(1) 全面清查是指对所有的财产和资金进行全面盘点与核对。其清查对象主要包括原材料、在产品、自制半成品、库存商品、库存现金、短期存(借)款、有价证券及外币、在途物资、委托加工物资、往来款项、固定资产等。全面清查范围广,工作量大,一般在年终决算或企业撤销、合并或改变隶属关系时进行。

(2) 局部清查也称重点清查,是指根据需要只对财产中某些重点部分进行的清查。如对变化较频繁的原材料、库存商品等,除年度全面清查外,还应根据需要随时轮流盘点或重点抽查。各种贵重物资每月至少清查一次,库存现金要天天核对,银行存(借)款要按银行对账单逐笔核对。

2. 财产清查按清查时间的不同,可分为定期清查和不定期清查

(1) 定期清查是指在规定的时间内所进行的财产清查。一般是在年、季、月度终了后进行。

(2) 不定期清查也称临时清查。它是指根据实际需要临时进行的财产清查。一般是在更换财产物资保管人员,企业撤销、合并或发生财产损失等情况时所进行的清查。定期清查和不定期清查的范围应视具体情况而定,可全面清查也可局部清查。

(三) 财产盘存制度

财产盘存制度有永续盘存制和实地盘存制两种。

永续盘存制又称"账面盘存制"。它是指平时对企业单位各项财产物资分别设立明细账,根据会计凭证连续记载其增减变化并随时结出余额的一种管理制度。这种盘存制,能在账簿资料中及时反映出企业各项财产物资的结存数额,为及时掌握企业单位财产增减变动情况和余额提供可靠依据。该方法有利于加强单位财产物资的管理,但日常核算的工作量较大。适用于单位价值较大的财产物资。

实地盘存制是平时根据有关会计凭证,只登记财产物资的增加数,不登记减少数,月末或一定时期可根据期末盘点资料,弄清各种财物的实有数额,然后再根据"期初结存＋本期增加数－本期实存数＝本期减少数"的公式,倒算出本期减少数额,即:"以存计耗""以存计销",并记入有关明细账中的一种物资盘存管理制度。采用这种方法,工作比较简单,但手续不够严密,如果出现非正常的损失也不易发现。适用于单位价值较低、数量较多的财产物资。

在不同的盘存制度下,财产清查发挥的作用不尽相同。在永续盘存制下,财产清查的目的是把账面数与实有数进行核对,确定账实是否相符;在实地盘存制下,财产清查是确定期末财产物资实有数的主要方法。

(四) 财产清查方法

财产清查是一项涉及面比较广、工作量比较大,既复杂又细致的工作。因此,在进行财产清查前,必须有计划、有组织地进行各项准备工作,包括组织准备和业务准备,然后,才能按科学、合理的方法进行财产清查。

1. 财产清查一般程序

(1) 成立清查组织。财产清查,尤其是进行全面清查,涉及面较广,工作量较大,必须专门成立清查组织,具体负责财产清查的组织和管理。清查组织应由会计、业务、仓库等有关业务部门人员组成,并由具有一定权限的人员负责清查组织的各项工作。

(2) 做好相关准备工作,包括如下内容:

(a) 制定财产清查计划,确定清查对象、范围,配备清查人员,明确清查任务。

(b) 会计部门要将总账、明细账等有关资料登记齐全,核对正确,结出余额;保管部门要对所保管的各种财产物资以及账簿、账卡等挂上标签,标明品种、规格、数量,以备查对。

(c) 对银行存款、银行借款和结算款项,要取得银行对账单。

(d) 对需使用的度量器具,要提前校验正确以免差错。

(3) 实施财产清查。在做好各项准备工作以后,应由清查人员根据清查对象的特点,依据清查的目的,采用相应的清查方法,实施财产清查。

由于财产物资种类繁多,占用形态各异,对实物、货币资金、结算款项等应采取不同的方式进行清查。

(a) 对实物的清查。实物清查包括对原材料、在产品、库存商品、固定资产等财产物资的清查。这类财产通常可按其实物特点进行清点。

在清点中,对于包装完整的商品、物资,可按大件清点,必要时可抽查细点。有些堆垛笨重的商品,也可采用技术测算的方法,以确保检查质量。在财产清查过程中,实物保管人员与盘点人员要同时在场清查,以明确经济责任。

清查盘点的结果应及时登记在"盘存单"上(格式如表 7-2 所示),由盘点人和实物保管人签字或盖章。盘存单是反映资产实有数的原始凭证。为了进一步查明盘点结果同账簿余额是否一致,还应根据"盘存单"和账簿记录编制"实存账存对比表"(格式如表 7-3 所示)。在该表上所确定的各种实物的实存数同账存数之间的差异,既是经批示后调整账簿记录的依据,也是分析差异原因,查明责任的依据。

表 7-2　盘　存　单

单位名称:　　　　　　　　　编号:
盘点时间:　　　　　　　　　财产类别:　　　　　　　　存放地点:

编号	名称	计量单位	数量	单价	金额	备注

盘点人签章:　　　　　　　　　　　　　　　　　　　实物保管人签章:

表 7-3　实存账存对比表

单位名称:　　　　　　　　　　年　月　日

编号	类别及名称	计量单位	单价	实存		账存		差异				备注
								盘盈		盘亏		
				数量	金额	数量	金额	数量	金额	数量	金额	

主管人员:　　　　　　　　　　会计:　　　　　　　　　　制表:

(b) 库存现金和有价证券(国库券、其他金融债券、公司债券、股票等)的清查。该类清查也要通过实地盘点进行。由于现金的收支业务十分频繁,容易出现差错,因此,出纳员应当经常(至少每天一次)进行现金盘点并与现金账的现有余额核对。

清查前,出纳员应将现金收付凭证全部登记入账。清查库存现金时出纳员要在场,现钞应逐张查点。一切借条、收据不准抵充现金,并查明库存现金是否超过限额,有无坐支现金的问题,然后将清查结果编制库存现金查点报告表,它既是盘存清单,又是实存账存对比表。其格式如表7-4所示。

表7-4 库存现金查点报告表

单位名称:　　　　　　　　　　　　　　　　　　　年 月 日

实存金额	账存金额	对比结果		备 注
		盘 盈	盘 亏	

盘点人(签章):　　　　　　　　　　　　　　　　　　出纳员(签章):

(c)银行存款清查。银行存款的清查与实物、现金的清查方法不同,它是采取与开户银行核对账目的方法进行的,即将单位登记的"银行存款日记账"与银行送来的对账单逐笔核对增减额和同一日期的余额。

通过核对,可能会发现双方账目不一致。其主要原因可能有:一是正常的"未达账项",即一方已经入账,另一方由于凭证传递时间影响没有入账的款项;二是双方账目可能发生不正常的错账漏账。在同银行核对账目以前,先检查本单位银行存款日记账,力求正确与完整,然后与银行送来的对账单逐笔核对。如果发现错账、漏账,应及时查明更正。对于未达账项,则应在查明后编制"银行存款余额调节表",以检查双方的账目是否相符。

未达账项主要有以下几种情况:有些账项,企业已经入账,但银行尚未入账。如:① 企业存入的款项,企业已经作为存款增加入账,但银行尚未入账。② 企业开出支票或其他付款凭证,企业已作为存款减少入账,但银行尚未入账。有些账项,银行已经入账,但企业尚未入账。如:① 委托银行代收的款项,银行已作企业存款的增加入账,但企业尚未入账。② 银行直接代付的款项,银行已作企业存款的减少入账,但企业尚未入账。

上述任何一种情况的发生,都会使双方的账面存款余额不相一致。检查双方账目是否一致,是为了消除未达账项的影响,企业应根据核对后发现的未达账项进行调节。调节的方法很多,最常用的是余额调节法。余额调节法是在企业和银行对账的基础上,将企业的账面余额和银行对账单余额各自补记对方已入账而本单位尚未记录的金额(包括增加金额和减少金额),然后编制"银行存款余额调节表"验证经过调节后的存款是否相等的方法。如果相等,表明企业与银行的账目基本没有差错;否则,说明记账有错误,应进一步查明原因,予以更正。

其调节公式如下:

企业银行存款日记账余额 + 银行已收而企业未收的款项 − 银行已付而企业未付的款项 = 银行对账单余额 + 企业已收而银行未收的款项 − 企业已付而银行未付的款项

银行存款余额调节表的格式,如表7-5所示。经过调节后重新求得的余额,既不等于本单位银行存款日记账的账面余额,也不等于银行登记的该企业存款数的账面余额,而是该企业银行存款的真正实有数。但要注意的是,不能在编制银行存款余额调节表的同时就把未达账项登记入账,必须等到相关的手续齐备才能登记入账。即银行存款余额调节表仅供对账之用,并不能成为登记账簿的依据。银行借款的清查方法和银行存款的清查方法类似。

表7-5 银行存款余额调节表

20×9年3月31日

银行存款日记账	金额	银行对账单	金额
账面存款余额	18 800	银行对账单余额	19 500
加:银行已收企业未收款项	3 000	加:企业已收银行未收款项	3 000
减:银行已付企业未付款项	1 400	减:企业已付银行未付款项	2 100
调节后的存款余额	20 400	调节后的存款余额	20 400

企业往来账项主要包括应收款、应付款、暂收款等款项。往来款项的核对一般应当每月进行。各项往来账项的清查,与银行存款的清查一样,也是采取同对方单位核对账目的方法。首先,应将本单位往来账目核对清楚,确认准确无误后,再向对方填发对账单。对账单应按明细账逐笔抄列一式两联。其中一联作为回单,对方单位核对后若无误,应在回单上盖章后退回。如发现数字不符,应将不符情况在回单上注明或另抄对账单退回,作为进一步核对的依据。在收到对方回单后,应填制往来账项清查表,其格式如表7-6所示。

表7-6 往来账项清查表

总分类账户名称:　　　　　　　　20×9年×月×日

明细分类账户		清查结果		核对不符原因分析			备注
名　称	账面余额	核对相符金额	核对不符金额	未达账项金额	有争议款项金额	其他	

通过往来账项的清查,要及时催收该收回的账款,偿还该偿付的账款,对呆账也应及时研究处理。

(五)财产清查结果的处理

1. 实物清查结果的处理

财产清查的结果一般有两种:一是实存数与账存数完全一致,此时不需作任何处理。二是两者存在差异,若实存数大于账存数,称为盘盈;若实存数小于账存数,则称为盘亏。这种情况下如果发现财产管理和核算方面存在问题,还应当认真分析并依据有关的法令、制度进行严肃处理。因此清查完毕后的工作主要包括两个方面。

（1）对清查结果进行分析并进一步加强实物管理。财产清查中发现的清查资料和账簿记录之间的差异，需要查明原因。对清查中所发现的问题和缺点，还要认真总结，要建立健全以岗位责任制为中心的财产管理制度，切实提出改进工作的措施，进一步加强财产管理，保护企业财产的安全和完整。

（2）及时进行账务处理使账实相符。财产清查中所发现的差异，要及时地进行账簿记录的调整。具体包括两步：第一步，对已经查明的财产盘盈、盘亏和损失等，要根据有关原始凭证（如财产物资盘存单等）编制记账凭证，据以记入有关账户，使各项财产账存数同实存数完全一致。第二步，按照差异发生的原因和报经批准的结果，根据有关批文编制记账凭证，据以登记入账。

在处理财产清查结果时需要设置"待处理财产损益"账户，用来核算企业在财产清查过程中查明的各项财产物资的盘盈、盘亏和毁损的价值。该账户的贷方登记待处理财产物资的盘盈数及经批准后的盘亏转销数；借方登记待处理财产物资的盘亏和毁损数及经批准后的盘盈转销数；贷方余额表示尚待批准处理的财产物资盘盈数，借方余额表示尚待批准处理的财产物资盘亏和毁损数。

【例 7-1】 某企业在财产清查中，盘盈账外机器一台，估计重置成本 5 000 元。

由于盘盈固定资产一般是由于前期的管理失误造成的，因此应作为前期差错处理，通过"以前年度损益调整"核算，同时按重置成本确定其入账价值。编制会计分录如下：

借：固定资产 5 000
　　贷：以前年度损益调整 5 000

【例 7-2】 某企业在财产清查中发现盘亏机器一台，该机器账面价值 10 000 元，已提取折旧 6 000 元。其账务处理如下：

在报批之前，应先作如下分录：

借：待处理财产损益——待处理固定资产损溢 4 000
　　累计折旧 6 000
　　贷：固定资产 10 000

经批准，由于固定资产盘亏而造成的损失记入"营业外支出——盘亏损失"账户。根据批准文件，编制如下会计分录：

借：营业外支出——盘亏损失 4 000
　　贷：待处理财产损益——待处理固定资产损溢 4 000

【例 7-3】 某企业在财产清查中，盘亏原材料价值 1 000 元。

盘点发现该问题之后、报批之前，应当根据实存账存对比表的记录，编制如下会计分录：

借：待处理财产损益——待处理流动资产损溢　　　　　　　　　　1 000
　　　　贷：原材料　　　　　　　　　　　　　　　　　　　　　　　　　1 000
　　追查原因，如果这项盘亏材料是因计量仪器不准造成生产领用多付少算，则经批准计入本月管理费用，编制如下会计分录：

　　借：管理费用　　　　　　　　　　　　　　　　　　　　　　　　　1 000
　　　　贷：待处理财产损益——待处理流动资产损溢　　　　　　　　　　1 000
　　如属于定额范围内的自然损耗，则也应列作管理费用，计入本期损益，编制如下会计分录：

　　借：管理费用　　　　　　　　　　　　　　　　　　　　　　　　　1 000
　　　　贷：待处理财产损益——待处理流动资产损溢　　　　　　　　　　1 000
　　如属于管理人员过失造成短缺，则应由过失人赔偿，赔偿额不足部分计入管理费用；若过失人赔偿800元，则应编制如下会计分录：

　　借：其他应收款　　　　　　　　　　　　　　　　　　　　　　　　　800
　　　　管理费用　　　　　　　　　　　　　　　　　　　　　　　　　　200
　　　　贷：待处理财产损益——待处理流动资产损溢　　　　　　　　　　1 000
　　如属于自然灾害等造成的非常损失，则应经批准列作营业外支出，编制如下会计分录：

　　借：营业外支出　　　　　　　　　　　　　　　　　　　　　　　　1 000
　　　　贷：待处理财产损益——待处理流动资产损溢　　　　　　　　　　1 000

【例7-4】 某企业在财产清查中，盘盈原材料价值1 000元。在盘点之后，报批之前，应编制如下会计分录：

　　借：原材料　　　　　　　　　　　　　　　　　　　　　　　　　　1 000
　　　　贷：待处理财产损益——待处理流动资产损溢　　　　　　　　　　1 000
　　追查原因，如果这项盘盈材料是因计量仪器不准造成生产领用少付多算，或属于定额范围内的自然升溢，则均冲减当期管理费用，编制如下会计分录：

　　借：待处理财产损益——待处理流动资产损溢　　　　　　　　　　　1 000
　　　　贷：管理费用　　　　　　　　　　　　　　　　　　　　　　　1 000

　　2. 往来款项清查结果的处理
　　（1）应收账款无法收回的处理。企业在经济往来中有可能会产生应收账款无法收回的情况，比如债务人死亡，以其遗产清偿后仍无法收回；债务人破产，其破产财产清偿后仍无法收回；债务人在较长的时间内未履行其偿债义务，并有足够的证据表明无法收回或收回的可能性极小等，这时我们就认为形成了坏账。坏账损失就是指无法收回应收账款而使企业遭受的损失。根据现行准则的要求，对坏账的处理需要采用备抵法,在每个会计期间按一定比例提取坏账准备计入当期"资产减值损失"账户,贷记"坏账准备"账户。当发生坏账时,在按规定的手续审批后,以批准的文件为原始凭证,作坏账损失处理,冲减"坏账准备"账户。"坏账准备"账户是资产类账户,是"应收账款"账户的抵减账户,用来核算坏账准备的提取和转销情况,贷方登记提取数,借方登记冲销数,余额在贷方,表示已提取尚未转销的坏账准备,它可按应收账款类别设置明细账户。

【例 7-5】 某企业在财产清查中,查明有一笔多年未收回的账款 700 元,经批准作为坏账损失处理。

对于这笔确属无法收回的应收账款,编制会计分录如下:

借:坏账准备　　　　　　　　　　　　　　　　　　700
　　贷:应收账款　　　　　　　　　　　　　　　　　700

(2)应付账款无法收回的处理。企业的应付款项,如因债权人企业倒闭、死亡等原因确实无法归还,可按准则规定,经批准后直接转为"营业外收入",在"营业外收入"账户中核算,借记"应付账款"账户,贷记"营业外收入"账户。

【例 7-6】 某企业在财产清查中发现有一笔应付款项 500 元,已经 5 年,但由于债权企业已经不存在,无法支付,经批准作为营业外收入处理。

编制会计分录如下:

借:应付账款　　　　　　　　　　　　　　　　　　500
　　贷:营业外收入　　　　　　　　　　　　　　　　500

企业在财产清查中查明的有关债权债务的坏账收入或坏账损失,经批准后,按照上述会计分录直接进行转销,不需要通过"待处理财产损益"账户核算。

【问题与思考 7-2】

某公司进行期末财产清查时发现原材料和固定资产都有较大数额的盘盈,参与盘点的工作人员对此有不同看法,其中刚毕业的会计人员小 A 认为是好事,"天上掉馅饼"。你同意他的看法吗?

第三节　财务报表编制方法

一、资产负债表的编制

(一)资产负债表的结构和内容

资产负债表是反映企业在某一特定日期的财务状况的报表。它反映企业的经济资源以及分布情况和企业的资本结构,根据该表信息,可以评价和预测企业的长期与短期偿债能力,还能够有助于评价和预测企业的财务弹性和经营绩效。企业需按月、按季、按年编制资产负债表,及时为有关部门和有关人员提供企业会计信息,作为企业投资人、债权人、国家管理部门和各级管理人员投资、信贷及经营决策的依据。

资产负债表的格式一般有两种:一种是账户式,其结构分为左、右两方,左边列示资产项目,右边列示负债和所有者权益项目,根据会计平衡公式"资产=负债+所有者权益",左、右两方的总额是相等的;另一种格式是报告式,其结构分为上、下两方,上方列示资产项目,下方列示负债和所有者权益项目,上、下两方的合计数也相等。我国《企业会计准则第 30 号——财务报表列报》规定,资产负债表采用账户式格式,并采用对比式填列,即各账户均应对比排列"年初余额"和"期末余额"。

资产负债表的内容分为资产、负债和所有者权益三类,各类项目分别列示。对资产负债表项目主要按照流动性分类。按照流动性分类,资产分为流动资产和非流动资产两大类,负债分为流动负债和非流动负债,所有者权益分为投入资本和留存收益。列示资产和负债时均应按照流动性强弱自上而下列示。

资产类项目中,流动资产是指预计在 1 年或超过 1 年的一个正常营业周期内变现、出售或耗用的资产。主要包括货币资金、应收及预付款项、存货等。非流动资产是流动资产以外的资产,内容较多,应按其性质分类列示。主要包括债权投资、其他债权投资、长期应收款、长期股权投资、固定资产、无形资产及其他资产、长期待摊费用等。

负债类项目中的流动负债是指预计在 1 年或超过 1 年的一个正常营业周期中偿还的负债。主要包括短期借款、应付及预收款项、应交税费、应付职工薪酬等。非流动负债是流动负债以外的负债,也应按其性质分类列示。主要包括长期借款、长期应付款、应付债券等。

所有者权益项目也要划分为不同的明细项目,一般分为实收资本、资本公积、盈余公积和未分配利润等。

资产负债表的这种列示方式比较清楚地反映企业资产的流动性和负债的变现性,以及所有者权益的构成情况,可用以分析企业的财务状况和偿债能力。其基本格式如表 7-7 所示。

(二)资产负债表的编制方法

资产负债表中的"年初余额"栏内各项数字,应根据上年末资产负债表"期末余额"栏内所列数字填列。如果本年度项目的名称和内容与上年度不相一致时,应将上年末的名称和数字按本年度的规定进行调整。"期末余额"栏内各项数据主要来自会计账簿记录,有的可以根据相关账户的期末余额填列,有的应按有关账户合并分析或调整后填列,现分类别说明如下:

表7-7 资产负债表

会企01表

编制单位：_____年_____月_____日　　　　　　　　　　　　　　　单位：元

资产	期末余额	年初余额	负债和所有者权益（或股东权益）	期末余额	年初余额
流动资产：			流动负债：		
货币资金			短期借款		
交易性金融资产			交易性金融负债		
衍生金融资产			衍生金融负债		
应收票据及应收账款			应付票据及应付账款		
预付款项			预收款项		
其他应收款			合同负债		
存货			应付职工薪酬		
合同资产			应交税费		
持有待售资产			其他应付款		
一年内到期的非流动资产			持有待售负债		
其他流动资产			一年内到期的非流动负债		
流动资产合计			其他流动负债		
非流动资产：			流动负债合计		
债权投资			非流动负债：		
其他债权投资			长期借款		
长期应收款			应付债券		
长期股权投资			其中:优先股		
其他权益工具投资			永续债		
其他非流动金融资产			长期应付款		
投资性房地产			预计负债		
固定资产			递延收益		
在建工程			递延所得税负债		
生产性生物资产			其他非流动负债		
油气资产			非流动负债合计		
无形资产			负债合计		
开发支出			所有者权益(或股东权益)：		
商誉			实收资本(或股本)		
长期待摊费用			其他权益工具		
递延所得税资产			其中:优先股		
其他非流动资产			永续债		
非流动资产合计			资本公积		
			减:库存股		
			其他综合收益		
			盈余公积		
			未分配利润		
			所有者权益(或股东权益)合计		
资产总计			负债和所有者权益（或股东权益）总计		

1. 根据总账账户期末余额直接填列

如其他流动资产、工程物资(若其计提了减值准备的,则应扣减累计计提的减值准备金额)、长期待摊费用、其他权益工具投资、递延所得税资产、短期借款、应付职工薪酬、应交税费(如为借方余额以"-"号填列)、其他应付款、预计负债、长期借款、应付债券、递延所得税负债、其他非流动负债、实收资本、资本公积、盈余公积等项目,均根据总账账户期末余额直接填列。

2. 根据同类总账账户期末余额合并计算填列

例如,货币资金项目,应根据"库存现金""银行存款""其他货币资金"账户的期末余额合计数计算填列。

再如,存货项目,应根据"材料采购""原材料""在途物资""库存商品""周转材料"(包装物、低值易耗品)、"委托加工物资""生产成本"等账户的期末余额合计数,减去"存货跌价准备"账户期末余额后的金额填列。材料采用计划成本核算和库存商品采用售价核算的企业,还应加或减"材料成本差异""商品进销差价"账户余额后的金额填列。

3. 根据总账账户余额减去其备抵项目后的净额填列

例如,"应收票据及应收账款"根据应收账款和应收票据科目的账户期末余额减去"坏账准备"账户余额后的净额填列;"长期股权投资"账户根据其期末余额减去"长期股权投资减值准备"账户余额后的净额填列;"固定资产"账户根据其期末余额减去"累计折旧"账户余额后的净额填列;无形资产项目,根据"无形资产"账户期末余额减去"累计摊销"和"无形资产减值准备"备抵账户余额后的净额填列;其他应收款项目根据"应收利息""应收股利""其他应收款"科目余额减去"坏账准备"相关余额后填列。

4. 根据结算账户的有关明细账户期末余额调整填列

如果"应收账款"所属明细账户的期末余额为贷方余额时,应调整为"预收账款"账户的贷方余额,填入预收款项项目;而"预付账款"所属明细账户的期末余额为贷方余额时,应调整为"应付账款"账户的贷方余额,填入应付账款项目;如"应付账款"所属各明细账户的期末余额为借方余额时,应调整为"预付账款"账户的借方余额,填入预付款项项目等。

5. 根据账户相关科目余额分析填列

如"交易性金融资产""其他债权投资""合同资产""合同负债"等。

为准确反映企业财务状况,编制资产负债表时需注意报表的各项数额必须核对相符,包括:总计数与合计数相加之和相符;合计数与各项目之和相符;资产总计与负债和所有者权益总计相符等;编表期内重要项目的变动,应在附注栏内加以说明。

（三）资产负债表编表举例

甲公司年末有关账户资料，如表 7-8 所示。

表 7-8 有关总账账户和明细账户余额表

甲公司　　　　　　　　　　　20××年12月31日　　　　　　　　　　金额单位：元

总账账户			明细账户		
名　称	借方	贷方	名　称	借方	贷方
库存现金	1 000				
银行存款	7 000				
应收账款	20 000				
坏账准备		2 000			
预付账款	4 000				
原材料	2 000				
生产成本	5 000		基本生产成本	5 000	
库存商品	6 000				
长期股权投资	32 000				
长期股权投资减值准备		2 000			
固定资产	60 000				
累计折旧		10 000			
短期借款		4 000			
应付账款		10 000			
预收账款		5 000			
应付职工薪酬		3 000			
应交税费		1 000			
应付股利		1 000			
实收资本		73 000			
资本公积		7 000			
盈余公积		9 000			
利润分配		10 000	未分配利润		10 000

现将上列资料经归纳分析后填入资产负债表：

（1）将"库存现金""银行存款"账户余额合并列入货币资金项目，共计 8 000 元

(1 000+7 000)。

(2)将"坏账准备"账户2 000元从"应收账款"账户中减去,计算结果,应收账款项目的余额为18 000元(20 000－2 000)。

(3)将"预付账款"账户的借方余额4 000元列入预付款项项目。

(4)将"原材料""库存商品""生产成本"账户及其他存货账户余额合并为存货项目,共计13 000元(2 000+5 000+6 000)。

(5)从"长期股权投资"账户中减去"长期股权投资减值准备"账户余额2 000元,长期股权投资项目的余额为30 000元(32 000－2 000)。

(6)将"固定资产"账户余额减去"累计折旧"账户余额,得出固定资产项目余额为50 000元(60 000－10 000)。

(7)其余各项目按账户余额表列数字直接填入报表。

现试编资产负债表,如表7-9所示。

表7-9 资 产 负 债 表(简化)

会企01表

编制单位:甲公司　　　　　　20××年12月31日　　　　　　金额单位:元

资产	期末余额	年初余额	负债和所有者权益（或股东权益）	期末余额	年初余额
流动资产:			流动负债:		
货币资金	8 000		短期借款	4 000	
交易性金融资产	0		交易性金融负债	0	
衍生金融资产	0		应付票据及应付账款	10 000	
应收票据及应收账款	18 000		预收款项	5 000	
预付款项	4 000		合同负债	0	
其他应收款	0		应付职工薪酬	3 000	
存货	13 000		应交税费	1 000	
合同资产	0		应付利息	0	
持有待售资产	0		应付股利	1 000	
一年内到期的非流动资产	0		其他应付款	0	
其他流动资产	0		一年内到期的非流动负债	0	
流动资产合计	43 000		其他流动负债	0	
非流动资产:	0		流动负债合计	24 000	

(续表)

资产	期末余额	年初余额	负债和所有者权益(或股东权益)	期末余额	年初余额
债权投资	0		非流动负债：	0	
其他债权投资	0		长期借款	0	
长期应收款	0		应付债券		
长期股权投资	30 000		长期应付款	0	
投资性房地产	0		预计负债	0	
固定资产	50 000		递延收益	0	
在建工程			递延所得税负债		
生产性生物资产	0		其他非流动负债		
油气资产	0		非流动负债合计	24 000	
无形资产	0		负债合计		
开发支出	0		所有者权益(或股东权益)：		
商誉	0		实收资本(或股本)	73 000	
长期待摊费用	0		其他收益工具	0	
递延所得税资产	0		资本公积	7 000	
其他非流动资产			减：库存股		
非流动资产合计	80 000		盈余公积	9 000	
			未分配利润	10 000	
			所有者权益(或股东权益)合计	99 000	
资产合计	123 000		负债和所有者权益(或股东权益)总计	123 000	

【问题与思考7-3】

会计系大四学生小李在一家单位实习,主管会计为了给他锻炼机会,让他独立编制年度资产负债表,编完后,发现他编制的报表与主管会计编制的金额不一致。主管会计问他采用什么方法编制的,小李回答说都是直接根据总分类账账户余额直接填列的。问:可能是什么地方出现了问题,使得他们编制的报表数字不一致?

二、利润表及所有者权益变动表的编制

（一）利润表

1. 利润表的结构和内容

利润表是反映企业在一定会计期间的经营成果的财务报表。当前国际上对收益计量有两种方法：一种是指通过对比前后期资产负债表的所有者权益（净资产）来确定企业在一定期间所实现的收益；另一种是指通过设置收入费用类账户，遵循配比原则计算当期利润，它以一定期间发生的交易或其他事项所产生的收入及费用之间的差额作为当期的收益。利润表反映的是第二种观点。

常用的利润表格式有单步式和多步式两种。单步式是将当期收入总额相加，然后将所有费用总额相加，用收入合计减去费用合计从而得出本期收益，其特点是所提供的信息都是原始数据，便于理解；多步式是将各种利润分多步计算求得净利润的方式，便于使用人对企业经营情况和盈利能力进行比较和分析。

当前我国采用的是多步式利润表。利润表分为"本期金额"和"上期金额"两栏。"本期金额"栏反映各项目的本期实际发生数，"上期金额"反映上年实际发生数；如果上期利润表与本期利润表的项目名称和内容不相一致，应对上期利润表项目的名称和数字按本年度的规定进行调整，填入"上期金额"栏。

2. 利润表各项目的填列方法

利润表中"本期金额"栏内一般反映的主要内容为：

（1）"营业收入"项目反映企业经营主要业务和其他业务所确认的收入总额。本项目应根据"主营业务收入"账户和"其他业务收入"账户的发生额分析填列。

（2）"营业成本"项目反映企业经营主要业务和其他业务所发生的实际成本总额。本项目应根据"主营业务成本"和"其他业务成本"账户的发生额分析填列。

（3）"税金及附加"项目、"销售费用"项目、"管理费用"项目、"财务费用"项目、"资产减值损失"项目等所反映的内容，均与同名账户的内容一致，可以直接按照账户的发生额分析填列。

（4）"公允价值变动收益"项目反映企业按照相关准则规定应当计入当期损益的资产或负债公允价值变动净收益，但有时可能不一定是收益，而是净损失，此时应以"—"号填列。

（5）"投资收益"项目的数据反映企业以各种方式对外投资所取得的收益。企业对联营和合营企业的投资收益应单独列示。

（6）"资产处置收益"项目反映企业出售或转让固定资产和无形资产的收益。

（7）"营业外收入"项目反映企业发生的与经营活动无直接关系的各项收入，可以直接根据"营业外收入"账户的发生额分析填列。

(8)"营业外支出"项目反映企业发生的与经营活动无直接关系的各项支出,可以直接根据"营业外支出"账户的发生额分析填列,但其中对于非流动资产的处置损失应单独列示。

(9)"利润总额"项目反映企业实现的利润总额,是通过前面各项计算得来;若是亏损,则应以"－"号填列。

(10)"所得税费用"项目反映企业根据所得税准则确认的应从当期利润总额中扣除的所得税费用,应根据"所得税费用"账户的发生额分析填列。

(11)"基本每股收益"和"稀释每股收益"项目,应当根据《企业会计准则第34号——每股收益》的规定进行计算,按照其计算的结果填列。

3. 利润表编表举例

乙公司2××9年度损益类账户的累计发生额,如表7-10所示。根据该表的资料,编制利润表,如表7-11所示。

表7-10 乙公司损益类账户2××9年度累计发生额

科 目 名 称	借方发生额	贷方发生额
主营业务收入		1 100 000
主营业务成本	700 000	
其他业务收入		150 000
其他业务成本	50 000	
税金及附加	2 000	
销售费用	20 000	
管理费用	157 100	
财务费用	41 500	
资产减值损失	30 900	
投资收益		31 500
营业外收入		50 000
营业外支出	19 700	
所得税费用	77 575	

表 7-11 利 润 表

会企 02 表

编制单位： 2××9 年 金额单位：元

项　　目	本期金额	上期金额
一、营业收入	1 250 000	
减：营业成本	750 000	
税金及附加	2 000	
销售费用	20 000	
管理费用	157 100	
研发费用	0	
财务费用	41 500	
资产减值损失	30 900	
信用减值损失	0	
加：其他收益	0	
投资收益（损失以"－"号填列）	31 500	
净敞口套期收益（损失以"－"填列）	0	
公允价值变动收益（损失以"－"号填列）		
资产处置收益（损失以"－"号填列）		
二、营业利润（亏损以"－"号填列）	280 000	
加：营业外收入	50 000	
减：营业外支出	19 700	
三、利润总额（亏损总额以"－"号填列）	310 300	
减：所得税费用	77 575	
四、净利润（净亏损以"－"号填列）	232 725	
五、其他综合收益的税后净额		
六、综合收益总额		
七、每股收益	（略）	
（一）基本每股收益		
（二）稀释每股收益		

（二）所有者权益变动表

1. 所有者权益变动表的结构和内容

所有者权益变动表（或股东权益变动表）是反映构成企业所有者权益的各组成部分当期的增减变动情况的报表。它反映各项交易或事项导致的所有者权益的增减变动，以及所有者权益各组成部分增减变动的结构性信息。它也是一张动态报表。

所有者权益变动表是由综合收益总额、所有者投入和减少资本、利润分配以及所有者权益内部结转四部分组成。

2. 所有者权益变动表的填列方法

所有者权益变动表各项目分为"本年金额"和"上年金额"两大栏，其中"上年金额"栏各项目，应当根据上年本表的"本年金额"栏填列。如果上年本表规定的项目名称和内容与本年度不一致，应对上年本表各项目的名称和数字按本年度的规定进行调整，将调整额填入本表"上年金额"栏内。所有者权益变动表中"本年金额"栏内各项数字，一般根据"实收资本（或股本）""其他权益工具""资本公积""盈余公积""其他综合收益""利润分配""以前年度损益调整"等账户及其明细账户的发生额分析填列。

其中，"其他综合收益结转留存收益"行项目，主要反映：① 企业指定为以公允价值计量且其变动计入其他综合收益的非交易性权益工具投资终止确认时，之前计入其他综合收益的累计利得或损失从其他综合收益中转入留存收益的金额。② 企业指定为以公允价值计量且其变动计入当期损益的金融负债终止确认时，之前由企业自身信用风险变动引起而计入其他综合收益的累计利得或损失从其他综合收益中转入留存收益的金额等。该项目应根据"其他综合收益"账户的相关明细账户的发生额分析填列。

本表中各大项目的计算方法如下：

（1）本年年初余额＝各项目上年年末余额＋会计政策变更和前期差错调整

（2）本年年末余额＝本年年初余额±本年增减变动金额

（3）本年增减变动金额＝综合收益总额＋所有者投入和减少资本＋利润分配＋所有者权益内部结转

所有者权益变动表的格式如表 7-12 所示。

三、现金流量表

现金流量表是指反映企业在一定会计期间的现金和现金等价物流入和流出的财务报表。它是一张动态报表。它可以提供企业的现金流量信息，使用者可以据此对企业整体财务状况作出评价，对企业的支付能力、偿债能力和对外部资金的需求情况作出较为可靠的判断，甚至还可以根据这些信息预测企业未来的发展情况，也便于使用者评估报告期内与现金有关和无关的投资及筹资活动。

表 7-12　所有者权益变动表

编制单位：　　　　　　　　　　　年度　　　　　　　　　　　　　　　　　　　　　　　　　　　会企：04 表
　　单位：元

项目	本年金额									上年金额								
	实收资本（或股本）	其他权益工具			资本公积	减：库存股	其他综合收益	盈余公积	未分配利润	所有者权益合计	实收资本（或股本）	其他权益工具			资本公积	减：库存股	其他综合收益	盈余公积	未分配利润	所有者权益合计
		优先股	永续债	其他								优先股	永续债	其他						
一、上年年末余额																				
加：会计政策变更																				
前期差错更正																				
其他																				
二、本年年初余额																				
三、本年增减变动金额（减少以"–"号填列）																				
（一）综合收益总额																				
（二）所有者投入和减少资本																				
1. 所有者投入的普通股																				
2. 其他权益工具持有者投入资本																				
3. 股份支付计入所有者权益的金额																				
4. 其他																				
（三）利润分配																				
1. 提取盈余公积																				
2. 对所有者（或股东）的分配																				
3. 其他																				
（四）所有者权益内部结转																				
1. 资本公积转增资本（或股本）																				
2. 盈余公积转增资本（或股本）																				
3. 盈余公积弥补亏损																				
4. 设定受益计划变动额结转留存收益																				
5. 其他综合收益结转留存收益																				
6. 其他																				
四、本年年末余额																				

(一) 现金流量表的结构和内容

现金流量表的编表基础是广义上的现金，一般是指现金及现金等价物，包括库存现金、可以随时用于支付的存款、其他货币资金和现金等价物。库存现金即指"库存现金"账户核算的内容；银行存款中可以随时用于支付的存款属于现金，不能随时用于支付的存款不属于现金；其他货币资金是企业存在金融企业有特定用途的资金。现金等价物是指企业持有的期限短、流动性强、易于转换为已知金额现金、价值变动风险很小的短期投资。通常指从购买日起3个月内或更短时间到期或可转换为现金的投资。企业应当根据具体情况，确定现金等价物的范围，一经确定不得随意变更。

现金流量是指现金和现金等价物的流入和流出。而现金和现金等价物各项目之间的流动，则不属于现金流量，如企业从银行提取现金就不属于现金流量。因而现金流量表主要反映现金各项目与非现金各项目之间的增减变动对现金流量净额的影响。由于影响现金流量的业务较多，为了便于分析，需要将企业的各项经营业务产生或运作的现金流量进行合理的分类，通常将其分为三类：经营活动产生的现金流量；投资活动产生的现金流量；筹资活动产生的现金流量等。

现金流量表的格式分别一般企业、商业银行、保险公司、证券公司等企业类型予以规定。企业可以根据其经营活动特点，确定企业适用的现金流量表格式。无论哪种类型的现金流量表，其结构均包括基本报表和补充资料（在现金流量表附注中披露）。本章以一般企业现金流量表为例来进行阐述。

1. 基本报表

基本报表的内容有六项：一是经营活动所产生的现金流量，主要包括销售商品、提供劳务、税费返还收到的现金，购买商品、接受劳务支付的现金，支付工资、交纳税费支付的现金等；二是投资活动产生的现金流量，主要包括收回投资，取得投资收益，处置固定资产、无形资产和其他长期资产收入等；三是筹资活动产生的现金流量，主要包括吸收投资、取得借款等；四是汇率变动对现金的影响；五是现金及现金等价物净增加额；六是期末现金及现金等价物余额。

2. 补充资料

补充资料有三项：一是将净利润调节为经营活动产生的现金流量；二是不涉及现金收支的重大投资和筹资活动；三是现金及现金等价物净变动情况。

基本报表与补充资料两者的关系如下：一是基本报表中的第一项经营活动产生的现金流量净额与补充资料中的第一项经营活动产生的现金流量净额，应当核对相符；二是基本报表中的第五项与补充资料中的第三项存在勾稽关系，金额应当一致；三是基本报表中的数字是现金流入与现金流出的差额，补充资料中的数字是现金与现金等价物期末数与期初数的差额，其计算依据不同，但结果应当一致，两者应核对相符。

(二)现金流量表的填制方法

现金流量表的编制方法有直接法和间接法两种。

直接法是通过现金收入和支出的主要类别,直接根据企业有关账户的会计记录分析填列,反映来自企业经营活动的现金流量。

间接法则是根据利润表中的净收益,调整出经营活动现金流量,将权责发生制下的收入、成本和费用转换为现金基础,即从净收益中加上未支付现金的支出,如折旧、摊销等,再减去未收到现金的销货应收款等项目;将资产负债表和现金流量表中的投资、筹资项目,反映为投资和筹资活动的现金流量;将利润表中有关投资和筹资方面的收入和费用列入现金流量表的投资、筹资现金流量中去,求出实际的现金流量,对当期业务进行分析并对有关项目进行调整。

《企业会计准则第 31 号——现金流量表》要求企业在现金流量表中采用直接法报告经营活动的现金流量,同时要求在补充资料中用间接法来计算经营活动现金流量。

现简要介绍现金流量表主要项目的填列方法。

1. 基本报表的编制

(1)经营活动产生的现金流量。

(a)"销售商品、提供劳务收到的现金"项目,反映企业销售商品、提供劳务实际收到的现金(含销售收入和应向购买者收取的增值税销项税额),包括本期销售商品、提供劳务收到的现金,以及前期销售商品和提供劳务本期收到的现金和本期预收的账款,减去本期退回本期销售的商品和前期销售本期退回的商品支付的现金。企业销售材料和代购代销业务收到的现金,也在本项目反映。

本项目可以根据"库存现金""银行存款""应收账款""应收票据""预收账款""主营业务收入""其他业务收入"等账户的记录分析填列。

例如,A 公司本期利润表中"营业收入"300 万元;"应收账款"账户期初余额为 90 万元,期末余额为 150 万元。本年度债务人企业用存货抵偿应收账款 18 万元,本年度收到以前年度核销的坏账 24 万元。根据以上资料,该公司现金流量表中"销售商品、提供劳务收到的现金"项目的金额计算如下:

$$300+(90-150)-18+24=246(万元)$$

(b)"收到的税费返还"项目,包括收到的增值税、消费税、所得税、关税和教育费附加的返还等各种税费返还款。

本项目应根据"银行存款""库存现金""应交税费"等账户的有关借方记录及"营业外收入"等账户的贷方发生额分析填列。

例如，A 公司本期收到出口产品增值税退还 15 万元。

(c)"收到其他与经营活动有关的现金"项目，反映企业在报告期内与销售商品收现、税费返还收现无关的但与经营活动有关的其他现金流入，如收到押金、收到的经营租赁的租金、收到的罚款、流动资产损失中由个人赔偿的现金收入以及接受捐赠现金等，其中金额较大的应单独列示。

本项目应根据"银行存款""库存现金"账户的有关借方记录与"其他应付款""其他应收款""其他业务收入""营业外收入"等账户的贷方发生额分析填列。

(d)"购买商品、接受劳务支付的现金"项目，反映企业购买材料和商品、接受劳务实际支付的现金，包括本期购入材料和商品、接受劳务支付现金（包括增值税进项税额），以及本期支付前期购入商品、接受劳务的未付款项和本期预付款项。

本项目根据"银行存款""库存现金""应付账款""应付票据""主营业务成本"等账户的记录分析填列。还应当注意：营业成本中应扣除当期列入生产成本、制造费用的非现金支出，如固定资产修理费、折旧费等；各资产负债表项目的增减变动金额必须是与经营活动有关的业务。

例如，A 公司当期购买原材料支付现金 50 万元，当期支付前期进货应付账款 20 万元，当期预付购货款 6 万元（均包括增值税额）。甲公司当期"购买商品、接受劳务支付的现金"为 76 万元(50＋20＋6)。

(e)"支付给职工以及为职工支付的现金"项目，反映企业本期实际支付给职工的工资、奖金、各种津贴和补贴等职工薪酬，以及为职工交纳养老保险、失业保险、医疗保险、商业保险、住房公积金等各项职工薪酬而支付的现金。

本项目应根据"银行存款""库存现金"账户的有关贷方记录以及"应付职工薪酬"账户的借方发生额分析填列。

但要注意，企业该项支出中，与在建工程人员有关的现金流出金额，不应包括在本项目中，而是归入投资活动现金流量中"购建固定资产支付的现金"项目中。支付给离退休人员的各项费用，也不包括在本项目内，而是在"支付其他与经营活动有关的现金"项目中报告。

例如，A 公司给经营人员的工资、奖金等支出 20 万元，应列入"支付给职工以及为职工支付的现金"项目。

(f)"支付的各种税费"项目，反映企业本期发生并支付的、以前各期发生在本期支付的和预缴的增值税、所得税、印花税、房产税、土地增值税、车船税、以及教育费附加、矿产资源补偿费等。

本项目应根据"银行存款"账户的有关贷方记录以及"应交税费""管理费用""委托加工物资"等账户的借方发生额分析填列。

例如，A公司当期向税务机关交纳各项税款72万元。

(g)"支付其他与经营活动有关的现金"项目，它反映企业除了上述各项以外的其他与经营活动有关的现金流出，主要是与管理费用、销售费用、营业外支出等项目有关的，有不属于投资活动和筹资活动的现金流量，如支付办公费用、支付业务招待费、支付保险费、支付销售费用、退还押金、支付差旅费、支付经营租赁费的租金等，其中金额较大的应单独列示。

本项目应根据"库存现金""银行存款"账户的有关贷方记录以及"管理费用""销售费用""其他应付款""其他应收款""其他业务成本""营业外支出"等账户的借方发生额分析填列。

例如，A公司当期支付的其他与经营活动有关的现金15万元。

根据以上有关项目的例题计算，甲公司经营活动所产生的现金流入为261万元(246+15)，现金支出183万元(76+20+72+15)，经营活动所产生的现金流量净额为78万元(261-183)。

(2)投资活动产生的现金流量。涉及投资活动现金流量的账户主要有：银行存款、交易性金融资产、长期股权投资、持有至到期投资、可供出售金融资产、投资收益、应收股利、应收利息、固定资产、累计折旧、固定资产清理、在建工程、工程物资、无形资产、累计摊销以及应交税费（例如与处置不动产和无形资产有关的应交营业税）等。

(a)"收回投资收到的现金"项目，反映企业报告期内出售、转让或到期收回除现金等价物以外的交易性金融资产、长期股权投资而收到的现金，以及收回长期债权投资本金而收到的现金。

本项目应根据"银行存款"账户的借方记录及"交易性金融资产""长期股权投资""持有至到期投资"等账户的贷方发生额分析填列。

例如，A公司出售交易性金融资产，收到的金额为25万元，本项目应按25万元填列。

(b)"取得投资收益收到的现金"项目，反映企业因股权性投资而取得的现金股利，从子公司、联营企业或合营企业分回利润而收到的现金，以及因债券投资而取得的现金利息收入。

本项目应根据"银行存款"账户的借方记录及"投资收益""应收利息""应收股利"等账户的贷方发生额分析填列。

例如，A公司收回到期债券本金30万元，债券利息6万元，"取得投资收益收到的现金"6万元，本金不在该项目内反映。

(c)"处置固定资产、无形资产和其他长期资产收回的现金净额"项目，反映企业报告期内出售、报废固定资产、无形资产及其他长期资产时因取得价款收入、保险赔偿收入等而收到的现金扣除与之相关的现金支出后的净额。另外，由于自然灾害造成的固定资产等长期资产损失而收到的保险赔款收入，也在本项目中反映。

例如，A公司出售一台机器设备，收到价款15万元，支付设备拆卸费用等1万元，收到处置固定资产的现金净额为14万元(15-1)。

(d)"处置子公司及其他营业单位收到的现金净额"项目，反映企业处置子公司及其他营业单位所取得的现金减去相关处置费用后的净额。

本项目根据"银行存款"等账户的记录以及"长期股权投资"等账户的发生额分析填列。

(e)"收到其他与投资活动有关的现金"项目，反映企业除了上述各项以外收到的其他与投资活动有关的现金流入。

(f)"购建固定资产、无形资产和其他长期资产支付的现金"项目，反映企业报告期内购买建造固定资产、取得无形资产和其他长期资产所支付的现金和增值税款以及支付的应由在建工程和无形资产负担的职工薪酬的现金支出。但不包括为购建固定资产而发生的借款利息资本化的部分以及融资租赁租入固定资产所支付的租赁费。

本项目根据"银行存款""库存现金"等账户的贷方记录及"固定资产""在建工程""工程物资""应付职工薪酬""应交税费""无形资产""研发支出"等账户借方发生额分析填列。

例如，A公司购入机器一台，支付价款35万元(含增值税额)，"购建固定资产、无形资产和其他长期资产支付的现金"为35万元。

(g)"投资支付的现金"项目，反映企业报告期内进行现金等价物以外的权益性投资和债权性投资所支付的现金(包括支付的价款及佣金、手续费等附加费用)。

但是企业购买股票或债券时，实际支付的价款中若包含有已宣告但尚未领取的利息或已到付息期尚未领取的债券利息，则不属于本项目反映的内容，而应在"支付其他与投资活动有关的现金"项目中反映。

本项目根据"银行存款"等账户的贷方记录及"长期股权投资""持有至到期投资""可供出售金融资产"等账户的借方发生额分析填列。

(h)"取得子公司及其他营业单位支付的现金净额"项目，反映企业购买子公司或其他营业单位出价中以现金支付的部分，减去子公司或其他营业单位持有的现金和现金等价物后的净额。

(i)"支付其他与投资活动有关的现金"项目，反映企业除上述各项以外，支付的其他与投资活动有关的现金流出。

根据以上有关项目的例题计算，A公司投资活动所产生的现金流入为45万元

(25＋6＋14)，现金流出为 35 万元，现金流量净额为 10 万元(45－35)。

（3）筹资活动产生的现金流量。筹资活动是指导致企业资本及债务规模和构成发生变化的活动。

（a）"吸收投资收到的现金"项目，反映企业报告期内以发行股票、债券等方式筹集资金实际收到的款项净额（发行收入减去支付的佣金、手续费等发行费用）。

本项目根据"银行存款"等账户的借方记录及"股本"（或"实收资本"）、"资本公积""应付债券"等账户的贷方发生额分析填列。

（b）"取得借款收到的现金"项目，反映企业报告期内举借各种短期、长期借款所收到的现金。

本项目根据"银行存款"等账户的借方记录及"短期借款""长期借款"等账户的贷方发生额分析填列。

例如，A 公司向银行借到长期借款收到银行存款 10 万元，应列入"借款收到的现金"项目。

（c）"偿还债务支付的现金"项目，反映企业报告期内偿还借款和到期债券的本金所支付的现金。

本项目根据"银行存款"账户的贷方记录及"应付债券""短期借款""长期借款"等账户的借方发生额分析填列。

例如，A 公司归还部分金融企业借款 12 万元，偿付利息 3 万元。甲公司应列入"偿还债务支付的现金"12 万元，利息不在本项目填列。

（d）"分配股利、利润或偿付利息支付的现金"项目，反映企业报告期内实际支付现金股利、支付给其他投资单位的利润以及用现金支付的债券利息、借款利息等。

本项目根据"银行存款"账户的贷方记录及"应付股利"（或"应付利润"）、"应付利息""应付债券""长期借款"等账户的借方发生额分析填列。

前例中，A 公司偿付的利息 3 万元就在本项目填列。

（e）"收到其他与筹资活动有关的现金""支付其他与筹资活动有关的现金"项目，反映企业除上述各项外，收取或支付的其他与筹资活动有关的现金流量，如以发行股票、债券方式筹集资金时由企业直接支付的审计、咨询等费用，支付的为购建固定资产而发生的借款利息资本化部分、支付融资租入固定资产的租赁费等。如果其他现金流入流出金额较大，可以单独列示。

根据以上有关项目举例数字计算，A 公司筹资活动所产生的现金流入为 10 万元，现金流出为 15 万元(12＋3)，现金流量净额为－5 万元(10－15)。

（4）汇率变动对现金及现金等价物的影响。本项目反映以下两个项目之间的差额：一是企业的外币现金流量以及境外子公司的现金流量按采用的现金流量发生日的即期汇率或与即期汇率近似的汇率折算的记账本位币金额；二是外币现金净增加额按期末汇率折算的金额。两者的差额填入本项目中。

（5）现金及现金等价物净增加额。这是指经营活动产生的现金流量净额、投资活动产生的现金流量净额、筹资活动产生的现金流量净额以及汇率变动对现金及现金等价物的影响等四项之和。根据以上举例即为83万元(78＋10－5)。

一般企业的现金流量表格式如表7-13所示。

表7-13　现金流量表

会企03表

编制单位：　　　　　　　　　　　　　　　　　　　　　　　年　　月　　　　　　　　　金额单位：元

项　　　目	本期金额	上期金额
一、经营活动产生的现金流量		
销售商品、提供劳务收到的现金	2 460 000	
收到的税费返还	150 000	
收到其他与经营活动有关的现金		
经营活动现金流入小计	2 610 000	
购买商品、接受劳务支付的现金	760 000	
支付给职工以及为职工支付的现金	200 000	
支付的各项税费	720 000	
支付其他与经营活动有关的现金	150 000	
经营活动现金流出小计	1 830 000	
经营活动产生的现金流量净额	780 000	
二、投资活动产生的现金流量		
收回投资收到的现金	250 000	
取得投资收益收到的现金	60 000	
处置固定资产、无形资产和其他长期资产收回的现金净额	140 000	
处置子公司及其他营业单位收到的现金净额		
收到其他与投资活动有关的现金		
投资活动现金流入小计	450 000	
购建固定资产、无形资产和其他长期资产支付的现金	350 000	
投资支付的现金		

(续表)

项　　　　目	本期金额	上期金额
取得子公司及其他营业单位支付的现金净额		
支付其他与投资活动有关的现金		
投资活动现金流出小计	350 000	
投资活动产生的现金流量净额	100 000	
三、筹资活动产生的现金流量		
吸收投资收到的现金		
取得借款收到的现金	100 000	
收到其他与筹资活动有关的现金		
筹资活动现金流入小计	100 000	
偿还债务支付的现金	120 000	
分配股利、利润或偿付利息支付的现金	30 000	
支付其他与筹资活动有关的现金		
筹资活动现金流出小计	150 000	
筹资活动产生的现金流量净额	(50 000)	
四、汇率变动对现金及现金等价物的影响	0	
五、现金及现金等价物净增加额	830 000	
加：期初现金及现金等价物余额		
六、期末现金及现金等价物余额		

(三) 现金流量表补充资料

现金流量表补充资料适用于一般企业、商业银行、保险公司、证券公司等各类企业。

现金流量表补充资料的披露格式如表7-14所示。

表7-14　现金流量表补充资料格式

补　充　资　料	本期金额	上期金额
1. 将净利润调节为经营活动现金流量：		
净利润		
加：资产减值准备		

（续表）

补 充 资 料	本期金额	上期金额
固定资产折旧、油气资产折耗、生产性生物资产折旧		
无形资产摊销		
长期待摊费用摊销		
处置固定资产、无形资产和其他长期资产的损失（收益以"－"号填列）		
固定资产报废损失（收益以"－"号填列）		
公允价值变动损失（收益以"－"号填列）		
财务费用（收益以"－"号填列）		
投资损失（收益以"－"号填列）		
递延所得税资产减少（增加以"－"号填列）		
递延所得税负债增加（减少以"－"号填列）		
存货的减少（增加以"－"号填列）		
经营性应收项目的减少（增加以"－"号填列）		
经营性应付项目的增加（减少以"－"号填列）		
其他		
经营活动产生的现金流量净额		
2. 不涉及现金收支的重大投资和筹资活动：		
债务转为资本		
一年内到期的可转换公司债券		
融资租入固定资产		
3. 现金及现金等价物净变动情况：		
现金的期末余额		
减：现金的期初余额		
加：现金等价物的期末余额		
减：现金等价物的期初余额		
现金及现金等价物净增加额		

企业应当采用间接法在现金流量表补充资料中披露将净利润调节为经营活动现金流量的信息。

1. "将净利润调节为经营活动现金流量"

该项目通过债权、债务变动、存货变动、应计及递延项目变动,与投资和筹资现金流量相关的收益和费用项目的计算,将净利润调节为经营活动的现金流量。调节的公式根据现金流量表补充资料 1 所列各项数据之和计算。其中净利润数额与所列各项目之和就是经营活动产生的现金流量净额。

2. "不涉及现金收支的重大投资和筹资活动"

该项目是指一定期间内影响资产或负债但不形成该期现金收支的所有投资和筹资活动。如债务转为资本、融资租入固定资产等。

3. "现金及现金等价物净变动情况"

该项目通过对符合现金含义的"库存现金""银行存款""其他货币资金"账户以及现金等价物的期末余额与期初余额比较所得,其增加额应与"现金流量表"中"五、现金及现金等价物净增加额"的金额相等。

四、财务报表附注

财务报表附注是财务报表的主要组成部分,企业应当按照规定披露附注信息。其主要内容包括八个方面,一般按照下列顺序披露。

(1) 企业的基本情况,包括企业注册地、组织形式和总部地址,企业的业务性质和主要经营活动,公司名称,财务报表的批准者和批准报出日期。

(2) 财务报表的编制基础。企业应在持续经营基础下进行财务报表列报。

(3) 遵循企业会计准则的声明。企业应当声明编制财务报表符合企业会计准则的要求,真实完整地反映企业的财务状况、经营成果和现金流量等有关信息。

(4) 重要会计政策和重要会计估计的说明。企业应当披露重要会计政策的确定依据和财务报表项目的计量基础,以及会计估计中所采用的关键假设和不确定因素,包括下一会计期间很可能导致资产、负债账面价值重大调整的会计估计的确定依据等。

(5) 会计政策和会计估计变更以及差错更正的说明。企业应按准则规定披露有关会计政策和会计估计变更以及差错更正的信息。

(6) 报表重要项目的说明。企业对报表重要项目的说明,应按照资产负债表、利润表、现金流量表、所有者权益变动表及其项目列示的顺序,采用文字和数字描述相结合的方式进行披露。报表重要项目的明细金额合计,应当与报表项目金额相衔接。需要披露的重要项目包括交易性金融资产等资产类项目、职工薪酬等负债类项目、营业收入等利润表项目以及非货币性资产交换、股份支付、债务重组等重要事项,不同项目的披露格式不尽相同。

(7) 或有事项和资产负债表日后事项。或有事项和重要的资产负债表日后事项,需要加以说明的,应在附注上予以披露。

(8)关联方关系及其交易。本企业与关联方发生交易的,应分别说明各关联方的性质、交易类型及交易要素。交易要素至少应包括:交易金额;未结算项目的金额、条款和条件,以及有关提供或取得担保的信息;未结算应收项目的坏账准备金额;定价政策。

五、财务报表的报送和汇总

(一) 财务报表的报送

为了充分发挥财务报表的作用,各个单位在编表后应依照法律、行政法规和国家统一的会计制度有关财务报表提供期限和程序的规定,及时对外提供财务报表。

企业在报送财务报表之前,必须由本单位会计主管人员和企业负责人进行认真复核。主要是复核报表的项目是否填列齐全,补充资料填列是否完整,是否附有必要的编制说明,报表与报表的有关指标是否衔接一致。经复核无误后,应将财务报表依次编定页数,加具封面,装订成册,加盖公章。封面上应注明企业的名称、地址、开业年份、报表所属年度月份、报出日期等。企业财务报表必须由企业负责人、主管会计工作的负责人和会计机构负责人(会计主管人员)签名并盖章。设置总会计师的企业还应该由总会计师签名并盖章。

国有企业、国有控股或占主导地位的企业,应当至少每年一次向本企业的职工代表大会公布财务报表,并重点说明一些重要事项,包括与职工利益密切相关的信息如企业管理人员工资和职工工资,福利费用的发放、使用和结余情况,利润分配情况等;内部审计发现的问题;重大的投资、融资和资产处置决策及其原因的说明等。按照规定,企业财务报表需要经过注册会计师审计的,应当把注册会计师及其事务所出具的审计报告连同财务报表一起对外提供。企业提供给各方的财务报表,其编制基础、编制依据、编制原则和方法都应当一致。

财务报表报送的期限,既要考虑需要财务报表的有关单位对报表的需要程度,又要考虑编报单位的机构、组织形式、编报工作量大小以及编报单位所在地的交通条件等因素,正确规定财务报表的报送期限。这样有利于各编表单位如期报送,便于及时汇总和利用财务报表,以发挥其应有的作用。根据规定,月报应于月份终了后6天内报出,半年度报应于年度中期结束后60天内报出,年报于年度终了后4个月内报出。

财务报表应当根据经过审核的账簿记录和有关资料编制,并应当符合《会计法》和国家统一的会计制度的规定。上级主管部门单位对财务报表审核后,如果发现财务报表填报错误或手续不全,应通知编报单位更正或补办手续。如果发现违反国家法令和财经纪律,应查明原因,严肃处理。

（二）合并财务报表与汇总财务报表

合并财务报表是指母公司和其全部子公司形成的企业集团整体财务状况、经营成果和现金流量的财务报表。其编制基础是"控制"，即一个企业能决定另一个企业的财务和经营政策，并据以从其经营活动中获取利益。能够控制其他公司的企业称母公司，被母公司控制的企业称子公司。

合并财务报表由母公司编制，至少包括合并资产负债表、合并利润表、合并现金流量表、合并所有者权益变动表4张财务报表及附注等内容。编制时应抵消母公司与子公司相互之间发生的内部交易对企业资产、负债、所有者权益、利润、现金流量等方面变动的影响，从而可以对外提供母、子公司组成的企业集团的整体经营情况的会计信息。

汇总财务报表是根据所属各企业财务报表和汇编单位本身的财务报表加以整理、汇总而成的。汇总财务报表的编制方法基本上与前述编制方法相同。大部分项目都可以按照所属单位的报表资料加以汇总，但有一部分项目不能简单地加计总数，而应在日常核算资料的基础上重新计算分析。

本 章 小 结

本章对对账、结账和编制财务报表的工作进行了阐述，编制财务报表是一项为外部信息使用者提供会计信息的重要工作，为了保证报表的内容真实完整，需在编制报表前做结账等准备工作，而结账前又需要做对账、财产清查等工作以保证编制报表的基础资料准确并与实际数一致。对账工作可以分为不同类型，对账时间间隔有所不同。财产清查时应当根据不同的财物类型选择不同的清查方法，填制相关的记录。财务报表对使用者了解企业的会计信息有十分重要的作用，必须遵循一定的规则进行编制和报送。财务报表种类较多，反映的内容各有侧重。资产负债表反映企业在会计期间结束时的财务状况，利润表反映企业在一个会计期间的经营成果，现金流量表反映企业在会计期间里的现金流量信息，所有者权益变动表反映企业在会计期间里的所有者权益变动情况，它们能够为决策者提供与决策有关的信息。

复 习 思 考 题

1. 对账的意义是什么？
2. 结账的作用是什么？
3. 财产清查有什么意义？
4. 永续盘存制与实地盘存制有什么区别？各自适用于什么情况？

5. 发生财产清查结果与账面数不一致时应怎样进行处理？分别不同情况作简要阐述。
6. 财务报表有什么作用？编制财务报表的基本要求是什么？
7. 资产负债表的含义和作用是什么？
8. 利润表的含义和作用是什么？
9. 现金流量表中的现金含义指什么？
10. 汇总财务报表与合并财务报表是一样的吗？

案例讨论题

20×9年初，紫金股份有限公司的财务总监王先生向公司董事会提交了会计部门编制的20×8年度财务报表，里面包括资产负债表、利润表、现金流量表和附注。董事会经过讨论，对这份报表提出了如下批评意见：① 报告中没有所有者权益变动表。② 编制报告前未进行全面的财产清查。③ 利润表中把20×9年1月2日实现的一笔销售业务包括了进来。④ 利润表和资产负债表中"未分配利润"项目的数字不一致。⑤ 资产负债表上的应收账款项目数额与应收账款账户的余额不一致。董事会对这一数字提出了质疑，认为是编制报表时出现了错误。请问董事会的批评意见是否都正确？应该怎样对他们进行解释？哪些意见应该接受？王先生应该怎么做？

同步测试题

一、单项选择题

1. 利润表是反映企业在一定期间内（　　）的报表。
   A. 财务状况和盈利能力　　　　B. 经营成果
   C. 营业利润、利润总额　　　　D. 营业收入、营业利润
2. 资产负债表的项目，按（　　）的类别，采用左、右相平衡对照的结构。
   A. 资产、负债和所有者权益
   B. 收入、费用和利润
   C. 资金来源、资金运用
   D. 资产、负债和所有者权益、收入、费用和利润
3. 财务报表中有关报表项目的金额，其直接来源是（　　）。
   A. 原始凭证　　B. 记账凭证　　C. 日记账　　D. 账簿记录
4. 下列项目中，符合现金流量表中现金概念的是（　　）。
   A. 企业银行本票存款　　　　B. 能随时用于支付的存款
   C. 企业银行汇票存款　　　　D. 企业购入的1个月到期的国债

5. 现金流量表的编制基础是( )。
   A. 库存现金　　　　　　　　　B. 营运资金
   C. 库存现金和银行存款　　　　D. 广义现金

二、多项选择题
1. 财务报表的使用者有( )。
   A. 投资者
   B. 债权人
   C. 企业内部管理人员
   D. 上级主管部门和国家经济管理机关
2. 全面清查适用于( )。
   A. 年终决算前　　　　　　　　B. 单位撤销
   C. 资产评估　　　　　　　　　D. 单位合并
3. 现金等价物应具备的特点有( )。
   A. 期限短　　　　　　　　　　B. 流动性强
   C. 价值变动风险小　　　　　　D. 易于转换为已知金额的现金
4. 财产清查结果会出现的情况有( )。
   A. 账实一致　　　　　　　　　B. 账存数大于实存数
   C. 毁损　　　　　　　　　　　D. 账存数小于实存数
5. 下列表述中,正确的有( )。
   A. 财务报表按其反映内容,可分为动态报表和静态报表
   B. 财务报表按其编报时间,可以分为中期报告和年报
   C. 财务报表按其编报单位,可以分为个别报表、汇总报表
   D. 财务报表按其编报单位,可以分为汇总报表和合并报表
   E. 财务报表按其编报单位,可以分为个别报表、汇总报表和合并报表

三、判断题
1. 预收款项是一种负债性质的预收收入,因此应作为当期收入入账。( )
2. 月末对账时,必须进行账证核对。( )
3. 账实核对实质上就是财产清查。( )
4. 在一般情况下,全面清查既可以是定期清查,也可以是不定期清查。( )
5. 局部清查一般适用于对流动性较大的财产物资和货币资金的清查。( )
6. 转销盘盈、盘亏的固定资产,一律作为营业外收支处理。( )
7. 资产负债表是动态报表。( )
8. 利用资产负债表可以评价企业的偿债能力。( )
9. 经营活动现金流量在现金流量表中按照直接法报告,在现金流量表附注中按照间接法报告。( )

四、核算题

【核算题 1】 某企业 20×9 年 1 月银行存款日记账 20 日至月末所记经济业务如下：

(1) 20 日，开出♯0566 支票，支付购入材料的货款 1 400 元。

(2) 21 日，存入销货款转账支票 2 400 元。

(3) 24 日，开出♯0567 支票，支付购料运杂费 700 元。

(4) 26 日，开出♯0568 支票，支付下季度的房租 1 600 元。

(5) 27 日，收到销货款转账支票 9 700 元。

(6) 30 日，开出支票♯0569，支付日常零星费用 200 元。

(7) 31 日，银行存款日记账余额 33 736 元。

银行对账单所列 20 日至月末经济业务如下：

(1) 20 日，结算银行存款利息 792 元。

(2) 22 日，收到企业开出支票♯0566，金额为 1 400 元。

(3) 24 日，收到销货款转账支票 2 400 元。

(4) 26 日，银行为企业代付水电费 1 320 元。

(5) 27 日，收到企业开出支票♯0567，金额为 700 元。

(6) 30 日，代收外地企业汇来货款 1 400 元。

(7) 31 日，银行对账单余额 26 708 元。

要求：根据上述资料，编制银行存款余额调节表，将未达账项加以调节，并计算出调节后的银行存款余额。

【核算题 2】 某工厂 20×9 年 12 月清查往来款项时，发现以下业务长期挂在账上：

(1) 长期挂在账上的应付 A 厂的购货款的尾数 32 元，由于对方机构撤销无法支付，经批准作为企业营业外收入处理。

(2) 没收逾期未退回的包装物押金 480 元，经批准作为企业营业外收入处理。

(3) 职工张某暂借款 45 元，由于该职工调出企业，无法收回，经批准作为管理费用处理。

(4) 由于对方单位撤销，应收而无法收回的企业销货款 400 元，经批准作为坏账处理。

要求：根据以上资料编制会计分录。

【核算题 3】 某厂年终进行财产清查，在清查中发现下列事项：

(1) 盘亏机器一台，原价 5 000 元，账面已提折旧 4 000 元。

(2) 发现账外机器一台，估计重置价 10 000 元，现值 6 000 元。

(3) 甲材料账面余额 455 千克，价值 19 110 元。盘点实际存量为 450 千克，经查明，其中：3 千克为定额损耗，2 千克为日常收发计量差错。

(4) 乙材料账面余额166千克,价值5 312元,盘点实际存量为161千克,缺少数为保管人员失职造成的散失。

(5) 丙材料盘盈25千克,每千克30元,经查明,其中20千克为接受委托加工剩余材料,对方未及提回,其余属于日常收发计量差错。

上列各项盘盈、盘亏和损失,经查原因属实,报请领导审核批准,作如下处理:

(1) 盘亏水泵系因自然灾害招致毁损,作非常损失处理。

(2) 账外机器尚可使用,交车间投入生产,作调整前期会计差错处理。

(3) 材料定额内损耗及材料收发计量错误,均列入管理费用处理。

(4) 保管人员失职造成材料短缺损失,责成过失人赔偿。

要求:将上列清查结果编制审批前的会计分录,并根据报请批准处理的结果编制会计分录。

【核算题4】 某企业20×9年6月底各账户期末余额如表7-15所示。

表7-15 某企业各账户期末余额情况

金额单位:元

账户名称	借方余额	账户名称	贷方余额
库存现金	9 000	短期借款	241 000
银行存款	328 000	应付账款	359 000
应收账款	234 000	其他应付款	80 000
其他应收款	5 000	应付职工薪酬	180 000
原材料	345 000	应交税费	60 000
生产成本	650 000	累计折旧	604 000
库存商品	860 000	本年利润	370 000
固定资产	1 254 000	实收资本	1 500 000
		盈余公积	291 000
合　　计	3 685 000	合　　计	3 685 000

有关明细资料如下:

各损益账户累计余额为:"主营业务收入"1 344 000元,"主营业务成本"834 280元,"税金及附加"84 320元,"销售费用"15 600元,"其他业务收入"45 000元,"其他业务成本"39 500元,"营业外收入"800元,"营业外支出"5 000元,"管理费用"35 100元,"财务费用"6 000元。

要求:根据上述资料,编制资产负债表和利润表。

第八章 财务报表分析

- 了解财务报表分析的前提、要求、依据和原则
- 理解财务报表分析在企业经营管理和投资决策中的重要性
- 掌握财务报表分析的基本方法和基本内容

引 言

　　王华和李军决定在股票上做些投资,他们向一位在证券市场投资多年的朋友咨询投资哪类股票收益比较好,朋友推荐他们购买在房地产业经营比较好的A公司的股票,推荐理由是A公司经营房地产,并且传闻该公司将要重组,并购另外一家经营较好的全国连锁酒店。王华大学时学的是财务会计,听了朋友的推荐觉得有些道理,但是他认为公司的经营题材和市场传闻只能作为一个参考,公司的财务状况和经营业绩才是投资的根本依据。因此他们决定在投资之前,先找出A公司的财务报表,对A公司作一个全面的评估和分析,看看A公司的财务状况和行业前景,并预估一下从该公司的投资中可能获得的收益。

　　通过对A公司20×8年和20×9年财务报表的分析,王华采集和分析得到如下数据:

　　净利润:20×8年,1.27亿元;20×9年,4.18亿元。

　　主营业务利润率:20×8年,24.3%;20×9年,46%。

　　资产负债率:20×8年,53.7%;20×9年,57.1%。

　　已获利息倍数:20×8年,3.22;20×9年,7.00。

　　总资产周转率:20×8年,26.1%;20×9年,32.6%。

　　每股收益:20×9年首次10转赠10的分红方案,每股收益增长超过60%,

(续上)

达到每股 0.827 元。
　　王华对 A 公司报表进行分析后,认为 A 公司是一家值得投资的公司。李军大学学的是计算机,看了王华财务报表分析数据,不太明白这些数据的含义和其所反映的财务信息内容,王华于是建议李军多学习财务知识。学习本章内容后,你将对财务报表分析的相关财务知识有所了解与掌握。

第一节　财务报表分析概述

一、财务报表分析的意义

　　财务报表分析,即会计信息使用者进行决策时通过各财务报表之间和财务报表各项目之间的逻辑关系,对企业的经济活动和财务收支情况进行全面、系统的分析的过程。
　　财务报表分析不但可以检查财务报表数据的正确性,帮助我们识别公司财务报表列报的数据的真伪,更重要的是可以得到我们需要的各种财务信息,在企业经营管理实践中有着十分重要的意义:
　　(1) 评价企业的财务状况和经营成果,揭示财务活动中存在的矛盾和问题,为改善经营管理提供方向和线索。
　　(2) 预测企业未来的报酬和风险,为投资人、债权人和经营者的决策提供帮助。
　　(3) 检查企业预算完成情况,考察经营管理人员的业绩,为完善合理的激励机制提供帮助。

二、财务报表分析特点

　　财务报表分析属于会计分析的重要组成部分。会计分析一般包括事前的预测分析、事中的控制分析和事后的总结分析。财务报表分析属于事后总结分析,其分析具有如下特点:
　　(1) 定性分析为主,分析结论相对客观准确。财务报表分析是以资产负债表、利润表、现金流量表等主要财务报表数据为基础进行的定性分析,利用利润表和资产负债表等有关报表项目的金额进行分析和比较,从而清楚地了解企业的财务状况和经营成果,提高经营管理的客观性和准确性。
　　(2) 多角度分析,分析方法比较全面系统。财务报表分析从变动趋势、结构、比率等不同角度进行了综合分析,而各种财务报表分析方法都具有各自的特点,且相互配合,构成了一个全面系统完整的分析方法体系。

(3) 定期的事后分析,提高管理效率,既对企业的经营管理活动的成果进行定期总结,又为编制计划、预算控制、弹性管理等提供依据,促进企业经济效益和管理效率的提高。

三、财务报表分析的前提和要求

财务报表分析的前提就是假定财务报表分析所依据的资料、标准都是真实可靠的,只有这样,分析才会有结果,分析的结论才会具有说服力。

财务报表的真实性判断,通常要靠审计来解决,会计分析也是审计人员判断财务报表的真实性问题的工具。但是财务报表分析是以财务报表为基础,因此,除了要求分析人员正确理解财务报表外,在进行财务分析时需要注意以下几个方面:

(1) 分析的财务报表及相关的财务资料必须是规范的。即财务报表及相关的财务资料必须是严格按照会计法、会计准则等会计法律、法规的要求编制和出具的资料;不规范的财务资料,其真实性会受到怀疑。

(2) 财务报表分析要求分析人员遵守谨慎性原则。谨慎性原则要求对财务报表充分阅读的同时,谨慎地关注财务报表是否有遗漏或者虚构的情况。遗漏是违背充分披露原则的,而虚构财务资料则是严重违反真实性要求的。

(3) 财务报表分析要求注意分析数据的异常现象。异常指标和趋势应该作为分析关注的重点对象,如无合理的反常原因,则要考虑数据的真实性是否有问题。

(4) 财务报表分析如果参考了审计报告或者其他财务资料,就要注意审计报告的意见、注册会计师的信誉以及其他资料的真实性。

四、财务报表分析的依据和原则

(一) 财务报表分析的依据

1. 财务报表分析的资料依据

(1) 会计数据资料。我国《企业会计准则——财务会计列报》(2014)规定,会计报表至少由五部分组成:资产负债表、利润表、所有者权益增减变动表、现金流量表、附注。国际会计准则(IAS1)中规定财务报告至少由五部分组成:资产负债表、利润表、所有者权益综合收益表、现金流量表、附注。可见,我国会计报表列报要求与国际已经趋同。

(2) 非会计数据资料。企业的计划、统计、销售、审计等部门也有各自的数据资料,财务报表分析需要结合这些非会计数据资料进行分析。如上市公司的审计报告,是由专业的审计人员审计财务报表和相关资料后写出的具有法律效应的书面报告,可以帮助我们判断财务报表等数据资料的真实性、公允性和合法性。

(3) 其他有关资料。企业的各种管理制度、董事会章程和决议、管理当局声明书、会议文件、经济合同和律师声明书等也是财务报表分析的补充资料。

2. 财务报表分析的标准依据

(1) 行业标准。财务报表分析中将企业的相关比率和同行业的企业进行横向比较,可以分析企业经营状况是否正常,通过寻找异常指标,进一步分析企业经营管理中存在的问题,也可以分析财务报表本身存在的问题。

(2) 历史标准。将阅读的当期财务报表同历史财务报表的数据进行比较,主要目的是分析财务报表的各个项目的变化趋势,以及判断这些趋势变化的合理性。

(3) 预算标准。与预算标准进行比较分析,主要是对预算的执行情况进行分析,寻找差异并分析原因,进一步判断预算的合理性,更好地进行预算管理和管理控制。

(二) 财务报表分析的原则

(1) 真实性原则。要从实际出发,坚持实事求是,反对主观臆断、结论先行、搞数字游戏的虚假分析。

(2) 全面性原则。要全面看问题,坚持一分为二。要兼顾有利因素与不利因素、主观因素与客观因素、经济问题与技术问题、外部问题与内部问题。

(3) 综合性原则。要注重事物之间的联系,坚持相互联系地看问题。分析过程中,将经营成果分析和财务状况分析相结合,绝对数额分析和相对数额分析相结合,静态分析和动态分析相结合,纵向分析与横向分析相结合,分析过去和预测将来相结合。

(4) 定量分析与定性分析结合原则。定性分析是基础和前提,没有定性分析就弄不清本质、趋势和与其他事物的联系。财务报表分析要透过数字看本质,没有数字就得不出结论。定量分析是工具和手段,没有定量分析就弄不清数量界限、阶段性和特殊性。

【问题与思考 8-1】

李斌大学毕业后分配到一家上市公司投资部上班。投资部经理想考察一下他的财务知识,让他做一份详细的公司财务情况报告。李斌从财务处找来了公司的资产负债表、利润表和现金流量表,开始认真地阅读这些报表并很快写出一份财务报告交给经理,可是经理批评李斌工作不认真,财务报告分析不全面,李斌觉得很委屈。请问:经理对李斌的批评是否有道理?

第二节　财务报表分析基本方法

财务报表主要是由报表项目所构成,报表项目都是一些经济指标。因此,财报表分析要对各项报表项目的数字变动和各报表项目之间的数量关系进行分析。在进行数量分析时,常用的分析法主要有趋势分析法和比率分析法。

一、趋势分析法

趋势分析法又称水平分析法或纵向分析法,是通过对比两期或连续数期财务报告中的相同指标,确定其增减变动的方向、数额和幅度来说明企业财务状况和经营成果的变动趋势和预测其发展前景的一种方法。

趋势分析法通常用于对企业的业绩趋势进行分析,旨在发现和确认公司历史业绩的趋势性,判断业已形成的趋势是否发生改变及其改变原因。

趋势分析方法的两个基本方法是定比分析和环比分析。

(一)定(同)比分析

定基动态比率计算公式为:

$$定基动态比率 = 分析期数值 \div 固定基期数值$$

最基本的趋势分析方法是定(同)比分析。定(同)比分析,是选择一个与被分析会计期间没有季节差异的会计期间作为基期,然后对各会计期间的财务数据进行对比。换句话说,定(同)比分析就是将一个会计期间的财务数据与相隔1年或1年以上相同会计期间的财务数据进行对比,判断公司业绩的增减变动情况。

(二)环比分析

环比分析,就是将一个会计期间的财务数据与紧邻的上一个会计期间的财务数据进行对比,从而判断公司业绩的增减变动情况。环比动态比率的计算公式为:

$$环比动态比率 = 分析期数值 \div 前期数值 \times 100\%$$

环比分析方法易于分析财务报表的"拐点"。定比分析不能揭示公司最近的业绩增减变动情况,而这段时期一旦发生业绩"拐点",即较大幅度的增减变动,分析结论就可能形成误导。

例如,某公司20×9年全年报主营业务收入为395 364万元,与20×8年的全年主营业务收入相比上升了5%。20×9年中期报主营业务收入仅为266 768万元,两者相减得出下半年主营业务收入为128 596万元,再用128 596万元除以266 768万元,乘以百分之百,便得出该公司报告期主营业务收入环比大幅滑坡51.80%的分析结果。因此,及时发现业绩"拐点",对投资决策极富有意义,趋势分析的重点就是发现"拐点"。而通过环比分析的方法,可消除定比分析缺陷给投资者造成的误导。

采用趋势分析法时,必须注意以下问题:

(1)所对比指标的口径必须一致。

(2)应剔除偶发性项目的影响。
(3)应运用例外原则对某项有显著变动的指标作重点分析。

二、比率分析法

比率分析法是把一些彼此存在关联的项目加以对比,计算出比率,据以确定经济活动程度的分析方法。如:分析财务报表项目的构成比率分析法;反映有关经济活动的相互关系的相关比率分析法等。

(一)构成比率分析法

财务报表中六大要素项目下有各自的构成要素,它们占总体指标的比重不同,反映的财务状况和经营成果信息也是大不相同的。因此,对构成比的变化进行分析,评估各项目比重的合理性,是财务报表分析不可或缺的方法之一。

构成比率分析法,是将财务报表中的某个总体指标作为基数,再将该项目各个组成部分与总体相比较得出百分比,从而来比较各个项目百分比的增减变动,以此来判断有关财务活动的变化趋势。它通常用于资产结构、资本结构、盈利结构等方面的分析。构成比率分析法的公式为:

$$构成比率=组成部分数值÷总体数值×100\%$$

下面给出某公司20×9年年报中存货资产结构分析表(见表8-1),可以发现公司存货资产可能存在的问题。

表8-1 存货资产结构分析表

金额单位:万元

项目	期初		期末	
	金额	结构比(%)	金额	结构比(%)
原材料	626	23.5	307	7.9
低值易耗品	44	1.7	52	1.3
库存商品	2 039	74.8	3 513	90.8
合计	2 709	100	3 872	100

结构分析:公司存货中库存商品占74.8%,比重很大,期末存货总量增加系库存商品增加所致;库存商品比重增加16%,而原材料和低值易耗品的比重均有所下降,由此可以得出结论:公司存货出现积压、销售可能有问题。公司应该进一步分析影响销售的原因,采取措施解决存货积压的问题。

构成比率分析法通过财务报表各项目比重的大小来分析一些比重异常的指标,排查公司经营中可能存在的问题;也可以通过构成比来评估各项目比重的合理性,进行相关的融资和投资决策分析。

（二）相关比率分析法

同一张财务报表或不同财务报表中的相互关联的项目进行对比可以得出相关财务比率，这些财务比率表明了财务报表各项目之间的逻辑关系。

因此，在财务分析中建立一系列相关比率财务指标，可以全面描述企业的盈利能力、资产流动性、资产使用效率、负债能力、价值创造、市场表现和现金能力，并将这些财务指标与企业历史上的财务指标、行业的平均数和行业的先进企业的相关指标进行对比，最后综合判断企业的经营业绩、所存在的问题和财务健康状况。

为了进行综合的财务分析，可以编制财务比率汇总表（见表8-2）。将反映企业财务状况的各类财务比率集中在一张表中，能够一目了然地反映企业各方面的财务状况。

表 8-2 财务比率分析法汇总表

类别	指标	计算	目标和含义
偿债能力	流动比率	流动资产÷流动负债	评价企业以短期可变现资产支付短期负债的能力
	速动比率	(流动资产－存货)÷流动负债	评价企业快速变现资产支付短期负债的能力
	利息保障倍数	EBIT÷利息费用	评价企业使用息税前利润支付利息的程度
	资产负债率	总负债÷总资产	评价企业的总资产中使用债务资本的比例
	负债权益比	总负债÷权益资本	评价企业权益资本与债务资本的关系，反映总体偿债能力
经营效率	应收账款周转率	销售收入÷平均应收账款	评价企业一段时期（年）内应收账款回收次数
	存货周转率	销售成本÷平均存货	评价企业一段时期（年）内存货转化为销售的次数（分子可用售货成本）
	总资产周转率	销售收入÷平均总资产	评价企业一段时期内总资产带来销售收入的次数
盈利能力	总资产收益率	净利润÷平均资产	评价企业每使用1元总资产的盈利能力
	销售净利率	净利润÷销售收入	每1元销售带来的净利润，评价企业销售收入中的盈利比例
上市公司指标	EPS	净利润÷发行在外总股数	评价企业发行的股票每股所获得的净利润
	DPS	现金股利÷发行在外总股数	评价企业发行的股票每股所获得的分红
	P/E	股票价格÷EPS	评价企业股票价格和每股利润之间的关系，若市场有效，说明企业发展潜力；若市场无效，说明泡沫程度或风险（价格偏离价值或盈利能力）

在下一节的内容中我们就建立的一系列财务比率指标的含义和具体的运用作出详细的分析。

【问题与思考 8-2】

某公司 20×6 至 20×9 年间有关项目的趋势表达情况如表 8-3 所示。

表 8-3　项目趋势情况表

金额单位：万元

年　份 项　目	20×6	20×7	20×8	20×9
销售收入	200	211.3	219.8	262.8
其中：啤酒销售	100	110.25	119.9	157.7
销货成本	100	111.9	118.4	155.9
经营及管理费用	50	56.2	65.3	88.2
净收益	100	116.2	131.6	164.3
啤酒销售桶数	1 000	1 050.0	1 090.0	1 320.0

问：该公司财务状况的变化趋势表现出什么特征？分别是什么原因造成的？

第三节　财务报表分析的主要内容

财务报表分析是把整个财务报表的数据，分成不同部分和指标，并找出有关指标的关系，以达到认识企业偿债能力、盈利能力、资产管理效率和抗风险能力的目的。本节将结合上市公司的特殊指标，对财务报表分析的这几个主要内容，作详细的介绍。

一、偿债能力分析

（一）短期偿债能力分析

1. 流动比率

$$流动比率 = 流动资产 \div 流动负债 \times 100\%$$

流动比率测算企业用流动资产偿付流动负债的能力。流动比率越大，对债权人的债务就越有保障。当然，过高的流动比率则反映了企业的资金没有得到充分利用，是反映企业财务结构不尽合理的一种信息。它有可能是：

（1）企业可能因经营意识较为保守而不愿扩大负债经营的规模。

（2）企业某些环节的管理较为薄弱，从而导致企业在应收账款或存货等方面有较高的水平。

(3)股份制企业在以发行股票、增资配股或举借长期借款、债券等方式筹得的资金后尚未充分投入营运。

由于企业流动资产中存货项目一般占企业流动资产的50%左右,而企业存货项目的变现能力较弱,所以一般认为流动比率应该达到2:1的比率,企业的短期偿还能力才比较稳妥。这表明,公司对每1元的流动负债都有2元的流动资产作准备。大多数经营成功的企业的流动比率都在1.5和2之间。(注:行业不同该比率有差异)

流动比率低于1就处于偏低水平,表明企业在短期内流动资产不足以偿还流动负债。如果债权人不能宽限债权期的话,债务人企业只能采取出售长期资产,如长期投资或固定资产等来偿还到期债务,这将使企业遭受更加沉重的打击。

在以流动资产偿还全部的流动负债后,剩下的部分称为营运资金,即:

$$营运资金=流动资产-流动负债$$

营运资金越多,则说明企业不能偿还短期债务的风险越小。

2. 酸性测试(速动)比率

酸性测试比率常常被分析者将其与流动比率一起用来对企业的短期偿债能力进行测试,因此,该比率又称为"酸性测试"比率。这是因为流动比率虽然可以用来评价一个企业流动资产总的变现能力,但由于流动资产中有一部分资产并不容易被及时变现以用来偿还债务,所以作为债权人希望获得比流动比率更为可靠的短期偿债能力的信息,而速动比率就是把企业流动资产中不容易变现的那部分资产剔除出去来进行分析的指标。其计算公式为:

$$速动比率=(流动资产-存货)\div流动负债$$

公式中存货扣除的原因是:

(1)存货变现能力差。

(2)部分存货可能已损失报废还没作处理。

(3)部分存货可能已作抵押品。

(4)存货估价与市价有差异。

一般认为一个公司的速动比率正常值应该为1,低于1的速动比率被认为偿还短期债务能力偏低。当然酸性比率过高也不一定都是好事,比如说比率过高是由于应收账款过高造成的,而应收账款过高可能意味着较多的坏账风险。所以,当公司即将要破产、清算时,可以用以下的保守速动比率来反映公司即将要破产、清算时最快的偿债能力。

3. 保守速动比率

保守速动比率的计算公式为:

保守速动比率＝(现金＋短期投资＋应收账款净额)÷流动负债

上式中没有把预付货款视为速动资产,原因是它的下一个周转目标可能是存货,而且是存货中的原材料,也可能是固定资产或长期投资,但绝不是现金,当然也不能直接用来偿债。将其他应收款也排除在外,是由于它往往与公司的主营业务没有直接联系。至于待摊费用、待处理流动资产损失,它们根本就不会有未来现金流入。

【问题与思考 8-3】

商品零售业在流动资产的构成方面有何特征？速动比率对该类企业进行分析是否合适？

(二) 长期偿债能力分析

长期偿债能力表明企业对债务的承担能力和偿还债务的保障能力。对企业来讲,企业所借入的长期债务可以长期使用,这有利于扩大企业的生产经营和发展,但同时也会加大企业的资金成本与财务风险,所以我们应该注意对企业长期偿还能力的分析。

对企业的长期偿还能力的分析主要是通过已获利息倍数、资产负债率、所有者权益比率、产权比率等指标来进行的。

1. 已获利息倍数

已获利息倍数又称利息保障倍数。它是企业实现的税息前利润与其所支付的利息费用的倍数关系。该指标主要用来衡量企业承担借款利息费用的能力。其计算公式为：

$$\text{已获利息倍数} = \frac{\text{息税前利润(EBIT)}}{\text{利息费用}} = \frac{(\text{净利润} + \text{所得税费用} + \text{利息费用})}{\text{利息费用}}$$

利息保障倍数指标反映企业息税前利润为所需支付的债务利息的多少倍。利息保障倍数越高,则表明企业对债务的偿还能力越强,企业的再融资能力也就越强,否则相反。

2. 资产负债率

资产负债率也称负债比率。它是以负债总额与资产总额的比率关系表示的。该指标表示在企业全部资金的来源中从债权人那里取得数额所占的比重,可以用来衡量一个企业利用负债进行融资的能力和在清算时对债权人利益的保护程度。资产负债率的计算公式为：

$$\text{资产负债率} = \text{负债总额} \div \text{资产总额} \times 100\%$$

资产负债率反映偿还债务的保障程度,债权人认为比率越高偿债能力越差,说明企业的财务风险较大。但资产负债率对不同的相关方有着不同的意义。从股东的立场来看,随着所借债务占企业资产的比例上升,一方面可以利用财务杠杆增加企业的盈利,但另一方面也会增加企业的风险,因为企业的经营存在不确定性,当借款后出现投资报酬率低于借贷利率的情况时,支付给债权人的利息要用股东所获利润来弥补,从而使股东的利益受损。

3. 资本负债率

资本负债率的计算公式为:

$$资本负债率(产权比率) = 负债总额 \div 权益总额 \times 100\%$$

产权比率反映了债权人投入的资本所受到企业所有者权益的保障程度。一般来讲,产权比率高,说明企业是高风险、高报酬的财务比率;产权比率低,则是低风险、低报酬的财务比率,财务稳健的企业其所有者权益会大于负债总额,即产权比率应该低于1。该指标除了用来反映公司偿还长期债务的能力外,还反映公司资本结构的稳健程度。产权比率与资产负债率具有共同的经济意义,两个指标可以相互补充。

4. 股东权益比率

所有者权益比率也是衡量企业偿还长期债务能力的重要指标之一,它是企业所有者权益总额与企业资产总额之比。该指标表明了企业主权资本在全部资产中所占的比重。其计算公式为:

$$股东权益比率 = 股东权益期末数 \div 资产合计期末数 \times 100\%$$

一般地讲,股东权益比率越高,公司的偿债能力越强,经营越安全,盈利的可能性就越大。亏损公司总是与较低的资本充足率相伴。投资者有必要远离那些资本充足率低于30%的上市公司。值得一提的是,有时一些公司不是由于股东权益比率过低而导致亏损,而是由于行业不景气导致亏损。这样的公司较容易实现扭亏。

二、经营效率分析

经营效率方面财务指标主要包括:应收账款周转率、存货周转率、总资产周转率和营业周期等指标。

(一)应收账款周转率

应收账款在企业的流动资产中是一个非常重要的项目。应收账款周转率是用来评价企业流动资产周转状况的指标之一。从企业的应收账款周转率上面不仅反映出一个企业应收账款的变现速度,也反映出一个企业在应收账款上的管理水平。

应收账款周转率的计算公式为:

$$应收账款周转率 = 主营业务收入 \div 平均应收账款余额 \times 100\%$$

上式中的主营业务收入数据来源于企业的利润表。它一般是指扣除销售折扣与折让后的销售净额;平均应收账款余额数据来源于企业资产负债表中"应收账款"和"应收票据"两个项目的期初与期末金额的平均数之和。

一个企业应收账款周转率越高,周转次数越多,说明企业应收账款回款速度越快,企业在应收账款上的管理水平越高;反之,应收账款周转率低,说明企业应收账款的管理水平较低,则企业应注意加强应收账款的催收工作。

根据应收账款周转率,我们可以计算出应收账款周转天数。应收账款周转天数也称应收账款账龄。它是指企业自商品或产品销售出去后至应收账款收回为止经历的天数。其计算公式为:

$$应收账款周转天数 = 360 \div 应收账款周转率$$

应收账款账龄越短,则说明企业应收账款变现速度越快,企业在应收账款上被外单位占用的时间就越短,应收账款的管理水平也就越高。

企业的应收账款周转水平是高还是低,除了采用以上的指标判断外,还应该结合行业(或先进)水平和该企业历史水平作出判断。另外还应该关注季节性经营情况、大量分期付款销售、大量使用现金销售、年末销量大幅度变动等因素。

(二)存货周转率

在企业的流动资产中存货所占的比重往往很大,所以应特别关注对企业存货的周转分析。

存货周转率是指企业一定时期内的主营业务成本与存货的平均余额的比率。该指标反映了企业存货的周转速度,是衡量企业存货管理水平的一个综合性指标。存货周转率的计算公式为:

$$存货周转率 = 主营业务成本 \div 存货平均余额$$

式中,存货平均余额 = (期初存货余额 + 期末存货余额) ÷ 2。

用时间表示的存货周转率就是存货的周转天数。其计算公式为:

$$存货周转天数 = 360 \div 存货周转率$$

一般来讲,存货周转率越高,周转天数越短,一定时期内存货的周转次数越多,表明存货的回收速度越快,则企业存货的管理水平越高,资产的流动性、短期偿债能力、盈利能力也就越强;反之,则说明企业存货的管理效率越低,在存货上占用企业的资金也就越多,资金利润率也就会越低。

存货周转率按产业差异而有不同表现,但就同一产业而言,存货周转率是一个充分反映公司经营管理水平的指标,绩优公司不大可能是一家存货周转缓慢的公司。加快存货周转,可以增强偿债能力,即减少资金占用、压缩负债规模,而且可以增强盈利能力,即降低财务费用与其他相关费用、避免跌价风险等。

假如经济处于通货膨胀状况,存货增加不一定是坏事。例如,在油价大幅上涨的 2000 年,一些美国航空公司利用战略储备与期货交易获得更多收益,而中国国内航空公司由于几乎没有自己的存货而全面亏损。

(三) 总资产周转率

总资产周转率是以产品销售收入对企业全部资产总额的比率来表示的。该指标表明企业投资的每 1 元资产在 1 年内可以产生多少销售收入,所以它在总体上反映了企业利用资产的效率。

由于企业资产总额等于企业负债与股东权益之和,即企业的全部资产是企业的负债与股东权益所代表的全部经济资源的投资对象,所以资产周转率又称投资周转率。

总资产周转率的计算公式为:

$$总资产周转率 = 销售收入 \div 总资产平均余额$$

式中,总资产平均余额=(期初资产总额+期末资产总额)÷2。

资产周转率也可以用资产的周转天数来表示,即:

$$资产周转天数 = 360 \div 总资产周转率$$

一般地讲,总资产周转率,周转次数越多,周转速度越快,资产利用效果越好,流动性较强,抵御经济周期风险的能力就越大,资产减值风险就越小;反之,则说明企业总资产的利用效率就越低,最终将会影响企业的盈利能力。

(四) 营业周期

营业周期是指从企业取得存货到开始销售并收回现金为止所耗用的时间。也即企业的生产经营周期。很明显,企业的营业周期的长短取决于存货周转天数和应收账款周转天数等因素。其计算公式为:

$$营业周期 = 存货周转天数 + 应收账款周转天数$$

一般情况下,营业周期越短,则说明企业资产的周转速度越快,资产的利用效率越好,其收益能力也相应越强;反之,营业周期越长,则说明企业资产的周转速度越慢,资产的收益能力也就越差。所以,减少企业的营业周期对增强企业资产的管理效果具有重要的意义。

三、盈利能力分析

(一) 销售毛利率

销售毛利率是销售毛利占销售收入的百分比,表示 1 元销售收入扣除销售成

本后,有多少钱可以用于各项期间费用和形成盈利。其计算公式为:

$$销售毛利率 = 销售毛利 \div 主营业务收入 \times 100\%$$

式中,销售毛利＝主营业务收入－主营业务成本。

在制造业或商业企业中,当期销售出去的产品其销售成本是最主要的费用支出项目,销售成本的变化对企业当期的利润会产生重大的影响。用企业所实现的销售毛利再减去三项费用及其他业务和营业外项目才是企业的利润;如果没有足够的销售毛利就不能抵消三项费用,也就不会有企业的盈利。因此,用销售毛利与销售收入进行比较是分析企业获利能力中的一个非常重要的指标。该指标还可以反映公司定价的基础。

(二) 销售净利润率

销售净利率是指企业实现的净利润与销售收入的对比关系。该指标用以衡量企业在一定时期内的销售收入获取利润的能力。其计算公式为:

$$销售净利润率 = 净利润 \div 主营业务收入 \times 100\%$$

该公式可以理解为每 1 元的销售收入可以带来多少净利润。企业在销售收入增加的同时应该获得更多的净利润,这样才能使净利润保持不变或有所增加。如果销售净利率降低,则说明企业经营管理者并没有创造足够多的销售收入或并没有控制好成本费用,或者两方面都存在问题。

(三) 资产收益率

1. 总资产报酬率

总资产报酬率从整体上反映了企业资产的利用效果,可用来说明企业运用其全部资产获取利润的能力。其计算公式为:

$$总资产报酬率 = 净利润 \div 总资产平均余额$$

2. 净资产收益率

净资产收益率(也称净值报酬率或权益报酬率),是净利润对于平均净资产的百分比。其计算公式为:

$$净资产收益率 = 净利润 \div 平均净资产 \times 100\%$$

式中的分母可以用平均净资产,也可以使用年末净资产。

净资产收益率是反映公司盈利能力的重要指标。如果净资产收益率大于利息率时,会产生财务杠杆放大效应,带来额外回报。我国关于上市公司的融资要求中有关该比率的规定:净资产收益率连续 3 年平均达 10%,且任何 1 年不低于 6%,可获配股资格。

四、上市公司特殊财务指标分析

上市公司的财务比率分析也同样包括偿债能力分析、盈利能力分析和资金周转情况的分析等方面,这些指标与前面所介绍的财务分析指标都是一致的。但对于上市公司来讲,最重要的财务指标是每股收益、每股净资产和净资产收益率这三个指标。另外,还有一些与上述指标有关的特殊指标,如市盈率、每股股利、股票获利率、股利支付率、市净率等。

（一）每股收益

每股收益(EPS)是指净利润与期末股份总数的比值。其计算公式为：

$$每股收益＝净利润÷期末股份总数$$

存在优先股情况下每股收益的计算,需要将优先股股利剔除。优先股最大的特点是利润分配的优先权,当公司当年实现利润时,所实现的利润首先要按与优先股东的约定支付给优先股东股利,剩下部分才可能是普通股东的。所以,如果公司发行了不可转换优先股时,应该先扣除优先股股数和其应享有的利润,使每股收益能够反映出普通股东的每股收益。其计算公式为：

$$每股收益＝(净利润－优先股股利)÷(年末股份数－年末优先股股份数)$$

由于每股收益是以净利润比股份总数,而净利润是按权责发生制计算出来的,加上很多上市公司存在盈余操纵,所以净利润并不一定能完全代表公司的真实业绩。

例如,一个通过产生大量应收账款获得收益的公司同一个几乎没有应收账款所获得的同样多的每股收益的公司相比较,无疑,在每股收益相同的情况下,没有应收账款的公司所获得的每股收益,其含金量要远高过通过增加大量应收账款所获得的每股收益的公司。

（二）每股净资产

每股净资产又称每股账面价值。它是指期末所有者权益与普通股总数的比值。其计算公式为：

$$每股净资产＝期末所有者权益÷期末普通股总数$$

这里的期末所有者权益数不包括优先股权益部分。每股净资产在理论上提供了股票价格的最低限度,即如果公司股票价格在每股净资产附近甚至之下,一般情况下说明公司的股价被严重低估了。

要注意的是,股价跌至每股净资产附近甚至之下的另一种情况,是公司前景黯淡或每股净资产并没有真实反映出公司的实际情况。有些公司可能由于前景黯淡或公司资产的质量实际很差而又没有计提足够的准备金,这种情况下所导致的股价接近甚至低于每股净资产,则说明公司已无存在的价值,清算是股东最好的选择。

(三)市盈率

市盈率(P/E)是指普通股每股市价为每股收益的多少倍。其基本公式为:

$$市盈率=普通股每股市价÷普通股每股收益$$

市盈率评价企业股票价格和每股利润之间的关系:若市场有效,说明企业具有发展潜力;若市场无效,则说明企业发展的泡沫程度或风险(价格偏离价值或盈利能力)。

(四)每股股利

在只有普通股情况下,每股股利(DPS)是指股利总额与流通在外股份的比值。其计算公式为:

$$每股股利=股利总额÷期末股份总数$$

由于公司股利包括现金股利和股票股利两个部分,所以我们在分析时要注意:计算中所包含的股利方式对股东的影响。上市公司股利分配方案采用现金股利时,作为股东所获得的是实实在在的现金回报,对上市公司来讲意味着净资产的减少;而当上市公司股利分配方案采用股票股利时,股东所获得的股利是股票,在其投资账户上反映的是股票数量的增加,但对上市公司来讲一般不会减少公司的净资产,改变的只是公司所有者权益的结构。

(五)股票获利率

股票获利率是指每股股利与每股市价的比率。其计算公式为:

$$股票获利率=每股股利÷每股市价×100\%$$

假设A公司目前每股市价为4.60元,则在公司2007年每股派发0.3元的现金股利情况下,投资者的股票获利率为6.52%(0.3÷4.60×100%)。

这里的股票获利率指标只反映股利和股价的关系,没有反映股价上的变化。

股票投资者所获得的股票收益主要来自两个部分:一部分是被投资公司实现利润后向股东分配的股利;另一部分是靠股价的上扬取得资本利得收益。只有投资者预期股票将会上扬才会接受较低的股票获利率;如果投资者认为股票价格在未来一定时期内不会上扬,则股票获利率才是投资者衡量其所投资股票价值的主要依据。

(六)股利支付率

股利支付率是指公司当期派发的股利占当期所获利润的比率。该指标反映了公司股利支付政策和股利的支付能力。其计算公式为:

$$股利支付率=派发股利÷实现的净利润×100\%$$

或:

$$=每股股利÷每股收益×100\%$$

由于公司在利润分配时是对累积的利润进行分配,所以如果股利支付率大于

1,则公司所分配的股利超过当年所实现的利润,这说明公司动用了以前年度所实现的利润进行分配。

股利支付率的倒数是股利保障倍数。其计算公式为:

$$股利保障倍数 = 每股收益 \div 每股股利 \times 100\%$$

股利保障倍数是一个安全性指标,通过它可以看出公司利润减少到什么程度时仍然可以按目前的股利支付水平支付股利。一般来讲,股利保障倍数越大,则支付股利的能力越强,所以公司应该有足够大的股利保障倍数,否则很难长期保证这个股利支付水平。

(七) 市净率

市净率是以每股市价与每股账面价值的比值来说明市场对公司资产的质量进行判断比率。其计算公式为:

$$市净率 = 每股股价 \div 每股净资产$$

在股价一定的情况下,决定市净率的是每股净资产。市净率在某种程度上反映了投资者对公司前景以及对公司资产的质量的看法。

一般来讲,市净率高表明公司资产的质量好,有发展潜力;反之,则说明资产的质量差,没有发展前景。优质股票的市价往往会超出每股净资产许多。

采用财务比率分析法时,必须注意以下问题:

(1) 对比项目的相关性。
(2) 对比口径的一致性。
(3) 衡量标准的科学性。

杜邦财务分析体系

杜邦财务分析体系,是由美国杜邦公司的经理创造的。这种分析法是利用各主要财务指标间的内在关系,对企业财务状况和经济效益进行综合系统分析和评价的方法。它的突出特点是可以通过若干个主要指标之间的关系,全面、系统地反映企业的财务状况。

杜邦财务分析法主要是对企业净资产收益率进行的分析。以净资产收益率为总指标,从影响该指标的因素入手可以作出分解。其计算公式为:

$$权益乘数 = 1 \div (1 - 资产负债率)$$

$$\text{净资产收益率} = (\text{净利润} \div \text{平均资产总额}) \times (\text{平均资产总额} \div \text{平均净资产}) = \frac{\text{资产}}{\text{净利率}} \times \frac{\text{权益}}{\text{乘数}}$$

资产净利率又可以分解为：

$$\frac{\text{资 产}}{\text{净利率}} = (\text{净利润} \div \text{销售收入}) \times (\text{销售收入} \div \text{平均资产总额}) = \frac{\text{销 售}}{\text{净利率}} \times \frac{\text{资 产}}{\text{周转率}}$$

所以净资产收益率可以用下式表示：

$$\text{净资产收益率} = \text{销售净利率} \times \text{资产周转率} \times \text{权益乘数}$$

由此可以看出，影响净资产收益率的因素主要有三个：销售净利率、资产周转率和权益乘数。

权益乘数主要受到资产负债率的影响，资产负债率越高则权益乘数也就越大，给企业带来的财务杠杆效应也就会越大，但同时由于资产负债率提高也会给企业带来更大的财务风险；相反，资产负债率越低则权益乘数也就越低，企业获得财务杠杆效应也就越小，当然财务风险也会越小。当权益乘数为1，则企业负债为零。

运用杜邦分析法进行分析，不仅可以了解企业财务状况的全貌和各有关指标之间的结构关系，而且可以找出各指标增减变动的影响因素及其存在的问题，它是一种很好的综合分析方法。但这种分析方法仍然存在不足，主要是指标体系局限于若干个指标，而排除了另外一些较为重要的指标。所以，在运用杜邦财务分析方法时，通常同时结合其他的方法进行财务综合分析。

【问题与思考8-4】

你所在的公司正在考虑并购另一家非常有前途的网络公司。一位经理反对这样做，他指出，因为这家公司现在亏损，并购会使你所在的公司权益报酬率下降。请问：这位经理关于公司权益收益率会下降的预测正确吗？

本 章 小 结

财务报表分析，即通过各财务报表之间和财务报表各项目之间的逻辑关系，对企业的经济活动和财务收支情况进行全面、系统的分析。财务报表分析不但可以帮助我们得到需要的各种财务信息，而且在企业经营管理实践中对于评价企业的财务状况和经营成果、预测企业未来的报酬和风险、检查企业预算完成情况、考察经营管理人员的业绩等方面有着十分重要的意义。

财务报表分析属于会计分析的重要组成部分，其分析具有定性分析、多角度分析和定期的事后分析等特点。

财务报表分析的前提就是假定财务报表分析所依据的资料、标准都是真实可靠的。会计分析不能解决报表的真实性问题。但是财务报表分析是以财务报表为基础，因此，除了要求分析人员正确理解财务报表外，在进行财务分析时需要注意财务报表的规范性、分析态度的谨慎性和分析数据的异常性等几个方面的要求。

财务报表分析要以会计数据资料和非会计数据资料为依据，分析评价时必须依据行业标准、历史标准和预算标准等进行。分析时还必须坚持真实性原则、全面性原则、综合性原则、定量分析与定性分析相结合的原则。

财务报表分析的基本方法主要有各期报表数据的趋势分析法、报表构成项目的结构比率分析法和财务报表关联项目的财务比率分析法。

趋势分析法（又称水平分析法或者横向分析法），是通过对比两期或连续数期财务报表中的相同指标，确定其增减变动的方向、数额和幅度来说明企业财务状况和经营成果的变动趋势和预测其发展前景的一种方法。

构成比分析法，是将财务报表中的各个组成部分与总体相比较得出百分比，从而来比较各个项目百分比的增减变动，以此来判断有关财务活动的变化趋势。这一方法通常用于资产结构、资本结构、盈利结构等方面的分析。

财务比率分析法是把一些财务报表中彼此存在关联的项目加以对比，计算出比率，以此确定经济活动程度的分析方法。同一张财务报表或不同财务报表中的相关项目进行对比得出相关财务比率，它表明这些项目之间的逻辑关系。

财务报表分析的主要内容是分析企业偿债能力、盈利能力、经营效率等几个方面。偿债能力指标包括流动比率、速动比率、利息保障倍数和资产负债率等。盈利能力包括销售利润率和资产收益率等指标。与经营效率相关的指标是应收账款周转率、存货周转率和资产周转率等。

对于上市公司来讲，财务比率分析也同样包括偿债能力分析、盈利能力分析和资产周转情况的分析等方面，但最重要的财务指标是每股收益、每股净资产和净资产收益率这三个指标，除此之外还有一些与上述指标有关的特殊指标，如市盈率、每股股利、股票获利率和股利支付率等。

【案例阅读】

安然破产的启示

安然（Enron），是美国最大的能源交易商，《财富》排名第七，2000年8月股价达到90.56美元。但从2001年第三季度开始，内幕人大量抛售股票，致使价格大跌，2001年10月最低为0.61美元。2001年10月31日，安然正式宣布接受美国证监会的违规调查，11月8日向证监会递交报告，12月2日申请破产保护。

安然财务报表显示的问题有：

（1）发展关联交易。安然有3 000多家关联企业，在海外的避税天堂就有900多家。2001年11月8日，披露的与LJM公司发生交易24笔，这24笔交易使

(续上)

1999年和2000年安然的税前利润增加7.43亿美元,2001年1~6月减少税前利润1.65亿美元,两者之差为5.78亿美元,其中1.03亿美元已通过合并报表予以抵消。

(2) 利用特殊目的实体(special purpose entities,简称 SPE)高估利润,低估负债。特殊目的实体是一种复杂的金融工具,利用它融资,只要符合特定的条件,其融资就可以不纳入企业资产负债报表的合并范围,成为企业的表外融资。安然设置了上千家的SPE,11月8日报告的问题中,有3家本应纳入合并范围而没有纳入的SPE,致使公司高估利润近5亿美元,少计负债24亿美元。

按美国的会计准则,如果非关联方在一个SPE权益性资本的投资中超过3%,即使该SPE的风险主要由上市公司承担,该上市公司也可不将其纳入合并范围。而这个神奇的3%,原是10年前一个从事租赁业务的主体设计的,后通过其极力说服有关管理当局,认可了其会计处理,并成为惯例。对SPE的合并问题在美国会计界引起很多争论。

(3) 通过空挂应收票据,高估资产和股东权益。安然于2000年设立4家特殊目的公司(冠名为 Raptor Ⅰ, Raptor Ⅱ, Raptor Ⅲ, Raptor Ⅳ)。2000年第一季度,向这些公司发行股票1.72亿美元,在未收到对方付款时,安然确认股东权益和应收票据,按美国会计准则的规定,应该计股东欠款(作股东权益的减少)。2001年第一季度,安然与这4家公司签订远期合同,按合同在未来共发行股票8.28亿美元,以此交换这4家公司的应付票据,但安然就此确认应收票据和增加股东权益。2001第三季度,调整了12亿美元的资产和权益。

1985年以来,安达信一直负责安然的审计,2000年出具无保留审计意见。2001年11月8日,安达信向证监会提交报告,提醒投资人过去的5年财务报表不可信,并对利润、股东权益、资产、负债进行了重大重新表述。

安达信既负责审计鉴证,又进行咨询,甚至包括代理记账。投资人向其索赔的金额近10亿美元。2002年3月14日,安达信被美国司法部以"妨碍司法"为由(因销毁与安然有关的文件)提起刑事诉讼。2002年10月17日,安达信被判50万美元的罚款,以及5年内禁止从事相关业务。安然的问题"始于财务报表,也终于财务报表";而给其做财务报表审计的安达信如变魔术一样"5年出具无保留审计意见,又向证监会提交报告,提醒投资人过去的5年财务报表不可信",最终这个属于世界六大会计师事务所之一的安达信宣告解体了。

资料来源　google搜美国安然公司——《美国安然公司破产案专题》。

复习思考题

1. 财务报表分析的前提是什么?财务报表分析有哪些要求?

2. 财务报表分析依据的资料是否是三个主要的财务报表？
3. 趋势分析方法通常对企业的哪些方面进行分析？
4. 构成比分析法在财务分析中有何意义？
5. 为什么在计算速动比率时要把存货从流动资产中剔除？
6. 经营效率方面的财务指标有哪些？分别有什么含义？
7. 盈利能力方面的财务指标有哪些？分别有什么含义？
8. 对上市公司的财务报表分析主要运用哪些指标？
9. 上市公司的每股收益指标为什么要剔除优先股指标？
10. 杜邦财务分析体系的作用是什么？

案例讨论题

1. 某公司 20×9 年度财务报表的主要资料摘录如表 8-4 和表 8-5 所示。

表 8-4 资产负债表(摘录)

20×9 年 12 月 31 日　　　　　　　　　金额单位：万元

资　产	金　额	负债和所有者权益	金　额
货币资金(年初 380)	256	应付账款	256
应收票据及应收账款(年初 578)	572	应付票据及应付账款	170
存货(年初 350)	482	其他流动负债	234
流动资产合计	1 310	流动负债合计	660
固定资产净额(年初 585)	590	长期负债	518
		实收资本	722
资产总额(年初 1895)	1 900	负债和所有者权益总额	1 900

表 8-5 利　润　表(摘录)

20×9 年　　　　　　　　　　　　　　　金额单位：万元

营业收入	3 250
营业成本	2 800
营业利润	450
管理费用	290
财务费用	40
利润总额	120
所得税费用	40
净利润	80

问题：已知行业流动比率、存货周转率、应收账款周转天数、资产负债率、已获利息偿付倍数平均数分别为 1.98、6 次、35 天、50％、3.8。请讨论该公司经营可能存在的问题。

2. 银广夏陷阱。

银广夏是我国的一家上市公司，2001 年和美国安然公司一样爆发了财务丑闻。我们来看与其相关的财务和非财务信息：

1999 年，银广夏被选为"第二届中国最具发展潜力上市公司 50 强"第三十八位；2000 年的市值高居深、沪两市第三名，股价在半年间从 13.97 元上涨到 37.99 元，折合为除权前的价格达到 75.98 元，创造了股市神话；香港《亚洲周刊》也将其评为"2000 年中国内地一百大上市企业排行榜"第八名。

再看银广夏的财务报表，通过 1999 年和 2000 年的财务报表的分析，我们可以采集和分析得到如下数据：

净利润：1999 年，1.27 亿元；2000 年，4.18 亿元。

主营业务利润率：1999 年，24.3％；2000 年，46％。

资产负债率：1999 年，53.7％；2000 年，57.1％。

已获利息倍数：1999 年，3.22；2000 年度 7.00。

总资产周转率：1999 年，26.1％；2000 年为 32.6％。

每股收益：2000 年首次 10 转赠 10 的分红方案，每股收益增长超过 60％，达到每股 0.827 元。

思考：

(1) 对于以上的来自财务报表的数据，你能了解它们的含义吗？

(2) 从中你能得到什么财务信息？

(3) 银广夏创造的股市神话与财务信息有关系吗？

同步测试题

一、单项选择题

1. 投资人最关心的财务信息是（　　）。
   A. 总资产收益率　　　　　　　B. 销售利润率
   C. 净资产收益率　　　　　　　D. 流动比率

2. 以下指标中，（　　）是衡量企业长期偿债能力的指标。
   A. 资产负债率　　　　　　　　B. 流动比率
   C. 速动比率　　　　　　　　　D. 应收账款周转率

3. 流动比率指标值是（　　）。
   A. 越大越好　　　　　　　　　B. 越小越好

C. 保持一个合适的值 D. 以上答案都不对

4. 股东权益报酬率是权益乘数与( )的乘积。
   A. 销售净利率 B. 总资产利润率
   C. 资产周转率 D. 所有者权益报酬率

5. 企业的产权比率越低表明( )。
   A. 所有者权益的保障程度越高
   B. 负债在资产总额中所占的比重越小
   C. 债权人的风险越小
   D. 资本负债率越高

6. 不影响资产管理效果的财务比率是( )。
   A. 营业周期 B. 存货周转率
   C. 应收账款周转率 D. 资产负债率

7. 某公司普通股股票每股面值1元,每股市价3元,每股利润0.2元,每股股利0.15元,该公司无优先股,则该公司市盈率为( )。
   A. 15% B. 20% C. 15 D. 20

8. 某企业税后净利润为75万元,所得税税率25%,利息费用为50万元,则该企业利息保障倍数为( )。
   A. 1.3 B. 1.73 C. 2.78 D. 3

9. 在计算速动比率时,要从流动资产中扣除存货部分,再除以流动负债,原因是( )。
   A. 存货的变现能力较差 B. 存货的质量不稳定
   C. 存货的价值较大 D. 存货的未来销路不定

10. 某企业本年度的年平均资产总额为2 000万元,当年实现销售收入净额700万元,实现净利润112万元,当年平均资产负债率为60%,则该企业本年度的净资产收益率为( )。
    A. 5.6% B. 9.3% C. 16% D. 14%

二、多项选择题

1. 杜邦财务分析体系中,包含的主要指标有( )。
   A. 销售净利率 B. 资产周转率
   C. 权益乘数 D. 所有者权益报酬率

2. 财务报表分析的主体有( )。
   A. 债权人 B. 投资人
   C. 经理人员 D. 审计师

3. 流动比率过高,可能表明( )。
   A. 企业的流动资产占用较多 B. 应收账款占用过多

C. 难以如期偿还债务　　　　　　D. 在产品、产成品呆滞、积压
4. 下列财务比率中，比率越高，直接说明企业长期偿债能力越强的有(　　)。
　　A. 净资产收益率　　　　　　　　B. 资产负债率
　　C. 利息保障倍数　　　　　　　　D. 所有者权益比率
5. 财务分析的基本方法有(　　)。
　　A. 比较分析法　　　　　　　　　B. 比率分析法
　　C. 事前分析法　　　　　　　　　D. 趋势分析法

三、判断题

1. 一家公司资产负债率总是等于 1 加负债权益比率。　　　　　　　　(　　)
2. 某公司的销售均为信用销售，收账期为 45 天，去年销售收入为 5 200 万元，该公司年末应收账余额应是 5 200 万元。　　　　　　　　　　　　　　　　(　　)
3. 如果一家公司的存货相当于 60 天的销售额，那么存货周转率是 60 天。(　　)
4. 一家金融机构和一家高科技公司相比，高科技公司的负债权益比应该更高。
　　　　　　　　　　　　　　　　　　　　　　　　　　　　　　　　(　　)
5. 一家电子公司和一家木材批发商相比，木材批发商的销售利润率更高。(　　)

四、核算题

【核算题 1】　宝华公司 20××年 12 月 31 日的资产负债表摘录如表 8-6 所示。补充资料为：

(1) 年末流动比率 1.8。
(2) 产权比率 0.6。
(3) 以销售额和年末存货计算的存货周转率 12 次。
(4) 以销售成本和年末存货计算的存货周转率为 10 次。
(5) 本年销售毛利 586 000 元。

表 8-6　宝华公司资产负债表

金额单位：万元

资　　产	金额	负债和所有者权益	金额
货币资金	34	应付票据及应付账款	(　)
应收票据及应收账款	(　)	应交税费	36
存货	(　)	长期借款	(　)
固定资产	364	实收资本	320
无形资产	26	未分配利润	(　)
总　　计	568	总　　计	568

要求：计算表中空缺项目的金额。

【核算题 2】 华新钢铁与荣达钢铁两家公司 20××年 12 月 31 日资产负债表比较情况如表 8-7 所示。

表 8-7 资产负债表

金额单位:元

公司名称\项目	华新钢铁	结构百分比	荣达钢铁	结构百分比
流动资产	940 410 594.27		1 610 930 000.00	
固定资产	563 456 262.36		1 382 192 000.00	
无形资产及其他资产	25 100 909.18		291 988 000.00	
长期股权投资	75 930 426.11		512 006 000.00	
资产合计	1 604 898 191.92		3 797 116 000.00	
流动负债	664 096 865.34		1 742 434 000.00	
非流动负债	5 151 000.05		215 861 000.00	
负债合计	669 247 865.39		1 958 295 000.00	
少数股东权益	47 468 119.97		243 801 000.00	
股东权益合计	888 182 206.56		1 595 020 000.00	
负债和股东权益合计	1 604 898 191.92		3 797 116 000.00	

要求:
(1) 在表中空格处填上正确的数据,并分析两家公司的资本结构是否合理。
(2) 资本结构百分比分析的优势是什么?

第九章 会计信息系统基础

- 了解会计信息系统的概念、基本构成、特点和功能结构
- 掌握会计信息系统与手工操作的区别
- 理解会计信息系统的运行、维护与评价

引　言

中储粮是2000年5月经国务院批准组建的大型国有企业。中储粮总公司受国务院委托，具体负责中央储备粮油的经营管理，是国家粮食宏观调控的重要载体。与此同时，作为国资委监管的中央企业之一，中储粮在国家宏观调控和监督管理下，要依法开展业务活动，自主经营、自负盈亏，保证国有资产的保值增值。但是在中储粮成立之初，由于历史原因，管理手段比较落后，业务管理中还存在不少问题。当时中储粮分布在全国各地的储备库点有1万多个。这1万多个库点的库存数据所形成的统计报表上传到中储粮总公司就有1万多张，难免会出现数量不实、质量不保的情况，而且这些数据也只能是最后的静态数据，没法对每个库点进行实时的监控。特别是在2000年5月中储粮总公司成立以前，各级粮食部门都属于中央储备粮的管理部门，但是没有哪个部门对中央储备粮的质量、数量负总责。中储粮总公司成立以后，要对中央储备粮的质量、数量负总责，要用新的办法来加大管控的力度。他们最先想到的就是借助于信息化手段。与此同时，国务院和国家有关部委领导非常重视中储粮总公司的信息化建设工作，指出中储粮要率先实现计算机管理。2003年年底，中储粮提出要建设业务管理信息系统，并提出信

息化建设的主要目标:通过业务管理信息系统看到每一笔业务,包括出入库时间、粮食种类、数量、质量等;通过系统对各个粮库的日常管理进行监控;通过系统规范各粮库的业务流程;通过系统初步实现中央储备粮核心业务的信息化,提高对中央储备粮的监管力度,为实现"两个确保"提供有力保障。学习本章后,你将具体了解到实现会计信息化的内容。

第一节　会计信息系统概述

一、会计信息系统的定义

国外较早提出会计信息系统概念的组织是美国会计学会。1966年,美国会计学会(AAA)出版的《论会计基本理论》(A Statement of Basic Accounting Theory)明确提出会计是一个信息系统,并指出"会计是为便于信息使用者有根据地判断和决策而鉴别、计量和传输信息的过程"。1986年,中国人民大学王景新教授撰写了《会计信息系统的分析与设计》一书,对会计信息系统的定义、分析和设计提出了有价值的观点。2002年,美国学者鲍德纳撰写的《会计信息系统》一书对会计信息系统给出了较权威的定义:会计信息系统是基于计算机的、将会计数据转换为信息的系统。目前,国内对它的理解是:会计信息系统是一个面向价值信息的信息系统,是从对其组织中的价值运动进行反映和监督的角度提出信息需求的信息系统,即利用信息技术对会计信息进行采集、存储和处理,完成会计核算任务,并能提供为进行会计管理、分析、决策用的辅助信息的系统。在现代企业中常规的、可以程序化的任务将由会计信息系统处理,同时它还将辅助会计人员完成其他管理与决策任务。

二、会计信息系统的基本构成

会计信息系统的构成要素有硬件、软件、人员、数据和规程,它们是会计信息系统的实体,是系统的物理组成。

(一)硬件

硬件是指会计信息系统进行会计数据输入、处理、存储、输出和传输的各种设备。包括:

(1)输入设备:键盘、鼠标、扫描仪等。

(2)数据处理设备:计算机主机等。

(3) 存储设备：硬盘、光盘、U 盘等。
(4) 输出设备：显示器、打印机等。
(5) 各种网络设备：网关、网卡、集线器、中继器、路由器、双绞线、同轴电缆等。

要使会计信息系统有效运作，必须根据会计信息系统的目标配置硬件资源，并建立相应的硬件平台。

（二）软件

软件分为系统软件和会计软件。系统软件包括：① 操作系统，如 Windows XP。② 数据库管理系统：如 Oracle、SQL server 等。会计软件是专门用于会计核算和管理的软件，是会计信息系统的重要组成部分。目前会计软件非常多，国外软件有 Oracle 软件、SAP 软件等；国内软件主要有用友软件、金蝶软件、浪潮软件等。

1. SAP

SAP(System Applications and Products)公司即思爱普公司，成立于 1972 年，总部位于德国沃尔多夫市，在全球拥有 6 万多名员工，遍布全球 130 个国家，并拥有覆盖全球 11 500 家企业的合作伙伴网络。作为全球领先的企业管理软件解决方案提供商，SAP 帮助各行业不同规模的企业实现卓越运营。从企业后台到公司决策层、从工厂仓库到商铺店面、从电脑桌面到移动终端——SAP 助力用户和企业高效协作，获取竞争优势。SAP 的软件和服务能够帮助客户实现营利性的运营，不断提升应变能力，实现可持续的增长。全球 188 个国家的 232 000 家客户正在从 SAP 解决方案中获益，其中包括财富 500 强 80％的企业及 85％最有价值的品牌。

2. Oracle

Oracle 公司即甲骨文公司，全称甲骨文股份有限公司(甲骨文软件系统有限公司)，是全球最大的企业级软件公司，总部位于美国加利福尼亚州的红木滩。1989 年正式进入中国市场。2013 年，甲骨文公司已超越 IBM，成为继 Microsoft 后全球第二大软件公司。世界上的所有行业几乎都在应用 Oracle 技术，《财富》100 强中的 98 家公司都采用 Oracle 技术。Oracle 是第一个跨整个产品线(数据库、业务应用软件和应用软件开发与决策支持工具)开发和部署 100％基于互联网的企业软件的公司。

3. 用友

用友公司成立于 1988 年，致力于把基于先进信息技术(包括通信技术)的最佳管理与业务实践普及到客户的管理与业务创新活动中，全面提供具有自主知识产权的企业管理/ERP 软件、服务与解决方案，是中国最大的管理软件、ERP 软件、集团管理软件、人力资源管理软件、客户关系管理软件及小型企业管理软件的提供商之一。

4. 金蝶

金蝶国际软件集团有限公司(www.kingdee.com)是香港联交所主板上市公司(股票代码:0268)、中国软件产业领导厂商、亚太地区企业管理软件及中间件软件龙头企业、全球领先的在线管理及电子商务服务商。金蝶以引领管理模式进步、推动电子商务发展、帮助顾客成功为使命,为全球范围内超过80万家企业和政府组织成功提供了管理咨询和信息化服务。

5. 浪潮

浪潮集团是中国本土综合实力强大的大型软件企业之一,国内领先的云计算领导厂商,先进的信息科技产品与解决方案服务商。浪潮集团旗下拥有浪潮信息、浪潮软件、浪潮国际、华光光电四家上市公司,业务涵盖系统与技术、软件与服务、半导体三大产业群组,为全球八十多个国家和地区提供软件产品和服务。

主流软件网址

1. http://www.sap.com/china/index.ex　SAP
2. http://www.oracle.com/global/cn/index.html　Oracle
3. http://www.ufida.com.cn/　用友
4. http://www.kingdee.com/　金蝶
5. http://www.inspur.com/　浪潮

(三) 人员

人员是指从事会计软件研制开发、使用和维护的人员。主要包括系统分析员、系统设计员、系统维护员和系统操作员等。他们既是会计信息系统的组成要素,又是会计信息系统的管理者。他们确定会计信息系统的运行规程并加以实施。

(四) 数据

处理经济业务数据是财会部门的传统职责,也是会计信息系统处理的对象。在会计信息系统中,数据量大、面广,数据载体无纸化。尽管一个质量可靠的会计信息系统为生成真实、完整的会计信息提供了前提条件,但由于技术上、设备上、操作人员水平等方面的原因,容易导致会计资料失真。因此,会计信息系统所产生的各种会计资料必须符合国家法律的规定。

（五）规程

规程是指各种法令、条例和规章制度。主要包括：一是政府的法令、条例；二是基层单位在实施会计信息系统中的各项具体规定，如岗位责任制度、操作员管理制度等。

为推动企业会计信息化，节约社会资源，提高会计软件和相关服务质量，规范信息化环境下的会计工作，根据《中华人民共和国会计法》《财政部关于全面推进我国会计信息化工作的指导意见》（财会〔2009〕6号），2013年12月6日财政部发布了《企业会计信息化工作规范》（财会〔2013〕20号，以下简称工作规范），工作规范施行前已经投入使用的会计软件不符合工作规范要求的，应当自工作规范施行之日起3年内进行升级完善，达到要求。工作规范自2014年1月6日起施行，1994年6月30日财政部发布的《商品化会计核算软件评审规则》（财会字〔1994〕27号）、《会计电算化管理办法》（财会字〔1994〕27号）同时废止。另外，《会计核算软件基本功能规范》（财会字〔1994〕27号）、《会计电算化工作规范》（财会字〔1996〕17号）不适用于企业及其会计软件。

三、会计信息系统的特点

电子计算机以及互联网环境下的会计信息系统与手工会计操作相比具有几个主要特点：

第一，会计信息系统以计算机和互联网信息技术为主要工具，采用人机结合方式，进行相互操作。

第二，数据采集要求标准化和规范化。系统要从原始单据中接受或获取会计的原始数据，必须对输入的数据进行标准化、规范化，以适应计算机处理的需要。所以，要改变以往会计凭证不统一的状况，采取统一的编码，建立统一的数据输入格式，并加强对输入数据的校验，保证输入数据的可靠性。

特别是在互联网的环境下，各种原始凭证变成电子的形式，原始凭证的传递变成网络的方式，会计信息系统可以通过互联网直接在企业内部和外部各个部门分散收集原始数据，这样就节省了原始数据搜集的成本和时间，提高了原始数据的准确性。

第三，数据处理方式集中化和自动化。数据处理集中化是指在实现会计电算化以后，原由各个业务岗位的核算工作都统一由电子计算机处理，尤其是建立网络以后，由于数据的共享，数据的处理就要集中。数据处理自动化是指在数据处理过程中，人工干预明显减少，将由程序统一调度管理。

第四，会计信息载体无纸化。在会计信息系统中，会计证、账、表信息的存储介质采用看不见、摸不着的光、电、磁介质。计算机采用的光、电、磁介质不同于纸张介质，人不能直接识读，但是存放在光电磁介质上的信息量大、查询速度快、易于复制和删除。在互联网环境下，会计信息不仅存储无纸化，而且数据输入、处理过程、会计信息输出都将采用无纸化的形式。

第五，财务和业务的协同处理。主要表现为：

一是财务和企业内部业务的协同。企业内部的业务流程很多，如以购销链为主的物流、以生产管理为主的生产流等。在这些业务流程中，产生的信息需要和资金流管理相协调，一旦产生财务信息，就要并行送入会计信息系统进行加工、存储和处理。会计信息系统同样应及时将产生的有关数据送给业务系统，从而保证财务与业务步调一致，协同前进。

二是财务和企业外部业务的协同。外部业务包括向客户的销售、催账等业务，向供应商的询价、采购等业务，银行的结算业务等等。在企业经营的供应链上，每一个业务活动的产生如果伴随着财务信息就必须及时处理，并将处理结果反馈给外部业务流程，实现与外部业务的协同。

第六，会计信息的搜集、处理和使用动态化、实时化。互联网环境下各种会计信息的搜集是实时的，无论是企业外部的数据，还是企业内部的数据，一旦发生都将及时存入相应的服务器，并主动及时送到会计信息系统中并进行实时处理。这样，可以随时得出会计账簿和报表，将其发送到企业的主页上或送到有关管理决策部门。

四、会计信息系统与手工操作的区别

无论是手工会计操作，还是采用会计信息系统，对会计数据的处理和所提供的会计信息都要符合国家统一的会计制度的规定。但是，计算机和互联网环境下的会计信息系统与手工会计操作有很大的差别。

（一）改变了原有的组织体系

在手工操作中，以会计事务的不同性质为依据，一般财务部门分为若干个业务核算小组；在会计信息系统中，以数据的不同形态为依据，一般要设置数据录入、审核、处理、输出和维护等岗位。

（二）改进了会计核算形式和方法

手工下的会计核算形式和某些核算方法并不是会计数据处理本身所要求的，而是为减少或简化计算工作量所至。会计信息系统中，在符合国家统一的会计制度规定的前提下，可以从所要达到的目标出发，设计出业务流程更加合理、更加适合计算机处理、效率更高、计算更为精确的会计核算形式和核算方法。在使用时，会计人员不必再考虑具体的核算方法，只要财务软件提供的核算是正确的，执行指定的功能，计算机就可以高速、快捷、及时、准确地完成相应的工作。

(三) 改变了原有的内部控制制度

在会计信息系统中，原来的内部控制方式被改变或取消。如：原来靠账簿之间互相核对来实现的查错纠错控制基本上已经不复存在，而代之以更加严密的输入控制。控制范围已经从财务部门转变为财会部门和计算机处理部门，控制的方式也从单纯的手工控制转化为组织控制、手工控制和程序控制相结合的全面内部控制。如：会计信息系统本身已建立起了新的岗位责任制和严格的内部控制制度；财务软件增加了权限控制，各类会计人员必须有自己的操作密码和操作权限；系统本身增加各种自动平衡校验措施等。

(四) 改变了账表存储方式和增加了输出过程

在手工操作中，总账、明细账、日记账都是严格区分的，并有其特定的格式，存储介质是看得见、摸得着的纸张。在会计信息系统中，类似手工的凭证、账簿和报表的格式及数据在计算机中并不完全存在，账簿、报表所需的数据是以数据库文件的形式保存在光、电、磁介质上的。当需要查看这些账簿或报表时，需要执行相应的会计信息输出功能，系统按事先设计的程序，自动从数据库文件中取得数据并进行筛选、分类、计算、汇总，然后按照国家统一的会计制度规定的格式，将指定的凭证或账簿或报表在计算机屏幕上显示或用打印机打印出来。

(五) 使会计的管理职能进一步强化

在手工环境下，许多复杂、实用的会计模型，如最优经济订货批量模型、多元回归分析模型等很难在企业管理中得以实施，大部分预测、决策工作需要依赖管理者个人的主观判断。在会计信息系统中，管理人员借助先进管理软件工具，可以将已有的会计管理模型在计算机中得以实现，同时又可以不断研制新的管理模型，使管理人员利用模型迅速地存储、传递以及取出大量会计信息，进行各种复杂的数量分析，及时、准确、全面地进行会计管理和决策工作。

【问题与思考 9-1】
在会计信息系统中，会计假设中的"会计分期"含义发生了哪些变化？

第二节　会计信息系统的功能结构分析

会计信息系统的功能结构主要是描述会计信息系统的核心，即会计软件由哪几个子系统组成以及每个子系统的基本功能。到目前为止，会计信息系统已经从核算型发展成为管理型，它涵盖了供、产、销、人、财、物以及决策分析等企业经济活动的各个领域，并与管理信息系统中的其他子系统有机融合，共同为提高组织运作效率和效益服务。

会计信息系统由三大系统组成,即由财务系统、购销存系统、管理决策与报告系统组成,每个系统又进一步分解为若干子系统。

一、财务系统

财务系统主要包括总账子系统、工资子系统、固定资产子系统、应收子系统、应付子系统、成本子系统、报表子系统、资金管理子系统等。

(一)总账子系统

总账子系统是以凭证为原始数据,通过凭证输入和处理,完成记账和结账、银行对账、账簿查询及打印输出,以及系统服务和数据管理等工作。

近年来,随着用户对会计信息系统需求的不断提高和软件开发公司对总账子系统的不断完善,目前许多商品化总账子系统还增加了个人往来款核算和管理、部门核算和管理、项目核算和管理及现金银行管理等功能。

(二)工资子系统

工资子系统是以职工个人的原始工资数据为基础,完成职工工资的计算,工资费用的汇总和分配,计算个人所得税,查询、统计和打印各种工资表,自动编制工资费用分配转账凭证并传递给账务处理等功能。工资子系统实现了对企业人力资源的部分管理。

(三)固定资产子系统

固定资产子系统主要是对设备进行管理,即存储和管理固定资产卡片,灵活地进行增加、删除、修改、查询、打印、统计与汇总;进行固定资产的变动核算,输入固定资产的增减变动或项目内容的变化的原始凭证后,自动登记固定资产明细账,更新固定资产卡片;完成计提折旧和分配,产生"折旧计提及分配明细表"、"固定资产综合指标统计表"等,费用分配转账凭证可自动转入账务处理等子系统;可灵活地查询、统计和打印各种账表。

(四)应收子系统

应收子系统完成对各种应收账款的登记、核销工作;动态地反映各客户信息及应收账款信息;进行账龄分析和坏账估计;提供详细的客户和产品的统计分析,帮助财会人员有效地管理应收款项。

(五)应付子系统

应付子系统完成对各种应付账款的登记、核销以及应付账款的分析预测工作;及时分析各种流动负债的数额及偿还流动负债所需的资金;提供详细的客户和产品的统计分析,帮助财会人员有效地管理应付款项。

(六)成本子系统

成本子系统是根据成本核算的要求,通过用户对成本核算对象的定义,对成本核算方法的选择以及对各种费用分配方法的选择,自动对从其他系统传递的数据或用户手工录入的数据进行汇总计算,输出用户需要的成本核算结果或其他统计资料。随着企业成本管理意识的增强,目前,很多商品化成本子系统还增加了成本分析和成本预测功能,以满足会计核算的事前预测、事中控制和事后分析的需要。成本分析功能可以对分批核算的产品进行追踪分析,计算部门的内部利润,与历史数据进行对比分析,分析计划成本与实际成本的差异。成本预测功能是运用移动平均、年度平均增长率对部门总成本和任意产量的产品成本进行预测,满足企业经营决策的需要。

（七）报表子系统

报表处理子系统主要根据会计核算数据(如账务处理子系统产生的总账及明细账等数据)完成各种财务报表的编制与汇总工作;生成各种内部报表、外部报表及汇总报表;根据报表数据生成各种分析表和分析图等。随着网络技术的发展,报表子系统能够利用现代网络通信技术,为行业型、集团型用户解决远程报表的汇总、数据传输、检索查询和分析处理等功能,既可用于主管单位又可用于基层单位,支持多级单位逐级上报、汇总的应用。

拓 展 提 高

在线实时财务报告

在线实时财务报告是会计信息化下财务报告的一种重要模式。它主要指企业在国际互联网上设置站点,向信息使用者提供定期更新的财务报告。它采用"超文本"的形式,具有很强的交互性,可根据不同用户的要求提供更加个性化的,真正可以实现"多、快、好、省",被称为"全天候财务报告系统"的财务报告。

（八）资金管理子系统

随着市场经济的不断发展,资金管理越来越受到企业采购管理者的重视。为了满足资金管理的需求,目前有些商品化软件提供了资金管理子系统。资金管理子系统实现工业企业或商业企业、事业单位等对资金管理的需求;以银行提供的单据、企业内部单据、凭证等为依据,记录资金业务以及其他涉及资金管理方面的业务;处理对内、对外的收款、付款、转账等业务;提供逐笔计息管理功能,实现每笔资金的管理;提供积数计息管理功能,实现往来存贷资金的管理;提供各单据的动态查询情况以及各类统计分析报表。

二、购销存系统

对工业企业而言,购销存系统包括采购子系统、存货子系统、销售子系统;对商业企业而言,还应体现符合商业特点的商业进销存系统。

(一)采购子系统

采购子系统是根据企业采购业务管理和采购成本核算的实际需要,制定采购计划,对采购订单、采购到货以及入库状况进行全程管理,为采购部门和财务部门提供准确及时的信息,辅助管理决策。有很多商品化会计软件将采购子系统和应付子系统合并为一个子系统——采购与应付子系统,以更好地实现采购与应付业务的无缝连接。

(二)存货子系统

存货子系统主要针对企业存货的收、发、存业务进行核算,掌握存货的耗用情况,及时准确地把各类存货成本归集到各成本项目和成本对象上,为企业的成本核算提供基础数据,动态地反映存货资金的增减变动,提供存货资金周转和占用的分析,为降低库存、减少资金积压、加速资金周转提供决策依据。

(三)销售子系统

销售子系统是以销售业务为主线,兼顾辅助业务管理,实现销售业务管理与核算一体化。销售子系统一般和存货中的产成品核算相联系,实现对销售收入、销售成本、销售费用、销售税金、销售利润的核算;生成产成品收发、结存汇总表等表格;生成产品销售明细账等账簿;自动编制机制凭证供总账子系统使用。

(四)商业进销存系统

商业进销存系统是以商品销售业务为主线,将商品采购业务、存货核算业务、销售业务有机地结合在一起,实现进销存核算和管理一体化的子系统。

三、管理决策与报告系统

随着会计管理理论的不断发展和会计管理理论在企业会计实务中的不断应用,人们越来越意识到会计管理的重要性,对会计信息系统提出了更高的要求。它不仅能够满足会计核算的需要,还应该满足会计管理的需要,即在经济活动的全过程进行事前预测、事中控制、事后分析,为企业管理和决策提供支持。因此,将信息技术与管理会计方法有机融合,增加管理决策与报告子系统,不断地丰富和完善会计信息系统。

管理决策与报告子系统可以归纳为三个层级的功能:经营监控层、报告与分析层、业绩评价层。

(一) 经营监控层

为了更好地发挥财会人员的控制职能,要应用各种先进的管理工具,如全面预算管理和责任中心管理等。因此,在会计信息系统中,增加了预算管理和责任中心管理子系统。

(二) 报告与分析层

为使各级管理者动态地了解业务进展情况、分析业务发展趋势,每天都会需要查看各类管理信息。因此,在会计信息系统中,增加了管理报告子系统。

(三) 业绩评价层

业绩评价的目标是实施企业战略,业绩评价的核心是将企业实际的结果与其计划目标相比较。因此,会计信息系统增加了杜邦分析、经济增加值分析、平衡计分卡等功能模块,为企业提供了综合、全面的业绩评价信息。

此外,会计决策支持子系统也将纳入会计信息系统中。决策支持子系统是利用现代计算机、通信技术和决策分析方法,通过建立数据库和决策模型,利用模型向企业的决策者提供及时、可靠的财务、业务等信息,帮助决策者对未来经营方向和目标进行量化分析和论证,从而对企业生产经营活动作出科学的决策。

【问题与思考9-2】

某跨国公司的 CEO 正在参加广交会,与客户谈订单,客户要求了解公司当下的财务状况。请问:报表子系统如何快速地生成报表?

第三节 会计信息系统运行维护和评价

一、试运行

虽然系统通过测试后就可以交付用户实际使用,但即使在系统实施阶段进行了多方面的、充分的测试工作,在系统投入使用后,仍然可能会出现很多问题,因此,系统开始投入运用时,都有一个新系统的试运行或新旧系统的并行阶段。对于会计信息系统,财政部相关的文件规定,必须经过至少3个月的并行时间。不过并行阶段的时间并不宜过长,一方面是出于成本方面的考虑,另一方面旧系统的使用会影响新系统的推广和使用。

(一) 试运行阶段应该注意的事项

试运行或并行阶段是系统开发的实战演练阶段,也可以看成是一个范围更广、规模更大的现场测试,因此是一个以用户方为主、开发方为辅的系统管理阶段。用户方和开发方除了要特别关注新旧系统的转换时间、转换方式、并行时间、新旧系统的维护、新系统的验证、新旧系统数据一致性、推广的速度、热线支持与问题响应处理等问题，还应该注意处理好以下几件事情：

（1）用户方的系统管理者向与其他技术平台的管理者共同研究试运行方案的合理性，对系统试运行中可能出现的问题及相应的对策有充分的考虑，多考虑几套应急方案，以确保试运行的进行。

（2）选取合适的试点完成试运行工作，采取自点到面的方法逐步扩大试点范围。

（3）组成由各类人员参加的试运行工作组，现场及时解决问题，并做好详细的记录，为今后的系统运行与维护保留第一手资料。

（二）如何保证试运行效果

可用下述方法来保证系统试运行阶段的工作质量：

（1）采用定期汇报试运行结果的形式，由各试点单位及对应的试点工作组定期（1周或1个月）全面反映本阶段本试点的试运行情况。具体包括：软件的正确性指标、系统的响应速度指标、修改调整指标、用户对系统的满意度指标、用户对试点工作组工作及问题解决的满意度指标、各指标与旧系统的对比情况、用户的其他需求。

（2）采取及时汇报试运行中所遇问题的方式，由各试点单位及对应的试点工作组及时反映本试点内所遇到的需要解决的问题，以及问题的现象、问题的原因分析、已采取的措施、结果、希望得到的支持、建议。

（3）成立热线支持小组，快速解决应用中突发的各种问题，并收集试运行中发生的相关问题，保留所有的试点报告，为今后分析改进系统作准备。

二、运行和维护

通过一段时间的试运行后，就可以进入新系统的正式运行阶段。在试运行和正式运行过程中，系统维护人员要对系统进行不断修改、补充和日常保养，使系统运行稳定并不断完善，这就是系统维护工作。系统运行和维护阶段是系统开发面临的最后一个阶段。系统能否运行并充分发挥作用在很大程度上取决于系统维护工作的好坏，因此必须从思想上重视系统维护工作。近几年，商品化会计信息系统产品之所以能够较快地发展，一个很重要的因素就在于商品化会计信息系统产品与以前采用其他各种方式开发的系统相比系统维护更有保障。

（一）运行和维护应该关注的事项

在最初的系统试运行阶段和新旧系统转换时，系统维护通常由用户与开发者共同完成。在系统运行正常后，系统移交给用户方，此时应逐步由用户方独立承担系统的维护工作。系统移交包括系统产品、技术和文档资料的全面移交。为了保证系统全面移交后能够顺利地正常运行,用户方的系统管理者要参与系统移交的管理工作,选派人员进行应用系统的接管,并重点关注以下事项:

(1) 新系统正常运行后,必须要了解其运行情况,及时解决运行中发现的问题,并完成应用系统日常的维护工作。

(2) 了解新的业务需求,设计或完善原有系统,以满足业务的变化。

(3) 制定一套系统日常维护制度,规范系统日常维护工作。

(4) 使系统维护人员全面了解系统的设计思想、数据结构、体系结构,力求新业务需求的实现与原设计的思想统一。

(5) 定期收集系统的运行报告,及时了解和掌握业务政策和操作办法的变化,了解系统对业务的满足程度,据此得出系统演进与完善的目标与计划,并负责组织实施。

(二) 系统维护的内容

系统维护的内容主要包括:

(1) 对系统开发和测试过程中没有发现的问题进行修改和补充。

(2) 对由于单位的内外部政策、制度变化引起的变动进行修改。

(3) 对系统的功能进行扩充或随着计算机技术的发展对系统运行环境进行升级。

(4) 对系统及运行环境进行日常维护。

(5) 对系统及系统中的数据由于意外事故造成的损坏进行恢复。

【实例分析】

基于 SaaS 的伟库网如何运行维护的?

伟库网去年上线了很多产品,而开发时间仅用了半年;并且人员投入和产出比也相当高。伟库网是如何做到的?陈水超向我们介绍了伟库网的经验:"针对 SaaS 的特点,找到适合 SaaS 的开发方式——敏捷。"当产品类型和技术平台确定后,他们会先找一些原型客户进行最初的需求分析,客户根据他们的实际业务选出他们的核心需求,根据这些需求,伟库网会首先开发出可以与用户交互的系统原型,交由客户评定和改善,改善后的系统再次交由客户评定,如此不断迭代,不断完善;"像滚雪球一样,越做越大,越做越完善"。使用这种敏捷的开发方式,伟库网快速地、有针对性地推出了很多可以精准覆盖用户需求的产品。小步快跑,陈水超如此形容伟库网的这种敏捷方式。

资料来源　http://app.r.cn。

三、系统评价

系统评价工作的目的是通过对新系统运行过程和绩效的审查,来检查新系统是否达到了预期目的,是否充分地利用了系统内各种资源(包括计算机硬件资源、软件资源和数据资源)、系统的管理工作是否完善,以及指出系统改进和扩展的方向是什么等。

系统评价主要的依据是系统日常运行记录和现场实际监测数据。评价的结果可以作为系统维护、更新以及进一步开发的依据。通常,新系统的第一次评价与系统的验收同时进行,以后每隔半年或一年进行一次。参加首次评价工作的人员有系统研制人员、系统管理人员、用户、用户领导和系统外专家,以后各次的评价工作主要由系统管理人员和用户参加。

(一)系统评价的主要指标

信息系统评价是一项难度较大的工作,它属于多目标评价问题,目前大部分的系统评价处于非结构化的阶段,只能就部分评价内容列出可度量的指标,不少内容还只能用定性方法作出描述性的评价。其指标体系一般有:

(1)经济指标:包括系统费用、系统收益、投资回收期和系统运行维护预算等。

(2)性能指标:包括系统的 TMBF(平均无故障时间)、联机作业响应时间、作业处理速度、系统利用率、对输入数据的检查和纠错功能、输入信息的正确性和精确度、操作方便性、安全保密性、可靠性、可扩充性、可移植性等。

(3)应用指标:包括企业领导、管理人员、业务人员对系统的满意度;管理业务覆盖面;对生产过程的管理深度;提高企业管理水平;对企业领导的决策参考等。

(二)评价方法

应用较多的系统评价方法主要包括:

(1)结果观察法:完全通过观察对系统的效果进行评价。

(2)模拟法:采用人工或计算机作定性的模拟计算,估计实际的效果。

(3)对比法:与基本相同的系统进行对比,得出大概的结果。

(4)专家打分法:同行专家评审打分,再加权平均。

(三)系统评价报告

系统评价完后,根据评价结果写出系统评价报告。评价报告一般包括系统运行的一般情况、系统的使用效果、系统的性能、系统的经济效益、系统存在的问题及改进意见等五个方面的内容。在这五方面的评价内容中,系统的技术性能评价和经济效益评价是整个系统评价的主要内容。

1. 系统运行的一般情况

从系统目标及用户接口方面考查系统，包括：① 系统功能是否达到设计要求。② 用户付出的资源（人力、物力、时间）是否控制在预定界限内，即资源的利用率。③ 用户对系统工作情况的满意程度（响应时间、操作方便、灵活性等）。

2. 系统的使用效果

从系统提供的信息服务的有效性方面考查系统，包括：① 用户对所提供的信息的满意度（哪些有用、哪些无用、引用率）。② 提供信息的及时性。③ 提供信息的准确性、完整性。

3. 系统的性能

系统的性能包括：① 计算机资源的利用情况（主机运行时间的有效部分的比例，数据传输与处理速度的匹配、外存是否够用、各类外设的利用率）。② 系统可靠性（平均无故障时间、抵御误操作的能力、故障恢复时间）。③ 系统可扩充性。

4. 系统的经济效益

系统的经济效益包括：① 系统费用，包括系统的开发费用和各种运行维护费用。② 系统收益，包括有形效益和无形效益，如库存资金的减少，成本下降，生产率的提高，劳动费用的减少，管理费用的减少，对正确决策影响的估计等。③ 投资效益分析。

5. 系统存在的问题及改进意见

通过了解和分析系统存在的问题，一方面可以提出改进意见，保证系统的顺利运行；另一方面还可以为以后同类系统的开发和利用提供借鉴。

【问题与思考9-3】

某车辆有限公司是中国从事轨道交通装备研究和制造的专业化生产企业，已深入应用 ERP 系统，实现了财务集中控制，财务、物流数据的系统集成和共享，整体提高了公司信息化应用管理水平，同时也为公司加强内部管理进一步分析、控制产品材料成本，提供了可靠的数据依据。请问：该如何有效评价系统的经济效益？

【实例分析】

三胞集团费控管理评价

三胞集团有限公司（以下简称三胞集团）是一家以信息化为特征，以现代服务业为核心，集金融投资、商贸流通、信息服务、健康医疗、地产开发五大板块于一体的大型现代化企业集团。三胞集团现拥有宏图高科（600122.SH）、南京新百（600682.SH）、麦考林（NASDAQ：MCOX）、金鹏源康（新三板 430606）等多家

（续上）

上市公司，以及宏图三胞、乐语通讯、宏图地产、广州金鹏、中国新闻周刊、拉手网、商圈网、英国 House of Fraser、美国 Brookstone、以色列 Natali 等国内外重点企业，下属独资及控股企业超过 100 家，全球员工达 8 万人，其中海外员工 2 万人。

费控管理应用财务共享服务中心的建设包括：战略、流程、组织、系统和选址，是管理咨询和 IT 落地执行一体化的结合。费控管理业务流程如图 9-1 所示。泛微工作流平台承载了财务共享服务中心的流程落地执行，与资金系统、核算系统及扫描影像设备、档案管理设备等共同支撑起财务共享服务中心的管理和业务应用。

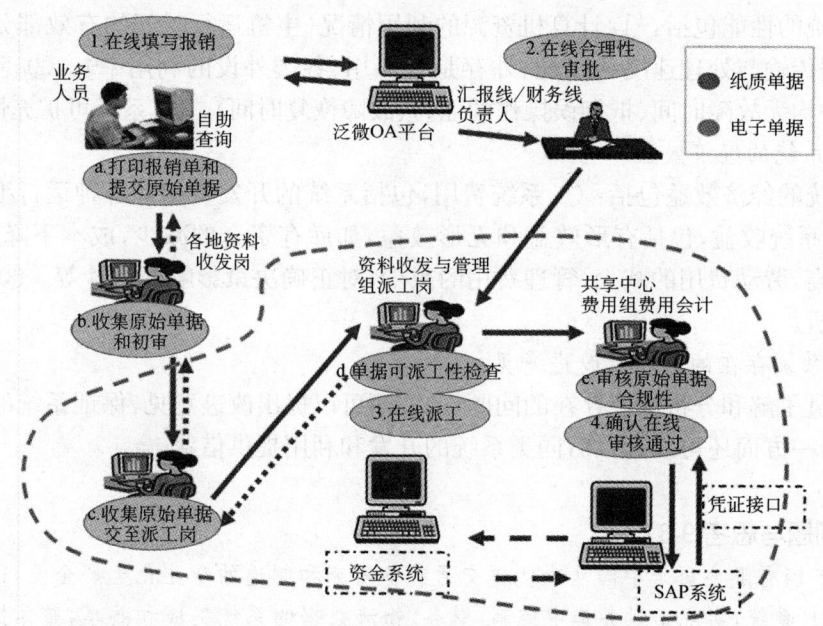

关键提升点

- 区域不再保留费用审单及费用核算会计，所有费用报销审单与核算业务均集中到总部共享操作，提高业务的透明性，便于总部加强集中管控
- 共享中心费用审单每天达到 35 单，对比现有总部及区域的平均水平（15~20 单）有较大提升，费用核算处理人员总量可以得到一定幅度减少
- 通过费用共享量化员工工作内容，便于领进行业绩管控
- 费用报销在线上自动进行，付款由总部集中进行，大大提升效率
- 通过 OA 平台与 SAP 接口，在审批完成后自动生成凭证，降低对所需手工操作人员数量的要求

图 9-1　三胞集团费控管理业务流程

本章小结

本章主要介绍了会计信息系统的概念、基本构成、特点、与手工操作的区别等基本内容,分析了会计信息系统的基本功能结构,阐述了其运行、维护和评价的要点,从框架上给出会计信息系统的内容体系。其他更具体详细的内容将在会计信息系统这门课中作详细的讲解。

复习思考题

1. 什么是会计信息系统?
2. 会计信息系统由哪几部分构成?
3. 会计信息系统的特点是什么?
4. 会计信息系统与手工操作的区别有哪些?
5. 会计信息系统主要有哪些功能模块?
6. 系统运行和维护应该注意哪些事项?
7. 系统评价的主要指标是什么?

案例讨论题

1 207 亿元,这是阿里巴巴 2016 年"双 11"交出的"成绩单"。自 2009 年天猫举办"双 11"购物节以来,至今已有 7 年的时间,"双 11"购物节已然成为一种现象级的非传统节日,引起整个中国及至世界的狂欢。伴随着不断突破、连年攀升的惊人业绩,如今的"双 11"显然已经成为电商行业的大 party。本次狂欢节最值得关注的另一个亮点应属"电子发票"(见图 9-2)。对于商家,电子发票具有省钱、省时、省心等优势。买家自助填写完成发票开具,无需商家人工操作。电子发票与订单同时产生(完成订单,发票随之生成),省去商家快递邮寄的费用。对于消费者,电子发票具有防丢失、可维权、易存储等优势。消费者可随用随打印,对打印次数和纸张没有限制,其法律效力、基本用途、基本使用规定与税务机关监制的增值税普通发票相同。而且电子发票能够存储 30 年,支持随时查询、下载和打印。电子发票是信息时代的产物。它同普通发票一样,采用税务局统一发放的形式给商家使用,发票号码采用全国统一编码,采用统一防伪技术,分配给商家,在电子发票上附有电子税局的签名机制。电子发票服务平台流程如图 9-3 所示。

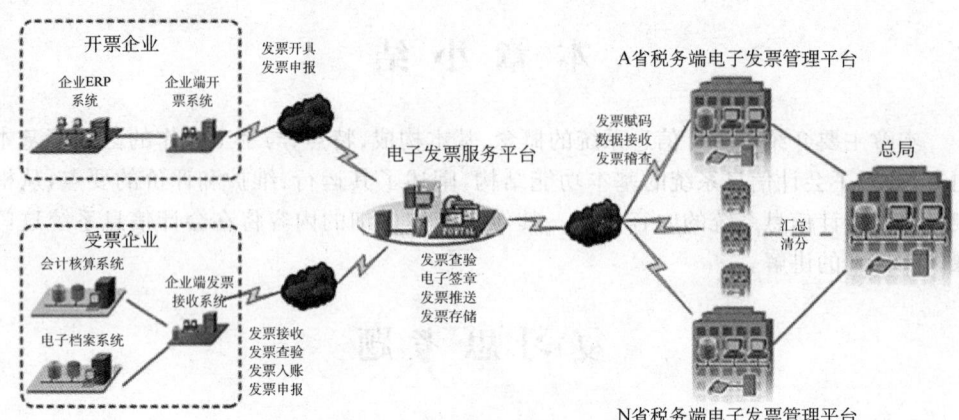

图 9-2　电子发票服务平台流程

上海市国家税务局电子发票

发票联

开票日期:20×9-12-28　　　行业分类:商业　　　发票代码 131001370051
　　　　　　　　　　　　　　　　　　　　　　　发票号码 00000001

付款单位(个人)名称:个人
付款方识别号(证件号):

防伪码:1179B 71611 42EE664297

品名规格	计量单位	数量	单价	金额
苹果(APPLE)iPhone 5s 16G 版 3G 手机(金色)WCDMA/GSM		1	4 988.00	4 988.00
苹果(APPLE)iPhone 5s 16G 版 3G 手机(银色)WCDMA/GSM		1	4 898.00	4 898.00

合计人民币(大写):玖仟捌佰捌拾陆元整　　　　　(小写):¥9 886.00
备注:
收款单位(个人)名称:上海圆迈贸易有限公司
收款方识别号(证件号):310114666025597
网络订单号:94293　　　　　　　　开票员:京东商城

图 9-3　电子发票

讨论:
1. 电子发票开具时应该注意哪些问题?
2. 该平台与企业的 ERP 系统如何集成?

同步测试题

一、单项选择题

1. 1966 年美国会计学会(AAA)出版的《论会计基本理论》(A Statement of Basic Accounting Theory)明确提出会计是一个(   ),并指出"会计是为便于信息使用者有根据地判断和决策而鉴别、计量和传输信息的过程"。
   A. 信息系统　　　B. 管理活动　　　C. 核算工具　　　D. 决策方法

2. 1986 年中国人民大学王景新教授撰写了(   )一书,对会计信息系统的定义、分析和设计提出了有价值的观点。
   A.《会计信息系统》　　　　　　B.《会计信息系统的分析与设计》
   C.《会计电算化》　　　　　　　D.《电算化会计》

3. 对于会计信息系统,财政部相关的文件规定必须经过至少(   )个月的并行时间。
   A. 12　　　　B. 9　　　　C. 6　　　　D. 3

4. 通常,新系统的第(   )次评价与系统的验收同时进行。
   A. 1　　　　B. 2　　　　C. 3　　　　D. 4

5. TMBF 是指(   )。
   A. 联机作业响应时间　　　　　B. 作业处理速度
   C. 平均无故障时间　　　　　　D. 系统利用率

二、多项选择题

1. 输入设备主要有(   )
   A. 键盘　　　B. 鼠标　　　C. 扫描仪　　　D. 打印机

2. 国外主流的 ERP 软件有(   )
   A. 微软　　　B. SAPC.Oracle　　　D. MGM

3. 会计信息系统规程主要包括各种(   )
   A. 法令　　　B. 条例　　　C. 规章制度　　　D. 数据

4. 会计信息的搜集、处理和使用应当实行(   )
   A. 动态化　　　B. 实时化　　　C. 无序化　　　D. 定期化

5. 管理决策与报告子系统可以归纳为以下层级的功能(   )
   A. 经营监控层　　B. 报告与分析层　　C. 业绩评价层　　D. 决策评价层

三、判断题

1. 财务和业务的协同处理主要包括财务和企业内部业务的协同以及财务和企业外部业务的协同。(   )

2. 会计信息系统方式下仍然执行手工操作的内部控制制度。(   )

3. 试运行或并行阶段是系统开发的实战演练阶段,也可以看成是一个范围更广、规模更大的现场测试,因此它是一个以用户方为主、开发方为辅的系统管理阶段。( )

4. 系统维护不包括对运行环境的日常维护。( )

5. 结果观察法指完全通过观察对系统的效果进行评价。( )

【延伸阅读】

财务共享管理解决方案

共享服务是通过将易于标准化的管理运营业务进行流程再造与标准化,并由共享服务中心统一对其进行处理,达到降低成本、提升客户满意度、改进服务质量、提升业务处理效率目的的作业管理模式。共享服务其实不是一个新概念,最早使用这一管理模式的是福特公司,20世纪80年代初,福特公司就在欧洲成立了财务服务共享中心。随后,杜邦和通用电气也在20世纪80年代后期建立了相似的机构。截至2012年年底,全球90%的500强企业已经或正在实施共享服务中心。境内已设立成规模的共享服务中心超过500家。

(一)业务规划

财务共享业务整体规划如图9-4所示。

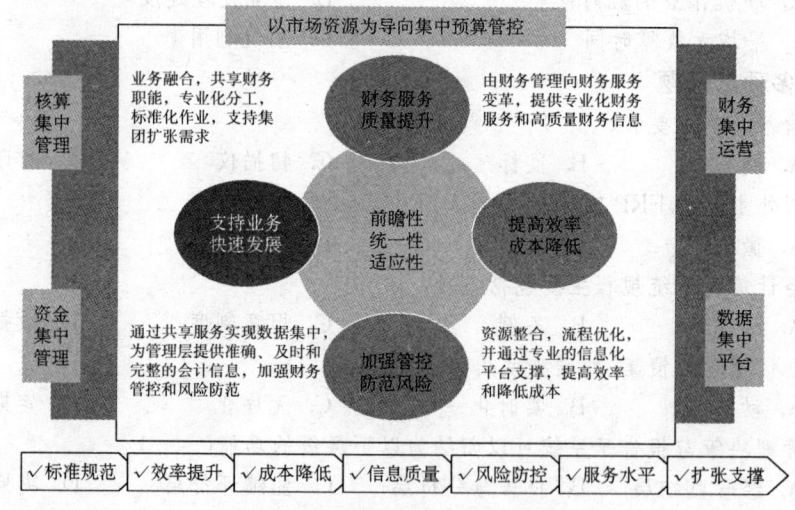

图9-4 财务共享业务整体规划

(二)网络规划

1. 经济适用型平台组网

经济适用型平台组网的示例如图9-5所示。

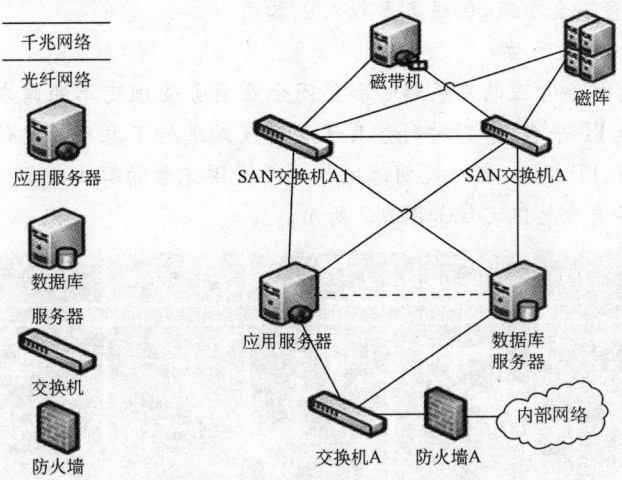

图 9-5 经济适用型平台组网

2. 豪华型平台组网

豪华型平台组网如图 9-6 所示。

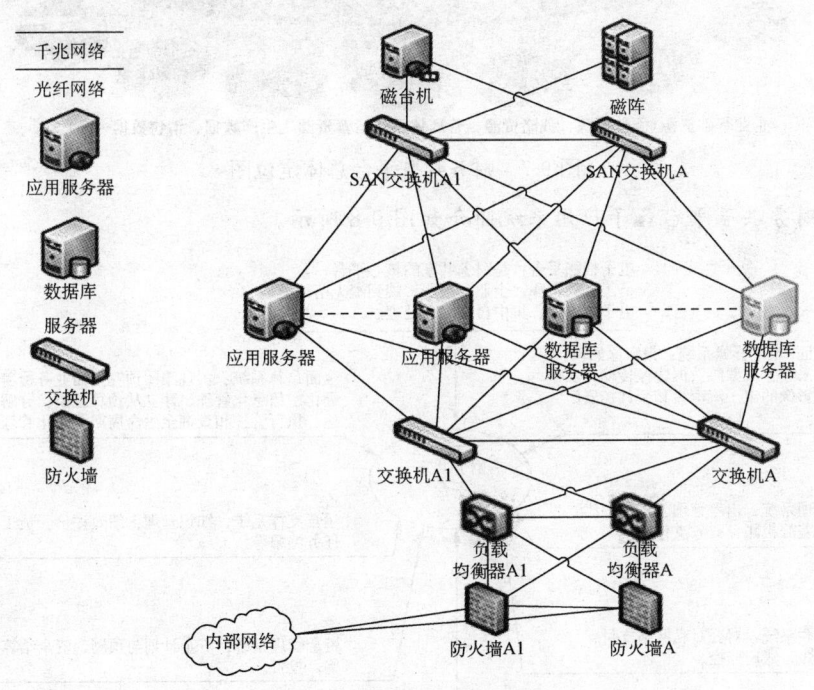

图 9-6 豪华型平台组网

两者对比：前者（经济型），当一台服务器出现故障时，应切换到备机运行。切换过程中服务中断（服务中断 5~10 分钟），服务器投入成本稍低。后者，任一节点故障时,服务不会中断,但服务器投入成本高。

(三) 总体解决方案

结合当前财务管理的发展趋势和集团企业财务管理变革的需求,通过财务共享管理体系和IT平台,中兴对财务共享创新模式进行了准确的定位和整体规划,即从业务规划、IT规划、实施规划落地等方面提供完整的解决方案。

财务共享平台总体定位如图9-7所示。

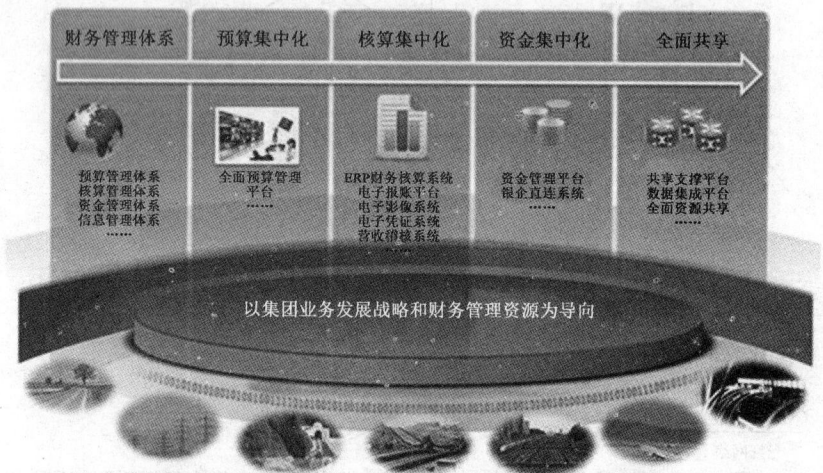

图9-7 财务共享平台总体定位图

财务共享平台各子应用系统简介如图9-8所示。

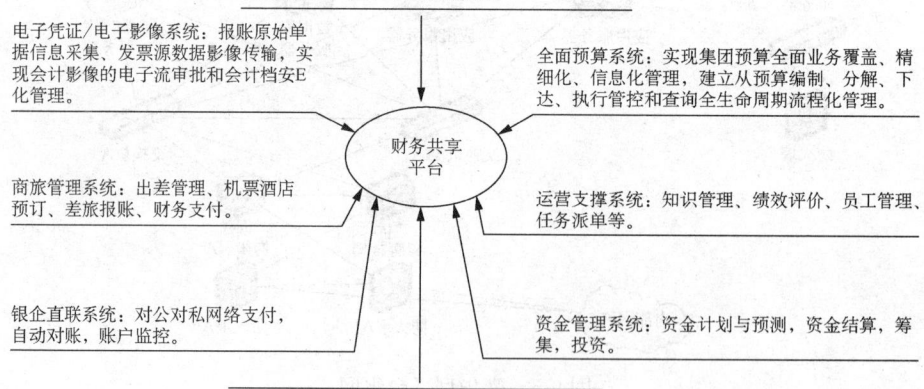

图9-8 财务共享平台各子应用系统

财务共享是一套综合性的解决方案,是国际先进管理理念和技术应用的完美集合。主要由电子报账平台、全面预算管理系统、资金管理系统、会计质量管理系统、电子凭证/影像系统、银企直联系统、商旅管理系统、运营支撑系统等系列核心应用平台构成,平台基于 SOA 的技术理念进行设计,采用面向服务及组件化的方式进行构建。并且可以结合企业实际业务需要和不同的发展阶段进行分阶段实施。最终实现财务管理一体化和财务信息资源的共享。

资料来源 http://enterprise.zte.com.cn/cn/solutions/

第十章 内部会计控制制度

学习目标

- 掌握内部会计控制的内容
- 掌握内部会计控制的方法
- 了解内部会计控制概念、目标和原则

引 言

　　1995年2月27日,有着232年灿烂历史、曾经排名世界第六的英国巴林银行轰然倒闭。表面上看,似乎主要原因在于其交易人员里森,为不断掩饰错误,违规炒卖金融衍生产品所致。但仅仅是一个交易员就能令一家名誉卓著的大银行倒闭吗?是谁给了他足以毁掉一个银行的权利?事实上我们更应该从巴林银行总部内部控制的疏漏中去寻找:巴林银行赋予了里森过大的权利,使之操作权、会计权和监督权集于一身,没有对其进行有效的监督。

　　带着巴林银行倒闭的教训与启示,企业应该建立一个什么样的内部控制,并选择什么样的内部控制方法进行有效控制呢?学习本章以后,你将得到正确的答案。

第一节 内部会计控制概念、目标和原则

一、内部会计控制概念

　　早在1934年《美国州证券交易法》中就曾指出,证券发行人为提供合理保证应

设计并维护一套内部控制系统。1958年,美国会计师协会下属审计程序委员会(CAP)发布的第29号审计程序公报——《独立审计人员评价内部控制的范围》,最早对内部会计控制进行了界定,将内部控制分为会计控制和管理控制。前者的目的是保护企业资产,检查会计数据的准确性和可靠性;后者的目的是提高经营效率,促使有关人员遵守既定的管理方针。之所以将内部控制分为内部会计控制和内部管理控制,是为了划分注册会计师审计责任,即注册会计师只负责审查内部会计控制,包括与财产安全和会计信息可靠性相关的授权批准、职务分离、实物保护和内部审计,并提出相关的审计意见。

我国2008年出台的《企业内部控制基本规范》(简称为《基本规范》)指出,内部控制是由企业董事会、监事会、经理层和全体员工实施的、旨在实现控制目标的过程。《基本规范》中的内部控制概念不仅包括内部会计控制,还包含内部会计控制在内的一系列制度的总和。内部会计控制是指单位为了提高会计信息质量,保护资产的安全、完整,确保有关法律、法规和规章制度的贯彻执行等而制定和实施的一系列控制方法、措施和程序。

二、内部会计控制的目标

内部会计控制的目标主要包括会计信息的可靠性、企业资产的安全性和经营管理的合法性三个方面。

(一)保证会计资料的真实、完整

会计的基本职能是反映和监督,通过确认、计量、记录经济活动情况,生成真实、完整地反映各单位经济活动和经济状况的会计信息,向相关利益集团提供财务会计报告以及其他财务会计信息资料,以满足相关利益集团经济决策的需要。随着我国经济的飞速发展,政府部门制定宏观政策,企业管理者进行经济决策以及投资者进行投资决策等越来越依靠企业披露的会计信息。因而,会计是一项基本的和重要的经济管理工作。经济越发达,会计越重要。

然而,在我国建立和完善社会主义市场经济体制的过程中,会计工作仍存在着不少问题。如当前普遍存在的会计信息失真问题,对社会经济的发展造成了极为不利的影响,同时也大大降低了社会公众对会计职业的信任度。因而,我国《会计法》把"规范会计行为,保证会计资料真实、完整"作为主要的立法宗旨,并明确规定单位负责人对会计资料真实性、完整性负责。

目前会计理论界、实务界一致认为,加强内部控制能够有效地保障会计信息的真实、完整。内部会计控制可以通过岗位、部门和权力之间的相互制衡,并制定科学的控制程序和方法,从而在会计信息系统中保证信息传递的透明,数据之间的正确核对,最终避免或减少会计系统内的错误与舞弊。

（二）保护资产的安全、完整

资产是指企业拥有或能够独立控制，并能带来经济利益的所有资源的总称。它包括实物资产、无形资产及其他资产，是企业进行经营活动所必备的物质条件。在当今瞬息万变的社会经济环境下，各单位内外部都存在着很大的不确定性，企业经营管理难免会出现不同程度的漏洞与隐患。因而《基本规范》明确把"堵塞漏洞、消除隐患，防止并及时发现、纠正错误及舞弊行为，保护单位资产安全、完整"作为基本目标之一。

单位资产的安全、完整还应该包括资本权益的安全、完整，因为资产是资本赖以生存的自然形态，资本的保值、增值有赖于资产的安全、完整。换句话说，资产的安全、完整既是自然物质和权力形态的安全、完整，也是财产价值形态的安全、完整。资产是企业提升经济效益的重要经济资源，因而要求企业会计在遵循稳健性等会计原则，在防范和抵御未来资产风险的基础上，从事会计核算及监督工作。对那些容易接近或经常接近资产的部门、人员进行监督，杜绝和减少盗窃、挪用、贪污等行为，避免造成资产的损失和浪费。内部会计控制为保护资产的安全提供了环境条件，一方面，通过资产运用流程管理和对资产接近的控制、制衡措施，实现了资产的直接保护，也称"硬保护"；另一方面，科学有效的内部会计控制有助于约束员工的行为，使他们具有较高的道德修养和自制力，从而降低了资产损失的风险，这是对资产安全的"软保护"。

（三）保证企业经营管理合法、合规

国家机关制定的有关法律、法规和经济政策是为了指导和规范企业经营活动，在保证国家利益的情况下促进企业更好更快地发展。企业管理部门必须贯彻执行有关法律规定，确保企业的生产经营活动符合国家的要求。内部控制的基本目标之一就是确保国家有关法律、法规，特别是有关会计法律和法规的贯彻和执行。例如，为了贯彻执行《会计法》等相关法规，必须严格实行内部会计控制，确保各单位根据《企业会计准则》对实际发生的经济业务进行会计核算，通过运用内部控制方法，严密防范做假账等违法行为。

在督促单位建立、健全单位内部会计控制制度的基础上，为了协调部门、人员之间的关系，还应督促其建立、健全与内部会计控制制度协调一致的其他各项规章制度，并确保这些规章制度的贯彻执行。内部会计控制的贯彻执行要依靠内部规章制度的有效运行，因此，必须把督促和帮助企业制定、实施内部规章制度作为其目标。

三、内部会计控制应当遵循的基本原则

（一）合法性原则

《基本规范》强调，内部会计控制应当符合国家有关法律、法规和基本规范以及

单位的实际情况。该规定是单位建立内部会计控制制度的前提条件，也是对企业内部会计控制设计和实施的法定要求。即单位在建立、维护、修订和实施内部控制制度时，必须以国家的法律、法规和政策为依据。在市场经济条件下，政府机关通过制定法律、法规和政策进行宏观经济管理，这些规范体现了企业广大利益相关者的利益，同时对企业的生产经营活动具有强制性规范或指导作用，从而保证了企业内部会计控制制度的正确方向。

值得注意的是，法律、法规和政策往往是针对大部分单位的普遍情况和行为进行的规范。而现实中各个单位的实际情况是千差万别的，不可能按照统一的、固定的模式来设置有效的内部控制制度。因此，各单位必须根据自身的实际情况，因地制宜，有针对性地制定本单位的内部控制制度。既不能好高骛远，也不能照抄照搬，一定要建立适合自己的内部会计控制制度。

（二）全面性原则

全面性原则实际上包含两层含义：一是指内部会计控制应当约束单位内部涉及会计工作的所有人员，任何个人都不得拥有超越内部会计控制的权力。内部会计控制制度一旦制定并实施，对全体人员都具有约束力，每一位成员（包括单位负责人和普通员工）都必须无条件地遵循并执行这一制度，任何人都无权游离于内部会计控制制度之外或凌驾于其上。做到人人、事事、时时都处在内部会计控制之下。二是指内部会计控制应当涵盖单位内部涉及会计工作的各项经济业务及相关岗位，并应针对业务处理过程中的关键控制点，落实到决策、执行、监督、反馈等各个环节。即根据单位业务经营和会计工作的需要，应该设置的内部控制都应予以设置，并且要对各项经济业务处理的全过程和每个操作环节进行自始至终的控制，不存漏洞，不留"盲区"。在此基础上，对事故易发点、作业关键点、责任重大事项等实施重点控制，做到点、面结合。

（三）不相容职责相分离原则

内部会计控制应当保证单位内部涉及会计工作的机构、岗位的合理设置及其职责权限的合理划分，坚持不相容职务相互分离，确保不同机构和岗位之间权责分明、相互制约、相互监督。根据经济业务的性质、数量、复杂程度和会计核算及管理的要求，科学确定工作机构的规模和结构，并通过规范的制度和程序要求，使得单位内部每一机构、岗位及其人员权限明确，职责清楚，做到各在其位，各谋其政，各尽其责，既相互联系、密切合作，又相互制约、相互监督，从而提高组织机构和成员工作的积极性和有效性，避免产生相互推诿、扯皮或者混乱无章等现象。特别要注意的是将容易产生错误和舞弊的不相容职务，比如：授权与执行、报销与审核、操作与记录、保管与记录等加以分离，相互牵制，彼此印证，从而堵塞漏洞，设置"障碍"，以达到防患于未然的目的。

（四）成本效益原则

内部会计控制应当遵循成本效益原则，以合理地控制成本达到最佳的控制效果。单位进行内部会计控制能够有效地防范错弊、提高工作质量和产生效益。内部会计控制的控制环节和关键点越多，控制越严密，其控制效果越好。但是如果一味地强调严密性、全面性，将会使内部会计控制程序和手续过于繁琐、复杂，这样不仅会影响业务处理的速度和工作效率，还会增加控制成本。如果实行这项制度所花费的成本大于其本身所能带来的效益，就失去了实行内部控制的必要性。所以各单位在内部会计控制中必须运用科学合理的方法，对经济业务活动的关键环节实行重点控制，去掉繁琐重复的部分，简化程序和方法，使其简便易行，讲究实效，以较小的控制成本和管理成本获得较好的工作效益和经济效益。

（五）动态性和前瞻性原则

内部会计控制应随着外部环境的变化、单位业务职能的调整和管理要求的提高，不断修订和完善。单位的会计机构要积极修订完善单位内部会计控制制度，与时俱进，不断修订和完善单位内部会计控制制度，始终保证内部会计控制制度的适应力和活力。同时，由于各个单位的内部实际情况是不断变化、发展的，面临的外部环境也是随着社会进步而变化和发展的，而内部会计控制制度又是相对稳定，因此，为了既要符合现时需要，又要与未来发展相结合，保证在一定时期内的适应力和活力，在设计时要有一定的前瞻性。

内部控制与内部会计控制概念理解

内部控制是一个全方位的整体，贯穿于整个企业的生产经营管理过程，包括组织机构的设计和企业内部采取的所有相互协调的方法和措施。这些方法和措施的目的在于保护企业的财产，检查会计数据的准确性，提高经营效率，促进企业执行既定的管理政策。内部控制不只限于与会计和财务部门直接有关的控制方面，还包括预算控制、成本控制、定期报告、统计分析、培训计划和内部审计以及与其他领域的有关经营活动。

1958年，美国审计程序委员会发布的《审计程序公告第29号》对内部控制定义作了正式修改，将内部控制划分为会计控制和管理控制。因而，内部会计控制只是内部控制的一个很重要的方面，在内部控制体系中占有十分重要的核心地位。内部控制从最初的内部牵制阶段发展到现在的内部控制整体框架阶段，内部会计控制仍然占有十分重要的地位，并且更加强调了对内部会计控制制度执行情

（续上）

况的监控与审计。

然而，要真正起到良好的控制作用，实现防止错弊、保证遵循法律法规等目标，需要会计和各种管理手段相互配合。因此，企业应当针对生产经营活动的各个环节与各个作业点全面地制定内部控制，而不能将内部控制仅仅局限于会计系统。内部会计控制和内部管理控制两者之间是不可分割、相互联系的。

资料来源　李敏编著：《内部会计控制规范与监控技术》，上海财经大学出版社2003年版。

第二节　内部会计控制的内容

内部会计控制的内容应当涵盖企业财务会计管理的全过程，它是企业内部会计控制的主体与核心。按照《基本规范》的规定，内部会计控制的内容主要包括：货币资金、实物资产、对外投资、工程项目、采购与付款、筹资、销售与收款、成本费用、担保等。

一、货币资金的会计控制

货币资金包括现金、银行存款和其他货币资金几项内容，是流动性最强的资产，它被视为企业的血液。企业持有货币资金的目的在于满足交易动机、投资动机和预防动机。货币资金的特殊性质决定了其具有较高的损失风险，是关键的控制环节，因此单位应当对货币资金收支和保管业务建立严格的授权批准制度，办理货币资金业务的不相容岗位应当分离，相关机构和人员应当相互制约，确保货币资金的安全。

审批人应当根据货币资金授权批准制定的规定，在授权范围内进行审批，不得超越审批权限。经办人应当在职责范围内按照审批人的批准意见办理货币资金业务。对于审批人超越授权范围审批的货币资金业务，经办人员有权拒绝办理，并及时向审批人的上级授权部门报告。企业应当按照支付申请、支付审批、支付复核、办理支付等规定的程序办理货币资金支付业务。

二、实物资产的会计控制

实物资产主要包括企业生产所需的原材料、产成品、厂房设备等有形资产。这些资产都是企业经营活动顺利开展的重要物资条件，虽然实物资产不具备货币资金的强变现能力，但也同样面临着损失的风险。因此，企业应当建立实物资产管理的岗位责任制度,对实物资产的验收入库、领用、发出、盘点、保管及处置等关键环节进行控制,防止各种实物资产被盗、毁损和流失。

实物资产内部会计控制的主要作用是保护资产的安全、完整,防止资产在运输、入库、使用中的丢失、浪费和毁坏。主要的措施有限制接触资产、资产使用的审批与记录、资产管理岗位的牵制等。各项资产的增减变动、保管、维护和记录,都要进行严格的控制。限制非授权人员接触和处置资产,防止发生盗窃、损失和伪造、篡改记录的行为。永续盘存制度对于实地实物数量控制是一个较好的手段,是用作防止偷盗、贪污、浪费和损失的有效办法。采用永续盘存制度控制实物资产就是要随时查明库存数量和金额,并将这个记录数字与实物盘存的结果相对照以形成一种牵制关系。在实际工作中,对某些长期未用或不用的实物资产,因其账面长时间没有变化,容易引起会计人员麻痹,疏于对账及实物的盘点,为仓管人员贪污、挪用企业资产造成可乘之机。对于这部分资产,会计人员更应加强实物的核查工作。

三、对外投资的会计控制

企业对外投资主要包括短期投资、长期股权投资、长期债券投资以及其他投资。投资的目的主要是为了实现短期闲置资金的营利性和扩大经营规模、业务领域。单位应当建立规范的对外投资决策机制和程序,通过实行重大投资决策、集体审议联签等责任制度,加强投资项目立项、评估、决策、实施、投资处置等环节的会计控制,严格控制投资风险。

对外投资业务具有较大的不确定性,发生投入资本损失的可能性较大。内部会计控制必须设计短期投资业务和长期投资业务的控制程序,确保日常投资决策的收益性和流动性、重大战略投资的决策正确性,并降低对外投资业务的风险。值得注意的是,投资业务需要使用企业的货币资金或实物资产,应将对外投资、货币资金、实物资产的内部会计控制相结合,这样才具有全面性。另外,必须将投资的内部会计控制与公司治理机制相结合,实现横向和纵向的制约与监督,对投资项目的选择、可行性分析、资金的使用进行统一决策,避免随意性投资的发生。

四、工程项目的会计控制

工程项目主要包括重大基础设施的建设和技术改造、研发工程。企业的工程项目具有支出金额较大、建设周期较长的特点,往往对企业的发展产生深远的影响,是重要的风险控制环节。因此,企业应当建立规范的工程项目决策程序,明确相关机构和人员的职责权限,建立工程项目投资决策的责任制度,加强工程项目的预算、招投标、质量管理等环节的会计控制,防范决策失误及工程发包、承包、施工、验收等过程中的舞弊行为。

一般工程项目都是企业委托其他单位来完成,而由企业的管理人员对施工的情况进行考察和报告。内部会计控制应该从职责权限的划分、项目决策、项目预算、价款支付、竣工结算等方面进行控制程序的设置,及时反映工程的竞标、投标、施工质量、资金运用、施工效益等信息,预防和避免可能出现的风险。

五、采购与付款的会计控制

企业的采购与付款业务主要包括两个方面:一是生产经营性的采购付款;二是日常管理性的采购付款。它关系到企业生产管理的顺利进行,受到生产计划、财务预算、管理需要等多部门、多因素的影响,是发生频率较高的重要控制内容。因此,企业应当合理设置采购与付款业务的机构和岗位,建立和完善采购与付款的会计控制程序,加强请购、审批、合同订立、采购、验收、付款等环节的会计控制,堵塞采购环节的漏洞,减少采购风险。

内部会计控制应该设置合理的岗位分工和授权原则,对请购与审批、采购与验收、付款与审核、会计记录报告进行系统控制,及时发现采购与付款业务活动中的差错和舞弊行为。其关键控制点包括:① 建立采购与付款的岗位责任制,明确相关部门和岗位的职责、权限,确保办理采购与付款业务的不相容岗位相互分离、制约和监督。② 建立严格的采购与付款业务的授权批准制度,规定经办人的职责范围和工作要求,同时保证审批人在授权范围内审批。③ 对于重要的采购付款业务应当组织专业人员进行可行性分析论证,并实行单位领导集体决策和审批。④ 建立采购与付款业务的预算管理制度,实行限量采购管理,节约资金使用。对于公用设施的采购,应当合理确定采购量。⑤ 严格按请购、审批、采购、验收、付款的程序办理采购付款业务,并及时准确入账。⑥ 建立健全验收制度,根据制度验收所购物资或劳务并出具验收单据或验收报告,实行验收与入库责任追究制度。⑦ 应加强对货款支付的控制,严格核对采购发票、验收单、入库单、合同等有关凭证,检查其真实性、合法性,对符合付款条件的采购业务及时办理付款手续。

六、筹资的会计控制

随着规模的扩张,企业均会面临资金不足的问题,这就需要从企业内部和外部去筹措资金。筹资业务关系到企业资金使用的成本和效益,如果采用债务筹资的方式,还应该考虑企业可承受的财务风险大小。因为一旦筹资出现问题,就会影响企业的投资决策、资金的使用及抵御财务风险的能力。因此,企业应当加强对筹资活动的会计控制,合理确定筹资规模和筹资结构,选择筹资方式,降低资金成本,防范和控制财务风险,确保筹措资金的合理、有效使用。

内部会计控制应该设置不同的岗位,并对不相容职务进行分离,通过集体决策选择最合适的筹资方式和筹资规模,把财务风险控制在合理水平,注重与公司治理结构相结合,保持合理的资本结构。

坚持筹资与投资相配合的原则,应该把对外投资业务和筹资业务的内部会计控制相结合,通过它们的协调形成系统性控制,这有利于更好地发挥规模效应。

七、销售与收款的会计控制

销售与收款是保证企业生产的商品、劳务的内在价值实现的重要活动,关系到企业资金的回收和再生产的继续进行。一方面要保证生产成果的顺利销售,过多的存货积压会导致企业资产价值的有形或无形减少;另一方面还要减少销售价款的收回风险,账面的收入不是企业真正的财富。因而,企业应当在制定商品或劳务等的定价原则、信用标准和条件、收款方式等销售政策时,充分发挥会计机构和人员的作用,加强合同订立、商品发出和账款回收的会计控制,避免或减少坏账损失。

内部会计控制要建立以成本会计为基础的定价、收款决策系统,按照收支两条线的原则,确定商品和劳务的合理价格,保证销售的实现。另外,制定合理科学的信用政策、信用条件。注重考察购货方的资信和资本水平,减少坏账发生的可能性,实现款项的及时收回。

八、成本费用的会计控制

成本费用是指企业在日常生产经营活动中发生的耗费。它包括直接材料成本、直接人工成本、制造费用、管理费用、销售费用、财务费用等。成本费用控制的核心目标是要尽可能合理地节约开支,以最小的资源耗费取得最大的经济效益。因而,企业应该做好成本费用管理的各项基础工作,制定成本费用标准,分解成本费用指标,控制成本费用差异,考核成本费用指标的完成情况,落实奖罚措施,降低成本费用,提高经济效益。

虽然在产品的生产过程中存在着各种节约成本费用的方法,但是这些只是技术性的控制,必须依靠制度才能发挥作用。内部会计控制应该将成本费用的责任、监督权、执行权、考核权分配给不同的部门和人员,制定严格的成本标准和控制方法,并对成本费用计划执行的情况进行考核,设计激励性的考核办法,提高企业产品的市场竞争力和收益水平。

九、担保的会计控制

担保业务主要是运用企业的自身资产为其他企业或自己的关联企业进行保证,以使对方获得资金的活动。该业务多发生于企业和金融机构及企业与企业之间。如果被担保人无法按照合同履约,则担保方就要以担保资产承担连带责任。

由此可见，担保业务如果处理不当，就会造成很大的损失。因而，企业应该严格控制担保行为，建立担保决策程序和责任制度，明确担保原则、担保标准和条件、担保责任等相关内容，加强对担保合同订立的管理，及时了解和掌握被担保人的经营和财务状况，防范潜在风险，避免或减少可能发生的损失。

企业对担保业务进行内部会计控制时，首先要对担保的评估、审批、执行的权限进行合理分配，做到不相容职务的分离。其次要对担保风险进行评估，对被担保方的经营状况进行分析，加强对担保资产的保护和管理。最后要对担保业务的执行部门进行监督，防止舞弊的发生和权力的滥用。

随着信息技术和网络的发展，计算机会计使得内部会计控制内容更加丰富。计算机会计条件下所使用的技术手段和组织结构与手工会计系统有很大的区别，有形记录大大减少，凭证、摘要、账簿记录等大多要依赖计算机方可录入、阅读和查询。在这种情况下，对数据输入、处理和输出等的控制显得更加重要。传统内部会计控制的作用受到了限制，必须把计算机系统作为新的内容，保证会计信息系统的全面安全、及时准确地提供会计信息。同时在网络环境下，企业内部会计控制还要高度重视网络系统管理和软件控制，保证电子会计信息系统的数据安全。除此之外，还要为会计人员设置不同的电子数据使用权限，防止数据的破坏和丢失。

作为会计系统的重要组成部分，内部会计控制的内容会随着会计实务的发展而不断变化。而且上述内容是一个有机统一的整体，只有坚持系统性原则和发展的观点，才能全面认识内部会计控制的内容。

【问题与思考 10-1】
目前，多数企业的内部控制制度不够全面，没有覆盖所有的部门和人员，没有渗透到企业各个业务领域和各个操作环节，使企业会计工作秩序混乱、核算不实。如设置"小金库"、乱摊成本、隐瞒收入、虚报利润、恶意逃避税收等，从而造成会计信息失真现象极为严重。如果我们站在企业角度，一个完整的内部控制制度应该包含哪些内容呢？而且这些内容会不会一成不变呢？

第三节 内部会计控制方法

按照财政部等五部门制定并颁布的《基本规范》的规定，企业内部会计控制方法包括以下七个方面。

一、不相容职务分离控制

不相容职务分离控制实质上是组织规划控制在会计内部控制中的应用。它要求企业按照不相容职务分离的原则,合理设置会计及相关工作岗位,明确职责权限,形成相互制衡机制。所谓不相容职务,是指那些由一个人担任,既可能发生错误和舞弊又可能掩盖错误和舞弊的职务。如一个会计人员既保管支票印章又负责签发支票,既记录支票登记簿又登记银行存款,既负责编制会计凭证又负责企业与银行之间账目的审核与对账等工作,就完全不符合不相容职务分离的控制原则,很有可能会导致舞弊行为的发生。

企业内部不相容职务主要包括:授权批准、业务经办、会计记录、财产保管、稽核检查等职务。一般来讲,上述五种不相容职务间应实行如下分离:① 授权批准职务与执行业务职务相分离。② 执行业务职务与监督审核职务相分离。③ 执行业务职务与会计记录职务相分离。④ 财产保管职务与会计记录职务相分离。⑤ 执行业务职务与财产保管职务相分离。

当然,不相容职务分离这项控制需要各个职务分离的员工各守其责,如果担任不相容职务的职工之间相互串通勾结,则不相容职务分离的作用会消失殆尽。

二、授权审批控制

授权审批是指单位在处理经济业务时,必须经过授权审批以便有效地开展经营活动并对其加以控制。授权审批控制要求企业明确规定涉及会计及相关工作的授权审批的范围、权限、程序、责任等内容,企业内部的各级管理层必须在授权范围内行使职权和承担责任,经办人员也必须在授权范围内办理业务。

授权按其形式可分为一般授权和特殊授权。一般授权是对办理常规经济业务的权力、条件和有关责任者的规定,授权时效性一般较长。一般授权通常是在对该业务管理人员任命的时候确定,在管理部门中也采用岗位责任制或管理文件的授权形式认定,或在经济业务中以规定其办理条件、办理范围的形式予以反映。与一般授权不同,特殊授权是对办理例外业务时的权利、条件和责任的规定,其时效性一般较短。不论采用哪一种授权批准方式,企业都必须建立授权批准体系,其中包括:① 授权批准范围。授权审批的范围通常应该涵盖企业所有的经营活动。② 授权审批的层次。应根据经济活动的重要性和金额大小确定不同的授权批准层次,从而保证各管理层和有关人员有权亦有责。授权审批在层次上应当考虑连续性,将可能发生的情况全面纳入授权批准体系,避免出现真空地带。同时,应当允许根据具体情况的变化,不断对有关制度进行修正,适当调整授权层次。③ 授权审批的责任。应当明确被授权者在履行权力时应对哪些方面负责,避免授权责任不清、一旦出现问题又难以追究其责的情况发生。④ 授权审批程序。企业的经济业务既涉及企业与外单位之间资产与劳务的交换,也包括在企业内部资产和劳务的转移和使用。因此,每类经济业务都会有一系列内部相互联系的流转程序。

所以,应规定每一类经济业务的审批程序,以便按程序办理审批,避免越级审批和违规审批的情况发生。

三、会计系统控制

会计系统控制是内部会计控制的核心和基础,支持内部会计控制系统的信息主要来源于企业组织中的财务会计系统。会计系统控制要求企业依据《会计法》和国家统一的会计制度等法规,制定适合本企业的会计核算制度,明确会计凭证、会计账簿和财务报告的处理程序,建立和完善会计档案保管,实行会计人员岗位责任制,充分发挥会计的监督职能。

内部会计控制的首要目标是保证会计信息的真实、可靠,会计系统通过对经济交易或事项的合理分类、会计分期,并运用会计原则进行确认、计量、记录和报告,完成会计信息的生产、传递,最终实现监督和反映职能。通常,会计系统控制包含以下内容。

(一) 岗位和人员控制

企业应该按照不相容职务分离的原则设置会计工作岗位,确定相应的职责权限,形成岗位制衡。同时,还应该坚持经济性原则,在保证会计系统能够顺利运行的情况下,尽量减少不必要的岗位投入。人员控制要求企业在聘任会计人员时,一方面注重其专业素质、胜任能力;另一方面还要考察其道德修养和职业精神,这是减少会计信息错误和舞弊的重要条件。

(二) 会计记录控制

1. 会计凭证

企业要按照经济交易的真实情况编制原始凭证,并根据企业的实际情况和业务性质设计科学的凭证格式。利用复式记账法,将企业发生的经济业务按其来龙去脉,相互联系地、全面地记入有关账户,使各账户完整地、系统地反映各会计要素具体内容的增减变动情况及其结果。企业还应根据经营管理需要,统一设定明细账户,特别是集团公司更有必要统一下级公司的会计明细账户,以便于统一口径、统一核算、有效分析。另外,还要对各类凭证按照经济业务发生的时间顺序进行连续编号,保留审计轨迹,按照规定的程序传递凭证。

2. 会计账簿

会计账簿是对会计凭证信息的综合,也是形成会计报告的基础。首先,应设计适合企业自身要求的账户;其次,确定登记账簿的方法和程序;最后,要定期进行账证、账实、账账之间的核对。

3. 会计报告

为了满足会计信息使用者的需要,会计报告应该具有可比性,企业应遵循有关的法律、法规和规范的要求编制会计报告,并披露有关信息,最后按照规定的程序报送给相关部门。

四、财产保护控制

财产保护控制是为了保护企业资源的安全、完整而进行的控制活动。具体包括以下内容。

(一)限制接近

限制接近是指严格限制未经授权的无关人员接触资产,只有经过授权批准的人员才能够接触资产。限制接近除了限制对资产本身的直接接触,还包括对资产记录的限制接近。限制直接接触的对象包括现金、有价证券、其他易变现资产与存货。对资产记录的限制接近,则是指限制接触反映资产信息的重要文件资料。

1. 限制接近现金

现金收支的管理应该仅限于单位的出纳员。出纳员要与会计记录人员和登记应收账款的人员职责相分离。零星现金的支出则可以通过指定专门的核算人员利用管理备用金的方法来加以控制。

2. 限制接近其他易变现资产

其他易变现资产,如应收票据和有价证券等,通常采用两个人同时接近资产的方式加以控制。如:由银行等第三方保管易变现资产,在处理保管的易变现资产时,要求由2名管理人员共同签名。

3. 限制接近存货

在制造业和批发企业中,存货的实物保护应由专职的仓库保管员控制,设置分离、封闭的仓库区域。通过工作时间之内和工作时间之后控制进入仓库区域等方式来实现。在零售企业中,存货的实物保护可以通过在营业时间中和营业时间后控制接近库房的方式来实现。另外,对贵重商品使用带锁的营业柜,以及聘用专人日常巡视和采用某些监控设备等,也是实物保护控制的措施之一。

(二)定期盘点

定期盘点主要适用于货币资金、存货、厂房设备等有形资产。首先进行实存资产的盘点,形成盘点记录,然后将实地盘点的结果与账面结果进行比较,确定差异,最后对资产的盘盈、盘亏展开调查,对盘亏资产应分析原因,查明责任。

1. 定期与会计记录核对

实物资产进行定期盘点记录与会计记录核对一致在很大程度上保证了资产的安全,虽然我们并不排除实物资产和会计记录存在相同错误的可能。为保证盘点时资产的安全,通常应先盘点实物,再核对账册,以防止盘盈资产的流失。

2. 进行差异调查与调整

实物盘点结果与有关会计记录之间的差异应由独立于保管和记录职务的人员进行调查。盘点结果与会计记录如果不一致,说明资产管理上可能出现错误、浪费、损失或其他不正常现象。为防止差异再次发生,应通过详细调查、分析原因、查明责任,并根据资产性质、现行的制度以及差异数额与产生的原因,采取保护性控制。

（三）记录保护

企业应妥善保管各种文件资料（尤其是资产、财务、会计等资料）,避免记录受损、被盗、被毁。首先,应该严格限制接近会计记录的人员,以保证保管、批准和记录职务分离的有效性;其次,会计记录应妥善保存,尽可能减少记录受损、被盗或被毁的可能性;再次,对某些重要资料（如定期的财务会计报告）,应留有后备记录,以便在遭受意外损失或毁坏时重新恢复,这在当前计算机处理的条件下尤为重要。

（四）财产保险

通过资产投保（如火灾险、盗窃险、责任险等）,限制实物受损成本,增加实物资产受损后补偿的程度或机会,从而保护企业实物的安全。

五、预算控制

预算控制是单位为达到既定目标而编制的经营、资本等年度收支的总体计划。它是以会计信息和经营活动为基础的事前控制或标准控制,能够促进企业内部资源的有效配置,及时发现资源使用和既定标准的差异,降低使用资源、资金的风险和提高企业经营效率。全面预算控制应该抓好以下环节。

（一）预算体系的建立

预算体系的建立包括预算项目、标准和程序。实际上,并非企业的各项经营活动都可以进行预算控制,只有那些有必要控制,并且具有可控性的项目才能进行预算控制。例如,外币资金是企业货币资金的重要部分,对其风险有必要进行控制,但是造成汇兑损失的汇率受到多种因素的影响,企业内部对此无法控制。制定预算标准是进行预算控制的前提,也是进行预算调整和预算执行考核的主要依据。因此,预算标准的合理性关系到全面预算的质量。预算标准的制定应该以财务系统的信息为基础,结合趋势分析方法,对经营预算、财务预算和资本支出预算分别制定标准。

（二）预算编制方法和执行程序

全面预算以市场顾客需求为导向,以企业战略目标为出发点,以计划管理、制度管理为依据,以现金流量控制为核心与重点,实行动态预算管理和全员、全过程的管理。当前以销售收入为出发点进行预算编制是较为常用的方法,企业应该使用适合自身情况的预算编制方法。预算执行是预算控制不可分割的部分,是预算控制的实现过程，应该设计预算执行的合理程序，防止实际情况过度偏离预算。

（三）预算调整与考核

预算控制是对实际的科学预测，不可能完全准确，对于实际和预算之间的差异要不断修正。相关部门和人员应该研究产生差异的原因，然后对实际或者预算进行调整，从而减少差异。预算考核是对预算执行情况激励—约束机制，设计出具有竞争性的预算考核体系，能够提高预算控制的效果，带动员工执行预算的积极性。

六、运营分析控制

运营分析控制要求企业建立运营情况分析制度，经理层应当综合运用生产、购销、投资、筹资、财务等方面的信息，通过因素分析、对比分析、趋势分析等方法，定期开展运营情况分析，发现存在的问题，及时查明原因并加以改进。

企业运营分析主要包括以下三个方面：一是分析企业的资产分布、负债水平和所有者权益结构，通过资产负债率、流动比率、资产周转率等指标分析企业的偿债能力和营运能力；分析企业净资产的增减变化，了解和掌握企业规模和净资产的不断变化过程；二是分析各项收入、费用的构成及其增减变动情况，通过净资产收益率、每股收益等指标，分析企业的盈利能力和发展能力，了解和掌握当期利润增减变化的原因和未来发展趋势；三是分析经营活动、投资活动、筹资活动现金流量的运转情况，重点关注现金流量能否保证生产经营过程的正常运行，防止现金短缺或闲置。

企业定期的运营分析应当形成分析报告，构成内部报告的组成部分。运营分析报告结果应当及时传递给企业内部有关管理层级，充分发挥运营分析在企业生产经营管理中的重要作用。

七、绩效考评控制

绩效考评控制要求企业建立和实施绩效考评制度，完善人力资源的激励约束机制，科学设置考核指标体系，对企业内部各责任单位和全体员工的业绩进行定期考核和客观评价，将考评结果作为确定员工薪酬以及职务晋升、评优、降级、调岗、辞退等的依据。切实做到薪酬安排与员工贡献相协调，体现效率优先，兼顾公平。

【问题与思考 10-2】

某大型企业 35 岁的女会计丁某，在不到 2 年时间里，利用职务之便，采取擅自开现金支票提取公司银行存款，不入账或少入账以及制作假银行对账单等方法，挪用公款 263 万余元，用于私人购买彩票和借给其亲友经商等，直至案发，尚有 127 万余元未归还。

最初，丁某发现公司财务科内控管理混乱，员工内部购买交现金到财务，每个会计都可以收款。丁某出纳兼会计又收款又记账，职务上的缺乏监控为舞弊打开了方便之门。丁某以从银行多提取资金、公司少入账形式挪用现金5万元；又以从银行提取资金，公司未入账形式挪用人民币257万余元。与公司财务科科长辛某相勾结，将公司银行账户上结余的上万元利息，采取不记账的方法，将上万元利息收入非法转出到个人腰包。

另外，丁某还发现公司仓库从2003年1月至2008年12月间，与账面核对发现亏损3 000件商品，价值700余万元，究其原因就是财务部门和仓库部门从来不对账，财务也不对仓库商品盘点造成的，再加上仓库保管员更换频繁，账目交接不清，材料入库单丢失严重，根本也对不上账。财务部门对工作没有责任心，公司领导人也不过问，丢失、偷卖等现象相当严重。

丁某之所以能在不到2年时间贪污巨款，究其原因是企业缺乏一套相互牵制的约束机制，使之得心应手，猖狂作案。那么，我们可以使用哪些内部控制方法来堵住这些漏洞，避免企业出现一些重大损失呢？

本 章 小 结

本章主要讲述了内部会计控制的相关内容，介绍了内部会计控制的概念、目标和所要遵循的原则，并详细地讲解了内部会计控制制度所包含的内容及主要内部会计控制方法。

内部会计控制是指单位为了提高会计信息质量，保护资产的安全、完整，确保有关法律、法规和规章制度的贯彻执行等而制定和实施的一系列控制方法、措施和程序。内部会计控制制度的设计与执行要遵循合法性、全面性、不相容职务相分离、成本效益、动态性与前瞻性等原则。

内部会计控制的内容主要包括货币资金、实物资产、对外投资、工程项目、采购与付款、筹资、销售与收款、成本费用、担保等经济业务的会计控制。

内部会计控制的方法主要包括不相容职务相互分离控制、授权批准控制、会计系统控制、财产保护控制、预算控制、运营分析控制、绩效考评控制等。

复 习 思 考 题

1. 什么是内部会计控制？我国对内部会计控制的目标有哪些？
2. 内部会计控制的设计与实施应该遵循什么原则？
3. 内部会计控制应该包含哪些内容？
4. 在企业内部会计控制中，有哪些控制方法可用？

案例讨论题

中国航油新加坡股份有限公司(以下称中航油)成立于 1993 年,是中央直属大型国企中国航空油料控股公司的海外子公司,2001 年在新加坡交易所主板上市,成为中国首家利用海外自有资产在国外上市的中资企业。在总裁陈久霖的带领下,中航油从一个濒临破产的贸易型企业发展成工贸结合的实体企业,净资产从 1997 年起步时的 21.9 万美元增长为 2003 年的 1 亿多美元,总资产近 30 亿美元,可谓"买来个石油帝国",一时成为资本市场的明星。中航油被新加坡国立大学选为 MBA 的教学案例,陈久霖被《世界经济论坛》评选为"亚洲经济新领袖",并入选"北大杰出校友"名录。

2004 年以来风云突变,中航油因从事石油投机行为造成 5.54 亿美元的巨额亏损,2004 年 11 月 30 日向新加坡高等法院申请破产保护。其原总裁陈久霖也因隐瞒公司巨额亏损 5.54 亿美元,并牵涉内线交易等罪名被判刑 4.3 年。这个消息如同一个重磅炸弹,一时舆论哗然,将此事件称为"中国的巴林银行事件"。"中航油事件"成为国资委成立以来遇到的影响最大的国有企业丑闻事件,不仅给企业自身造成了巨额亏损,而且损害了中央企业的形象,使人们对国有企业的财务制度和监管制度充满了疑问。

中航油违规之处有三点:一是做了国家明令禁止不许做的事;二是场外交易;三是超过了现货交易总量。据调查结果显示,中航油从事石油期权交易历时一年多,从最初的 200 万桶发展到出事时的 5 200 万桶,一直未向中国航油集团公司报告,中国航油集团公司也没有发现。直到保证金支付问题难以解决、经营难以维系时,中航油才向集团公司紧急报告,但仍没有说明实情。

如果有完善的机制约束,也许还不会造成如此严重的后果。可惜的是,中国航油集团公司的内部监督控制机制形同虚设。中航油基本上是陈久霖一人的"天下"。最初公司只有陈久霖一人,2002 年 10 月,中国航油集团公司向中航油派出党委书记和财务经理。但原拟任财务经理派到后,被陈久霖以外语不好为由,调任旅游公司经理。第二任财务经理被安排为公司总裁助理。陈久霖不用集团公司派出的财务经理,从新加坡雇了当地人担任财务经理,只听他一个人的。党委书记在新加坡 2 年多,一直不知道陈久霖从事场外期货投机交易。

中国航油集团公司和中航油的风险管理制度也形同虚设。中航油成立有风险委员会,制定了风险管理手册。手册明确规定,损失超过 50 万美元,必须报告董事会。但陈久霖从来不报,集团公司也没有制衡的办法。

要求:

(1) 从内部会计控制的角度,对中航油事件的成因进行分析。

(2) 中航油事件对企业内部会计控制的建设方面有什么启示?

同步测试题

一、单项选择题

1. ( )要求单位建立和完善内部报告制度,全面反映经济活动情况,及时提供业务活动中的重要信息,增强内部管理的时效性和针对性。
   A. 会计控制制度　　　　　　　　B. 授权审批制度
   C. 财产保护制度　　　　　　　　D. 内部报告控制

2. ( )要求单位限制未经授权的人员对财产的直接接触,采取定期盘点、财产记录、账实核对、财产保险等措施,确保各种财产的安全完整。
   A. 内部报告控制　　　　　　　　B. 财产保护控制
   C. 风险控制　　　　　　　　　　D. 会计控制系统

3. 单位应当对货币资金收支和保管业务建立严格的( ),办理货币资金业务的不相容岗位应当分离,相关机构和人员应当相互制约,确保货币资金的安全。
   A. 授权审批制度　　　　　　　　B. 会计控制系统
   C. 财产保护控制　　　　　　　　D. 风险控制

4. 单位应当建立规范的对外投资决策机制和程序,通过实行( )集体审议联签等责任制度,加强投资项目立项、评估、决策、实施、投资处置等环节的会计控制,严格控制投资风险。
   A. 所有投资决策　　　　　　　　B. 长期投资决策
   C. 重大投资决策　　　　　　　　D. 短期投资决策

5. 单位应当建立实物资产管理的( ),对实物资产的验收入库、领用、发出、盘点、保管及处置等关键环节进行控制,防止各种实物资产被盗、毁损和流失。
   A. 授权审批制度　　　　　　　　B. 风险控制
   C. 内部审计　　　　　　　　　　D. 岗位责任制度

二、多项选择题

1. 下列各项目中,属于内部会计控制目标的有( )。
   A. 保证会计资料的真实、完整
   B. 保护资产的安全、完整
   C. 增加企业员工的收入
   D. 保证企业经营管理活动的合法、合规

2. 内部会计控制设计与实施中,应遵循( )原则。
   A. 全面性　　　　　　　　　　　B. 权责发生制
   C. 合法性　　　　　　　　　　　D. 成本效益

3. 下列各项中,属于内部会计控制内容的有( )。

A. 货币资金　　　　　　　　　　B. 工程项目
C. 担保　　　　　　　　　　　　D. 内部审计

4. 下列各项中,(　　)属于内部会计控制的方法。
A. 不相容职务分离控制　　　　　B. 授权审批控制
C. 财产保护控制　　　　　　　　D. 预算控制

5. 风险控制要求单位树立风险意识,针对各个风险控制点,建立有效的风险管理系统,通过风险预警、风险识别、风险评估、风险分析、风险报告等措施,对(　　)进行全面防范和控制。
A. 市场风险　　　　　　　　　　B. 外汇风险
C. 经营风险　　　　　　　　　　D. 财务风险

三、判断题

1. 内部会计控制应当约束单位内部涉及会计工作的所有人员,任何个人都不得拥有超越内部会计控制的权力。　　　　　　　　　　　　　　　　　　(　　)

2. 内部会计控制只需涵盖到单位内部涉及会计工作的重点经济业务及主要岗位,并应针对业务处理过程中的关键控制点,落实到决策、执行、监督、反馈等各个环节。
　　　　　　　　　　　　　　　　　　　　　　　　　　　　　　　　(　　)

3. 内部会计控制应当遵循成本效益原则,以合理的控制成本达到最佳的控制效果。
　　　　　　　　　　　　　　　　　　　　　　　　　　　　　　　　(　　)

4. 内部会计控制制度应随着外部环境的变化、单位业务职能的调整和管理要求的提高,不断修订和完善。　　　　　　　　　　　　　　　　　　　　(　　)

5. 内部会计控制应当符合国家有关法律、法规和本规范,以及单位的实际情况。
　　　　　　　　　　　　　　　　　　　　　　　　　　　　　　　　(　　)

【延伸阅读】

内部控制理论的演进

一、内部牵制阶段

1912年,美国第一家会计师事务所创始人之一R·H·蒙哥马利提出了"内部牵制"理论,即通过对企业收集和处理会计数据过程的审查和评价,确定财务报表审计工作的范围,形成了内部控制理论的雏形。内部牵制是以提供有效的组织和经营并防止错误和其他非法业务发生的业务流程设计。该理论提出了以下基本假设:两个或两个以上的个人或部门无意识地犯同样错误的可能性很小;两个或两个以上的个人或部门有意识地串通舞弊的可能性大大低于单独一个人或部门舞弊的可能性。要求在经营管理中凡涉及财产物资和货币资金的收付、结算及其登记工作,应当由两个或两个以上的人员来处理,以便彼此牵制,查错防弊。由于内部牵制机制有效地减少了错误和舞弊行为,因此,在现代内部控制理论中,内部牵制的思想仍占有重要的地位。

二、内部会计控制与内部管理控制阶段

1949年,美国会计师协会的审计程序委员会(CAIN)在《内部控制,一种协调制度要素及其对管理当局和独立注册会计师的重要性》的报告中,首次对内部控制作出了定义:内部控制包括组织机构的设计和企业内部采取的所有相互协调的方法和措施。这些方法和措施的目的在于保护企业的财产,检查会计数据的准确性,提高经营效率,促进企业执行既定的管理政策。该定义强调,内部控制不只限于与会计和财务部门直接有关的控制方面,还包括预算控制、成本控制、定期报告、统计分析、培训计划和内部审计以及与其他领域的有关经营活动。但从承担对内部控制进行检查的责任角度看,这一定义过于宽泛。1958年,该委员会发布的《审计程序公告第29号》对内部控制定义作了正式修改,将内部控制划分为会计控制和管理控制。内部会计控制涉及与财产安全和会计记录的正确性和可靠性有直接联系的方法和程序;内部管理控制主要是与贯彻管理方针和提高经营效率有关的方法和程序。该理论拓宽了内部控制的外延,丰富了内部控制的内涵,被认为是对内部控制概念认识上的重大突破。

三、内部控制结构阶段

美国注册会计师协会界定了会计控制概念,而公司经理创立并在实践中运用着管理控制概念,这两种内部控制的不同解释同时并存,并形成了鲜明对照。1988年,美国注册会计师协会(AICPA)发布的《审计准则公告第55号》(SAS 55)首次以"内部控制结构"的提法替代了"内部控制"。该公告指出:企业的内部控制结构包括为取得企业特定目标的合理保证而建立的各种政策和程序。该公告将内部控制结构划分为三个要素,即控制环境、会计制度、控制程序。这与1958年颁布的内部控制定义相比有两个明显的变化:一是正式将内部控制环境纳入内部控制范畴;二是不再区分会计控制和管理控制。这些改变反映了20世纪70年代后期以来内部控制实务操作和理论研究的新动向。从"会计控制"与"管理控制"到"内部控制结构",使内部控制不但在范围和内容方面得到了扩充,更重要的是由政策和程序发展为包含三个构成要素的"结构",实现了内部控制由零散到系统的转变和发展。这种转变也表明内部控制开始从审计技术导向转向企业管理导向的一种趋同。

四、内部控制整体框架阶段

20世纪70年代在经历了一连串财务失败后,国际社会又发生了以金融机构破产为代表的财务失败事件。为能有效遏制愈演愈烈的会计舞弊活动,1992年,COSO委员会发布了关于内部控制的纲领性报告:《内部控制——整体框架》报告。该报告认为,内部控制是由董事会、管理当局和其他职员实施的一个过程,旨

在为下列各类目标的实现提供合理保证：经营效果和效率；财务报告的可靠性；遵循适用的法律和法规。报告提出了内部控制的五个组成要素：控制环境、风险评估、控制活动、信息及沟通与监督。COSO报告特别强调，内部控制应是一个动态的过程，企业经营管理环境的变化客观上必然会要求内部控制越来越趋于完善。这种内部控制的理念体现了现代意义上的适时和全程的控制观念。报告首次把内部控制从过去的平面结构发展为立体框架模型，标志着内部控制理论与实践进入了整体框架的阶段。COSO报告一经发布便得到了业界的认可与采纳，并在世界范围内产生了广泛影响。

五、内部控制风险框架阶段

2001年以来，以安然、世通等为代表的一些美国大公司，因财务信息造假等行为而相继倒闭破产，震撼了美国的资本市场，引起了世界的极大反响。在国际社会对改善公司治理与加强风险管理的呼声日益高涨的背景下，2004年COSO委员会结合《萨班斯—奥克斯利法案》的相关要求，颁布了《企业风险管理——整体框架》(ERM)。与1992年《内部控制——整体框架》相比，ERM框架在内部控制的内涵、目标、要素以及内部控制责任承担等方面有了全新的突破。ERM增加了控制目标——战略目标，并扩大了报告目标的范围；突出了控制的重点——企业风险，并针对风险管理提出了"风险偏好"、"风险容忍度"等概念；在五个要素的基础上增加了三个风险管理要素，即目标设定、事项识别和风险应对；对其他要素的分析更加深入，范围也有所扩大。ERM并没有取代《内部控制——整体框架》，而是基于并将其融入其中，全面推进了内部控制标准的发展。

资料来源　贺密柱：《内部控制理论演进的中外比较及其思考》，《财会通讯》2008年第2期。